Surprise 서프라이즈 Economics 경제학

조준현 지음

성장 친화적 **진보를** 지향하며

『19금 경제학』을 읽으신 많은 분들이 좋은 말씀을 해주셨다. 고맙다. 다만 '보통 사람들이 어려운 경제이론을 이해하려는 노력보다는 세상을 바로 보는 지혜가 더 필요하다는 말에는 공감하지만, 그래도 경제학 책인데 경제학이 너무 없다' 는 분들도 많으셨다. 그래서 조금 더 '학(學)' 적인 책을 쓰자 하고 이 책을 시작하였다. 역시 쓰다보니 엉뚱한 곳으로 빠지고 만 것 같다. 아무래도 나에게는 경제학이 어울리지 않는가보다. 그런데도 경제학으로 먹고 살아야 하니 내 인생도 그리 순탄하지만은 않다.

이명박 정부 이후로 유행하는 말이 '후렌들리' 다. 비즈니스 후렌들리, 강부자 후렌들리, 고소영 후렌들리…, 아무튼 친해보자는 이야기인 듯하다. 문득 이런 생각이 든다. 나는 누구랑 친한가? 강의를 하다보면 가끔 학생들에게 질문을 받는다. 교수님은 케인스주의잡니까, 신자유주의잡니까? 간혹 그래도 시장이 좋다는 등 신자유주의자 비슷한 이야기를 하기는 하지만 내가 신자유주의자가 아니라는 것은 분명하다. 그럼 케인스주의자인가? 경제가 어려울 때는 돈을 풀어야 한다는 생각을 가지고 있기는 하지만 케인스주의자도 아닌 것 같다. 그러니 내 마음 나도 모른다고 고백할 밖에.

그런데 최근에 어느 분의 글을 읽다가 참 좋은 말을 발견했다. '성장 친화적 진보' 라는 말이다. 물론 그분의 말씀에 모두 동감하는 것은 아니다. 다만 그 말이 너무 좋더라는 이야기이다. 다른 분의 글을 읽고서야 정체성을 깨우치다니 나도 참 한심한 사람이기는 하다.

진보가 어떻게 성장을 지지하느냐고 묻는 사람도 있을 것이다. 그렇다면 진보가 빈곤을 지지할 것인가? 진보가 성장을 지지해서는 안 된다고 생각하는 사람들은 성장을 자본주의라는 체제를 지지하고 적응하는 것으로 이해하기 때문이다. 다시 말해 진보가 어떻게 자본주의를 지지하느냐는 것이다. 물론 자본주의는 나쁜 체제이다. 하지만 자본주의가 악이면 자본주의 이전의 사회는 선인가? 신분이 사람을 억압하던 사회가 선인가 말이다. 그런 몽매의 상태를 극복했다는 의미에서라면 자본주의도 역사의 진보라고 나는 생각한다. 자본주의를 비판한다는 것이 자본주의 이전으로 돌아가자는 것일 수는 없다.

어디선가 엥겔스는 더 나은 사회를 만들기 위해 우리는 인류가 이룩해온 과거의 모든 성과를 이용할 줄 알아야 한다고 말했다. 자본주의를 극복하기 위해서라도 우리는 자본주의를, 더 정확하게는 자본주의가 이룩한 성과들을 제대로 이용할 줄 알아야 한다는 의미이다. 생산력이야 말로 실은 역사의 진보에서 가장 기본적인 척도이자 모든 진보의 원천이 아닌가? 그런 의미에서 나는 성장을 지지한다. 머릿속의 진보가 아니라 현실의 진보를 지향하고, 죽은 문자가 아니라 살아 있는 사람을 위한 진보를 지향한다.

이야기가 너무 거창해졌다. 나는 그저 우리 사회를 조금 더 나은 상태로 만들기 위해서 지금 무엇이 필요한가를 생각해보고 싶을 뿐이다. 다른 이들이 동의하든 말든, 누가 들어주든 말든 말이다. 물론 더 많은 이들이 함께 들어주고 공감해주고 더불어 고민해준다면 더 고맙겠다.

2009년 여름

조준현 드림

Chapter **01**

경제학자들의 진실과 거짓

Chapter 03

경제성장과 경제위기의 진실과 거짓

Chapter **04**

경제개방과 세계화의 진실과 거짓

한국 경제의 진실과 거짓

경제학자들의 진실과 거짓

'보이지 않는 손'
살인사건

『호그 연속살인』이라는 추리소설이 있다. 사고처럼 보이는 살인이 계속되는 가운데 범인의 음모를 파헤치는 이야기이다. 연쇄살인범은 사건현장마다 'HOG' 라는 서명을 남긴다. 당연히 결말에서 범인은 잡히고 서명의 의미도 밝혀진다. HOG는 'Hand of God' 의 약자, 즉 하느님의 손이 살인을 저질렀다는 의미였다. 나는 이 소설을 읽으면서 죄송스럽게도 경제학의 아버지로 불리는 애덤 스미스(Adam Smith, 1723~1790) 할아버지를 생각했다. 경제학을 배워본 적 없는 사람도 애덤 스미스라는 이름과 그가 했다는 '보이지 않는 손' 이라는 이야기는 알 것이다. 시장에는 보이지 않는 손이 있어서 모든 것을 알아서 조정한다는 뜻이다. 그런데 보이지 않는 손이란 게 도대체 무엇일까? 투명인간의 손인가? 물론 아니다. 그것은 하느님의 손이다. 애덤 스미스는 시장에는 하느님의 손이 작용한다고 믿었던 것이다. 비유가 아니라 정말이다. 그만큼 애덤 스미스는 시장을 존중하고 신뢰했다.

그렇다면 애덤 스미스는 시장에 맡기면 모든 문제가 해결될 것이라고 생각했을까? 그렇지는 않다는 데 오묘함이 있다. 시장을 존중한다는 것과 시장에 맡기면 모든 문제가 해결된다는 것은 전혀 다른 이야기이다. 그런데도 이 차이를 이해하지 못하면서 입만 열면 애덤 스미스를 들먹이는 반풍수(半風水)가 있으니, 그래서 경제가 어려운 것이다.

애덤 스미스가 경제학의 아버지로 불리는 이유는 『국부론』이라는 책 때문이다. 경제학을 전공하는 사람들은 당연히 『국부론』쯤은 대여섯 번 이상 읽었을 것이라고 착각하지 말라. 『국부론』 안 읽고도 경제학으로 밥 먹는 사람 많다. 『국부론』은 모두 다섯 부분으로 구성되어 있는데, 그 마지막이 바로 재정과 조세에 관한 것이다. 말하자면 애덤 스미스는 『국부론』을 쓰면서 따로 한 장을 할애하여 설명할 정도로 정부의 역할을 중시했다는 말이다. 이것은 다른 고전학파 경제학자들도 마찬가지다. 애덤 스미스의 가장 중요한 계승자인 데이비드 리카도(David Ricardo, 1772~1823)의 저작은 그 제목부터가 『정치경제학과 과세의 원리』이다. 세금을 어떻게 매길 것인가가 경제학의 가장 중요한 내용이라는 것이다. 그러니 애덤 스미스가 정부의 역할을 일체 부정하고 모든 것을 시장에 맡기라고 주장했다는 이야기는 '천만의 말씀, 만만의 콩떡' 이다.

그렇다면 왜 애덤 스미스가 경제학의 아버지일까? 애덤 스미스 이전이나 그와 같은 시대에는 다른 경제학자들이 없었을까? 물론 아니다. 애덤 스미스의 시대는 산업혁명을 앞둔 자본주의의 발흥기로 경제에 대한 사람들의 관심이 매우 높았던 시대였다. 당연히 경제에 관한 저술이나 논문도 많이 발표되었다. 그 중에서도 특별히 애덤 스미스가 경제학의 아버지로 불리는 이유는 그가 그 시대의 과제를 잘 표현했기 때문이다. 그렇다면 애덤 스미스 시대의 가장 중요한 시대적 과제는 무엇이었을까?

애덤 스미스의 『국부론』이 출간된 1776년은 길고 긴 중세 봉건사회가 끝나고 막 자본주의로의 전환이 이루어지고 있던 참이었다. 이전에 자급자족하던 농민들이 노동자 계급으로 전화하면서 사회적 분업에 따른 새로운 시장이 출현하고 있었다. 그러나 필요한 상품은 부족했고, 빵을 달라는 인민들에게 궁전의 왕비는 빵이 없으면 과자를 먹으면 되지 않느냐고 묻던 시대이기도 했다. 한마디로 애덤 스미스 시대의 가장 절박한 경제문제는 폭발적으로 증가하는 수요에 비해 공급능력이 한참 못 미친다는 것이었고, 어떻게 하면 공급능력, 즉 생산능력을 증대시키느냐가 시대적 과제였다.

애덤 스미스 앞에 있었던 일련의 경제학자들은 흔히 중상주의자로 불린다. 말 그대로 상업을 중시한다는 의미인데, 어떤 의미에서는 『국부론』이라는 책의 목적부터가 중상주의자들을 비판하기 위한 것이었다고 해도 좋다. 애덤 스미스는 『국부론』이라는 책을 통해 중상주의자들을 향해 이렇게 말하고자 했다. "멍청아, 문제는 생산이야!" 그러나 중상주의자들이 오직 상업만을 중시했다고 생각한다면 그 또한 천만의 말씀이다. 중상주의자들 가운데도 뛰어난 학자들이 많았고, 그들은 상업 못지않게 산업도 중시했다. 애덤 스미스 역시 그런 점을 몰랐던 것은 아니었으나 굳이 중상주의라는 이름을 붙여 가며 그들을 비판한 것은 다분히 의도적인 수사법이었다.

그렇다면 애덤 스미스가 중상주의자들을 비판했던 진정한 이유는 무엇일까? 중상주의의 시대는 절대 왕정의 시대이다. 당시의 상인들은 무역과 산업의 모든 부문에서 국가와 결탁하여 국가의 보호와 특혜 아래 독점이익을 누리고 있었다. 상인들은 일반 대중들이 사용할 저가의 상품을 대량으로 생산하고 교역하기보다는 더 많은 이윤을 주는 사치품과 고급품들을 주로 생산·교역했다. 이 당시 밑으로부터 성장하고 있던 독립생산자들(이들이 나중에 산업자본가가 된다.)은 이 독점상인들의 방해와 국가의 억압으로 제대로 성장할 수 없었다. 애덤 스미스는 이런 현실에서 공급능력을 확대시키고 산업을 육성하기 위해서 국가가 시장에 개입해서는 안 된다고 주장했던 것이다.

애덤 스미스는 시장에 맡기면 모든 문제가 해결된다고 생각하지도 않았고, 경제에서 정부의 역할을 무조건 부정하지도 않았다. 정부가 기업과 다른 것은 기업(물론 노동자도)이 자신의 사적인 이기심을 추구하는 반면 정부는 공적인 이익을 추구한다는 점이다. 애덤 스미스가 생각한 정부의 역할은 축구경기에서 심판의 역할과 같이 공정하고 중립적인 것이었다. 그러나 절대주의 시대의 정부는 결코 공정한 심판이 아니었다. 노골적인 편파 판정은 물론이거니와 때로는 자기가 직접 드리블도 하고 골도 넣고 심지어는 반칙도 서슴지 않는 '그런 심판'이었다. 애덤 스미스는 바로 '그런 정부'에게 "심판, 너 나가!"라고 말했던 것이다. 하지만 이 말을 곧이곧대로 받아들이는 것은 곤란하다. 나가라는고 정말 나가 버리면 경기진행은 누가 하란 말인가? 심판 없이 월드컵을 할 수는 없지 않은가? 결국 애덤 스미스의 말은 경제에 심판이 필요 없다는 것이 아니다. 제대로 된 심판이 필요하다는 말이다.

내가 책만 쓰면
팔린다?

서점에 나와 있는 경제학 교과서는 수백 가지가 넘는다. 일반 독자들이 교양으로, 재미로 읽는 책들 말고 교과서만 세어도 그렇다. 경제가 그토록 어렵다는데, 이토록 호황을 누리는 업종이 또 있을까? 그러나 그 수백 가지 교과서 가운데 제법 팔리는 책은 불과 몇 종류밖에 안 되는 것이 또한 현실이다.

그렇다면 경제학 교과서는 누가 읽을까? 당연히 경제학을 전공하는 학생들이겠지, 라고 생각한다면 당신은 아마추어다. 경제학 교과서를 가장 많이 사주는 사람들은 바로 각종 수험생들이다. 가종 고시부터 ×급 공무원까지 다양한 시험을 준비 중인 수험생들 말이다. 그나마 사법고시에서 경제학이 없어지는 바람에 좀 줄었단다. 정확하게 말하면 없어진 것은 아니고 필수에서 선택으로 바뀌었는데, 그 후로 사법고시에서 경제학을 선택하는 수험생이 아무도 없다고 한다. 대학입시 수능시험에서도 가장 선택하는 학생이 적은 과목은 경제이다. 한마디로 필수라 어쩔 수 없는 것이지 자발적으로 선택하고 싶지는 않은 것이 경제학이라는 이야기다. 그걸로 밥을 먹고 살아야 하니 내 인생도 참 고단하다.

재미있는 것은 시대마다 잘 팔리는 교과서가 따로 있다는 것이다. 내가 대학에 다닐 때는 예전 정부에서 부총리를 지낸 조순(1928~) 선생의 책과 미국 경제학자 새뮤얼슨(Paul Samuelson, 1915~)의 책이 가장 잘 팔리는 교과서였다. 새뮤얼슨이 누구냐고? "경제학은 나 같은 천재를 위해 만들어진 학문"이라고 말했던 사람이다. 그리 곱게 들리는 말은 아니지만 실제로 그는 대단한 학자이다. 노벨상도 받았다. 새뮤얼슨을 주기 위해 노벨경제학상을 만들었다는 황당한 음모론도 있다. 새뮤얼슨의 박사학위 논문을 심사한 사람은 20세기 경제학의 가장 위대한 인물 가운데 한 사람인 슘페터(Joseph Alois Schumpeter, 1883~1950)였는데, 논문심사장에서 그는 새뮤얼슨을 향해 이렇게 물었단다. "이만하면 심사위원들이 자네 논문을 심사할 자격이 되겠는가?" 경제학자라는 사람들이 원래 엄살이 좀 심하긴 하다.

그렇다면 100년 전에 가장 많이 팔린 경제학 교과서는 과연 누가 썼을까? 바로 세이(Jean-Baptiste Say, 1767~1832)라는 사람이다. 물론 지금 세이의 교과서로 공부하는 사람은 없다. 100년 동안 경제 현실이 바뀌었고 경제학도 그만큼 발전했기 때문이다. 하지만 그렇다고 세이라는 경제학자가 누군지 알아주는 사람이 아무도 없다면 섭섭한 일이다. 그냥 잊히고 말기에는 아까울 정도로 위대한 경제학자 가운데 한 사람이기 때문이다.

세이가 누군지는 몰라도 '세이의 법칙'이라고 하면 아마 다들 어디선가 한 번은 들어보셨을 것이다. "공급은 스스로 수요를 창출한다"는 것이 바로 세이의 법칙이다. 아하! 그런데 무슨 말이냐고? 어렵게 설명하는 것이 좋을까, 쉽게 설명하는 쪽이 좋을까? 우선 어렵게 설명하면 일반적 과잉생산은 있을 수 없다는 의미다. 역시 어렵다고? 쉽게 설명하면 물건을 만들기만 하면 팔리게 되어 있다는 이야기다. 즉, 내가 책만 쓰면 팔린다는 말이다. 그게 말이 되는 소리냐고 되묻고 싶은 것 안다. 좀더 들어보시라. 일반적으로 생산물은 생산에 참가한 경제 주체들에게 임금, 이윤, 지대 등의 형태로 분배된다. 경제 주체들이 획득한 이 소득은 다시 소비나 투자의 형태로 그 생산물의 수요를 낳는다. 따라서 공급은 바로 그 자신에 대한 수요를 낳는 결과가 되는 것이다. 그러니 여러분이 물건을 만들기만 하면 팔리고, 내가 책을 쓰기만 하면 팔린다는 이론이 성립된다.

그러나 실제로는 내가 쓴 책이 쓰는 대로 다 팔리지는 않는다. 솔직히 내가 쓴 대부분의 책들은 창고에서 먼지만 덮어쓰고 있다. 대체 세이는 왜 저런 얼토당토않은 주장을 했을까? 이유는 간단하다. 바로 세이가 애덤 스미스와 같은 시대의 사람이었기 때문이다. 애덤 스미스가 국부의 원천은 생산능력에 있다는 생각을 했을 때, 다른 사람들은 무슨 생각을 하고 있었을까? 당연히 그 시대를 사는 많은 사람들이 비슷한 생각을 했을 것이다. 이 사람들을 고전학파라고 부르는데, 세이도 그 중 한 사람이다. 이들에게 가장 큰 고민은 무엇이었을까? 국민들은 굶주리는데 그들의 수요를 충족시켜줄 공급능력은 한정되어 있다는 것이었다. 그래서 세이는 이렇게 말한 것이다. "만들기만 하면 팔리는데……."

사실 알고 보면 세이의 법칙은 더욱 심오한 내용을 담고 있다. 당시 고전학파 경제학자들 사이에서 가장 중요한 쟁점 가운데 하나는 공황문제였다. 리카도와 맬서스(Thomas Robert Malthus, 1766~1834) 사이의 논쟁이 그 대표적인 예이다. 세이는 불황의 원인을 전반적인 수요의 결핍에서 찾지 않고 시장의 불균형에 있다고 보았다. 즉, 일부 시장에서는 일시적 과잉생산이 발생하는 반면, 다른 시장에서는 과소생산이 일어나는 데에서 불황이 기인한다는 것이다. 그러나 세이는 이러한 시장의 불균형이 자동적으로 해소된다고 믿었다. 그의 이론에 따르면 과잉생산자는 소비자의 선호에 맞추어 생산을 재조정할 것이고 그렇지 않을 경우 파산당하고 말 것이기 때문이다. 이것이 바로 '세이의 법칙'이다.

세이의 법칙은 고전학파 경제학의 가장 중요한 명제 가운데 하나이다. 아니, 고전학파만이 아니라 우리가 아는 경제학 전체에서 가장 중요한 명제 가운데 하나이다. 세이보다 100년 후 신고전파 경제학의 선구자 가운데 한 사람인 스위스 경제학자 레옹 왈라(Marie Esprit Léon Walras, 1834~1910)는 '일반균형이론' 이라는 것을 발표하여 현대 경제학의 가장 중요한 기초를 수립했는데, 이 역시 세이의 법칙에서 영감을 얻은 것이다. 물론 모든 경제학자들이 세이의 법칙에 동의한 것은 아니다. 같은 시대를 살았던 『인구론』의 저자 맬서스도 그렇고, 그보다 한 세대 뒷사람인 마르크스(Karl Heinrich Marx, 1818~1883)도 그렇다. 결정적으로 1930년대 세계 대공황이 일어나자 세이의 법칙은 현실에 맞지 않는다는 사실이 드러났다. 잘 알려진 바와 같이 케인스주의 경제학이 나온 것은 이러한 현실을 반영한 것이다.

그렇다면 이제 세이의 법칙은 무의미한가? 세이의 법칙, 나아가 고전학파 경제학의 진정한 의미에 대해 대부분의 학자들은 시장은 자기조절기능을 갖추고 있기 때문에 경제문제에 대한 정부의 간섭은 필요하지 않다는 식으로 해석한다. 물론 틀린 말은 아니다. 확실히 고전학파 경제학자들은 시장을 지나치게 신뢰하였다. 그러나 나는 애덤 스미스나 세이의 경제학이 진정으로 말하고자 하는 것은 그보다 더 심오한 사상이라고 생각한다. 그들의 사상에서 가장 중요한 것은 조화론적 세계관, 또는 미래에 대한 낙관주의이다. 세상은 조화롭다는 것, 지금 당장은 부조화스럽고 불균형한 현실이 더 많이 보일지라도 궁극적으로는 조화를 찾아가리라는 믿음, 그래서 세상은 살 만하다는 믿음인 것이다. 물론 생각이 다른 분도 많겠지만 나는 그 생각에 동의한다. 책이 안 팔릴지언정, 마누라가 바가지를 긁을지언정, 아빠와 결혼하겠다던 딸이 이제는 아빠를 귀찮아할지언정, 그래도 세상은 살 만하다.

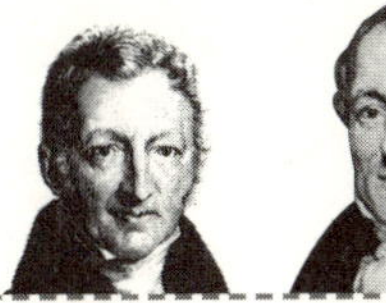

리 카 도 와 맬 서 스 의 논 쟁

리카도와 맬서스는 평생의 지기이자 라이벌이었다. 이들은 통화와 무역에 대한 책을 각각 펴내면서 서로를 비평함으로써 우정을 쌓기 시작했으며 당대의 사회·경제적 이슈를 두고 끊임없는 토론을 벌이면서도 끈끈한 유대를 평생 이어갔다. 리카도와 맬서스의 대표적 논쟁 중 하나가 「곡물법」 논쟁 이다. 1815년 제정된 「곡물법」은 농산물 수입 금지를 골자로 하는 법이었는데, 지주의 이익을 극대화하기 위해 제정된 것이었다. 산업자본가들은 밀 가격의 상승이 임금 상승으로 이어진다는 이유를 들어 「곡물법」 폐지를 주장했고, 리카도는 폐지의 편에 맬서스는 존속의 편에 서서 논쟁을 했다. 이 법은 결국 1848년 폐지되었고 후대의 경제학자 마르크스는 이를 일컬어 '자본주의 확산의 결정적 계기' 라고 했다.

아버지와
아들

　　애덤 스미스 이후 영국의 경제학, 아니 경제학을 넘어 영국의 학계에서 가장 유명하고 가장 영향력이 컸던 사람은 제임스 밀(James Mill, 1773~1836)이다. 밀은 철학자, 정치학자, 경제학자, 역사학자였으며, 동인도회사의 간부이기도 했고, 사회개혁가이기도 했다. 한마디로 대단한 사람인데, 너무 대단하다보니 가끔 자신이 늘 옳다는 지적 오만에 빠지기도 했던 모양이다. 그는 숫자 0과 십진법을 처음 만든 것이 인도인들이라는 이야기는 후대의 날조라고 주장했는데, 영국의 식민지에 불과한 인도인들이 그렇게 대단한 발명을 할 수 있을 리 없다고 생각했던 것이다. 아무튼 이 대단한 학자에게 어느 날 이름 없는 아마추어가 "경제학에 관한 글을 썼는데 한 번 읽어봐 달라"는 편지를 보냈다. 대수롭지 않게 그 글을 읽어 나가던 밀, 자기 무릎을 치며 깜짝 놀랐다고 한다. "이 사람은 경제 분석의 천재다!' 그 사람이 누구냐고? 고전학파 경제학을 완성한 데이비드 리카도다.

리카도는 대학에 다녀본 적도 없는 사람이었다. 그는 유대인 상인의 아들로 태어나 어려서부터 실무를 배워 증권중개업에 종사했는데, 우연히 휴가차 온천에 묵었다가 애덤 스미스의 『국부론』을 읽고 감명을 받아 독학으로 경제학을 공부하기 시작하였다고 한다. 하지만 정식 교육을 받지 못했기 때문에 자신의 분석이 올바른지 어떤지 자신이 없었고, 그래서 밀에게 편지를 보낸 것이다. 단번에 리카도의 천재성을 알아본 밀은 리카도에게 많은 조언을 보냈고, 그로 하여금 보다 체계적이고 본격적인 경제학 저서를 쓰도록 격려하였다. 그래서 나온 것이 리카도의 주저인 『정치경제학과 과세의 원리』이다. 제임스 밀이 없었다면 리카도 역시 없었을 것이라고 해도 과언이 아니다. 하지만 그 덕분에 '고전학파의 완성자' '애덤 스미스의 계승자' 라는 칭호는 제임스 밀이 아닌 데이비드 리카도에게 돌아갔다.

모든 위대한 인생에는 그만큼, 위대한 멘토가 있는 법이다. 설리번(Ann Sullivan, 1866~1936) 선생이 안 계셨으면 어떻게 헬렌 켈러(Helen Adams Keller, 1880~1968)가 있었겠는가? 에즈라 파운드(Ezra Loomis Pound, 1885~1972)가 없었다면 또 어떻게 T. S. 엘리엇(Thomas Stearns Eliot, 1888~1965)이 있었겠는가? 여기서 아마추어 같이 '엘리엇이 누구야' 하고 두리번거리지는 말자. "4월은 잔인한 달" 이라고 했던 그분이다. 리카도라는 위대한 경제학자에게는 제임스 밀이라는 위대한 멘토가 있었다. 하지만 내가 밀이라면 조금 다른 생각도 했을 법하다. '나도 천재인데, 어째서 신은 나를 낳고 리카도를 낳으셨는가?' 모차르트(Wolfgang Amadeus Mozart, 1756~1791)를 바라보던 살리에르(Antonio Salieri, 1750~1825)의 심정이 아마 그렇지 않았을까? 물론 밀은 훌륭한 사람이라 리카도를 원망하기보다 평생을 두고 존경하고 지지했다. 그러나 그의 마음 한 구석에는 아쉬움이 남았던 모양이다. 밀은 자신의 아들을 천재로 키우기로 마음먹는다. 그래서 밀의 아들은 3세에 라틴어, 8세에 그리스어, 12세에 논리학을 터득하였다고 한다. 20세가 되니 더 이상 배울 것이 없어서 그만 우울증에 걸리고 만다. 이 사람이 바로 존 스튜어트 밀(John Stuart Mill, 1806~1873)이다. 왜 또 밀이냐고? 당연하지, 아버지와 아들인데. 이야기는 이제부터이다.

리카도는 애덤 스미스와 마찬가지로 낙관주의자이고 조화론자였다. 그런데 노년에 가서 자신의 이론(당연히 고전학파 전체의 이론)에 모순이 있다는 것을 느끼기 시작한다. 고전학파 경제학의 토대는 '노동가치이론'이었다. 모든 상품의 가치는 노동에 의해 만들어진다는 것이다. 그런데 이 노동 생산물의 가치는 임금, 이윤, 지대의 형태로 각각 노동자, 자본가, 지주에게 분배된다. 그러나 모든 가치의 원천이 노동이라면 모든 생산물은 당연히 노동자의 소유가 되어야 옳지 않은가? 도대체 자본가나 지주가 가져가는 그 이윤과 지대는 어디에서 오는가? 리카도는 이런 모순을 얼핏 깨달았는데, 그나마 다행스러운(?) 일은 이 문제를 심각하게 생각하기 전에 그만 세상을 떴다는 것이다. 문제는 그의 사후에 남은 제자들이다. 리카도의 제자들은 이 문제를 가지고 논쟁하다 못해 아예 원수로 갈라섰다. 그 왼쪽 사람들이 오늘날 영국 노동당의 출발점이 된 리카도파 사회주의자들이다. 오른편에는 잡다한 경제학자들이 있었다. 말하자면 고전학파가 분열할 위기였던 셈인데, 당연히 이런 분열을 해소하고 뭉치자는 사람도 있었다. 그 대표적인 인물이 바로 존 스튜어트 밀이다. 당연하지 않은가? 아버지로부터 애덤 스미스와 데이비드 리카도를 이을 사람은 너밖에 없다는 교육을 세 살 때부터 받고 자랐는데.

그러나 존 스튜어트 밀, 아무리 생각해봐도 이 모순이 해결되지 않았다. 이것은 단순히 학문과 사상의 문제가 아니다. 애덤 스미스와 초기 고전학파 경제학자들이 가졌던 낙관주의와 조화론은 그 시대의 현실을 반영한 것이다. 이제 막 봉건사회로부터 시민사회가 움트던 그 시대에는 경제적 자유주의가 단순히 자본가만의 사상이 아니라 모든 민중의 사상이었으며, 자본주의적 발전은 부르주아 계급만이 아니라 봉건적 억압하에 있던 모든 민중의 이익이었다. 애덤 스미스는 현실이 그렇게 조화롭지 못하다는 사실을 몰랐던 것이 아니라, 지금은 좀 '거시기' 하지만 이것은 모두 일시적이고 과도적인 현상이며 결국은 모든 계층이 조화롭고 행복한 미래가 펼쳐지리라고 믿었던 것이다. 세이도 그랬고, 리카도도 그랬다. 문제는 자본주의가 발달할수록 현실은 그러한 믿음과는 점점 다른 방향으로 나아갔다는 사실에 있었다. 지주와 자본가의 계급 대립을 대신해 자본가와 노동자의 계급 대립이 나타나기 시작했다. 한마디로 다 같이 잘살게 해준다더니 왜 너만 잘사느냐는 문제제기가 등장한 것이다. 자본가들은 기다리면 언젠가 우리 모두 잘살게 된다고 말했지만, 노동자들은 도대체 그 언젠가가 언제냐고 항의하기 시작했다. 리카도의 고민은 여기서 시작된 것이었다. 그러나 그는 고민만 하다가 정리해볼 새도 없이 세상을 떴고, 그 책임을 옴팡 뒤집어쓴 사람이 바로 존 스튜어트 밀이다.

존 스튜어트 밀의 시대는 고전학파가 분열하던 시기였을 뿐 아니라 마르크스주의가 한창 위세를 떨치던 시대였다. 그러나 밀이 보기에 마르크스주의는 사회를 구성하는 한 계층의 이익을 대변할 뿐이었다. 그는 모든 계층을 위한 경제학을 제시하고 싶었다. 그래서 밀은 사상적으로 학문적으로 실천적으로 과감한 결단을 내린다. 생산은 자연의 법칙을 따르고 분배는 사람의 법칙을 따른다는 것이다. 물이 아래로 흐르듯 자연의 법칙은 사람이 어쩔 수 없다. 마찬가지로 생산은 우리가 원한다고 만들어지는 것이 아니라 그 과정에 들어간 노동에 의해 결정되지만, 분배는 사람과 사람의 문제이니 반드시 그 법칙에 따를 필요는 없다는 것이다.

그러나 너도 옳고 나도 옳다는 황희 정승 식 이야기는 이쪽과 저

쪽 사람들 모두에게 비판을 받을 수밖에 없었다. 그래서 오늘날 밀의 저작들은 대영도서관의 경제학 코너가 아니라 정치학 코너에 꽂혀 있다. 『정치경제학원리』의 저자로서가 아니라 『자유론』의 저자로서 말이다. 오해하지는 말자. 사실 밀이 하고자 했던 이야기는 자본가를 옹호하자는 것이 아니라 노동자에게 좀 더 많은 분배를 하자는 이야기였다. 왜냐하면 그 시대는 이미 자본가가 세상을 지배하는 사회였고, 그런 자본의 지배에 저항해 노동운동이 터지기 시작하던 시대였기 때문이다. 하지만 밀의 의도가 어디에 있었건 이 여자, 저 여자에게 모두 잘하겠다는 놈은 바람둥이가 아니면 우유부단한 지식인일 뿐이다. 결국 고전학파의 분열을 막아보자는 밀의 시도는 오히려 고전학파를 해체시키는 결정적인 계기가 되었다. 오늘날 우리에게 고전학파는 없다. 교과서에만 있을 뿐이다.

존 스튜어트 밀 이후 경제학은 두 방향으로 발전한다. 조금 과장해서 표현하자면 하나는 '자본주의가 다 그렇지, 뭐' 하는 쪽이고, 다른 하나는 '자본주의가 뭐 어때서?' 하는 쪽이다. 오늘날 우리가 아는 경제학은 후자, 즉 강 아무개 교수님이 〈조선일보〉는 읽지 말자고 아무리 목을 놓아 울부짖어도 '〈조선일보〉가 뭐 어때서?' 하고 어리둥절해 하는 분들이 주류를 형성하고 있다. 왜 이들이 경제학의 주류인가? 어려운 이야기를 길게 하기는 그렇고, 쉽게 이야기해서 경제학자든 다른 분야든 학자들은 자기완결성을 좋아하기 때문이다. 한마디로 학문이란 딱 떨어져야 하는데, 생산의 이론이 다르고 분배의 이론이 달라서야 되겠느냐는 이야기이다. 그래서 지금까지도 경제학자 존 스튜어트 밀의 이마에는 절충주의자라는 주홍 글씨가 붙어 있다.

그러나 문득 돈 안 되는 게으른 경제학자의 가슴에 이런 생각이 스쳐 간다. "생산이 반드시 자연의 법칙을 따라야 한다고 해서 분배가 사람의 법칙을 따라서 안 될 이유가 어디 있어?" 안 그런가?

후진국을 위한
항의

경제학자들은 대개 평온한 삶을 산다. 평온한 삶을 살지 못할 이유가 없으니 그렇다. 학교와 집만 왔다 갔다 하는 것 말고는 할 줄 아는 것이 없는 사람들이 경제학자인데, 세상 힘들게 살 이유가 없는 것이다. 그러나 경제학자들 가운데도 시대의 고민을 온 몸으로 짊어지고 산 분이 있으니 바로 독일 역사학파의 아버지이며 국민경제학을 창시한 프리드리히 리스트(Friedrich List, 1789~1846)이다.

영국이 가장 먼저 산업혁명을 달성한 이후 모든 나라들은 영국과는 다른 조건에서 산업혁명을 추진하게 되었다. 바로 영국이라는 선발자가 있다는 조건이다. 따라서 다른 국가들은 한편으로는 영국의 앞선 경험과 기술을 이용할 수 있다는 유리한 조건에서, 다른 한편으로는 영국이라는 선발주자와 경쟁해야 한다는 불리한 조건에서 산업혁명을 추진하지 않으면 안 되었다. 그 가운데서도 당시의 독일은 정치적으로는 여러 공국과 도시들로 분할되어 있었고 경제적으로도 농업국가의 지위를 벗어나지 못하고 있었다. 특히 영국의 값싼 공산품들이 밀려들어옴에 따라 독일의 공업은 제대로 발전할 수 없는 상황이었다.

당시 독일의 반봉건적 지배 계급이었던 봉건 지주(Junker)들은 자유무역을 지지하였다. 독일은 농업을 주요 산업으로 하고 있었으므로 자유무역에 의해 보다 많은 농산물을 외국으로 수출할 수 있었기 때문이다. 여기에 영국 상품의 중계상업으로 이득을 얻고 있던 상인들도 자유무역을 찬성하였다. 이러한 상황은 당시의 미국에서도 비슷하였다. 일반적으로 후진국은 보호무역, 선진국은 자유무역을 찬성한다고 생각하지만 이는 공산품을 중심으로 한 생각일 뿐, 당시의 독일이나 미국에서는 오히려 지주와 농업자본가들을 중심으로 자유무역이 대세를 이루고 있었다. 그러나 다른 한편에는 당연히 후진적인 경제구조를 개혁하고 영국의 경제적 지배로부터 벗어나기 위해서는 보호무역과 국가에 의한 산업의 보호 · 육성정책이 필요하다는 사람들도 없지 않았다. 그 대표적인 인물이 독일의 리스트와 미국의 해밀턴(Alexander Hamilton, 1755~1804)이었다.

리스트가 만약 일신의 평안만을 도모하여 개인적인 행복을 추구했다면 충분히 그렇게 살 수 있었을 것이다. 그는 부유한 피혁업자의 아들로 태어나 28세에 튀빙겐대학의 정치학 교수가 되었다. 그러나 리스트는 당시 독일의 산업발전에 장애가 되고 있던 영주 계급의 독재에 반대하다가 교수직에서 해임되고 만다. 35세에는 국회의원으로 당선되었으나 여기서도 또 봉건 세제의 폐지와 공공 영지의 매각을 주장하다가 의회에서 제명당하고 급기야는 국외로 추방되었다. 미국으로 건너간 리스트는 농장과 광산, 신문사 등을 경영하여 크게 성공하였다. 그만큼 했으면 이제는 편하게 살 것을, 리스트는 미국 시민권을 얻은 다음 라이프치히 주재 미국 영사의 자격으로 고국에 돌아간다. 몇 년 뒤 영사직을 그만두고 다시 독일 언론계에 투신한 그는 독일의 관세동맹과 철도망 완성을 위해 노력하였다. 그러나 이런 활동들에 재산을 모두 탕진한 리스트는 계속되는 세상의 비난과 생활고를 비관하여 자살로 삶을 마감하고 말았다. 참으로 고난의 인생이다.

리스트가 건너갔을 당시 미국에서는 자유무역과 보호무역이 정치적으로 중요한 쟁점이 되어 있었다. 남부의 농장주들은 자유무역을 주장하였고, 북부의 공업자본가들은 영국으로부터 수입되는 값싼 공산품 때문에 미국의 유치산업이 심각한 타격을 받고 있다고 주장하면서 보호무역을 지지하였다. 이 논쟁에서 산업자본가들의 입장을 가장 적극적으로 대변한 사람이 바로 해밀턴이다. 독립전쟁 당시 워싱턴(George Washington, 1732~1799)의 부관을 지낸 그는 정부 수립 이후 초대 대통령 워싱턴의 재무장관으로서 미국의 은행제도와 관세제도 등을 확립하는 데 큰 역할을 하였다. 정치적으로는 미국 정치 초기의 양대

정파 가운데 하나인 연방파의 지도적 인물이었는데, 독불장군 식의 성격으로 정치 현안들에 항상 강경한 입장을 고집해 다른 정치가들과 불화가 끊이지 않았다고 한다. 특히 각 주의 독립성을 주장한 토머스 제퍼슨(Thomas Jefferson, 1743~1826)의 민주파와 항상 대립했다. 결국 그는 제퍼슨 정부의 부통령이자 오랜 정적이었던 애런 버(Aaron Burr, Jr., 1756~1836)와의 권총 결투에서 목숨을 잃었다. 목격자들에 의하면 해밀턴은 일부러 총을 피하지 않았다고 한다. 설마 자기 생명을 버려 가면서까지 정적을 살인자로 만들고 싶었던 것일까? 해밀턴을 살해한 버는 멕시코로 도망갔다가 반역죄로 체포당했다. 고집 때문에 목숨을 버리다니 어리석은 남자들이다. 그러나 보호무역이냐 자유무역이냐, 또 연방의 권리가 우선이냐 각 주들의 권리가 우선이냐 하는 논쟁은 해밀턴의 죽음 뒤에도 수그러들지 않았고 마침내 남북전쟁의 주요한 원인이 되었다.

보호무역이 좋은가, 자유무역이 좋은가? 더 나아가 자유주의가 좋은가, 보호주의가 좋은가? 이론적으로야 모두 다 정답이 될 수 있겠지만 현실에서는 나한테 좋은 것이 더 좋은 정책이다. 개발독재 시절 박정희 정권의 국가 개입이 시장 친화적이었다는 주장은 아주 부분적으로만 진실이다. 그것을 진실의 전부인 것처럼 주장하는 사람들은 우습다. 한국의 고도성장이 박정희 정권의 강력한 보호정책에 크게 힘입은 것임은 부정할 수 없다. 그러나 그때 성공했으므로 과거의 그 정책을 지금 다시 써야 한다고 주장하는 사람들 역시 우습기는 마찬가지다. 나한테 좋으면 좋은 것 아니냐고? 시장에는 나만 있는 것이 아니다. 상대방도 있다. 언제나 나한테만 유리하고 또 나한테만 이익이 된다면 누가 나와 함께 거래할 것인가? 시장이란 나의 이익을 추구하는 곳이다. 그러나 시장에서 나의 이익을 추구하는 일은 상대방의 이익을 존중하고 보장해줌으로써만 가능하다.

화 폐 의 얼 굴

영국의 20파운드 지폐에는 애덤 스미스가, 미국의 10달러 지폐에는 해밀턴의 초상이 있다. 만약 우리나라 화폐에도 경제학자의 얼굴을 넣는다면 누가 좋을까? 아무리 생각해봐도 그럴 만한 분이 없다. 물론 우리나라에도 훌륭한 경제학자는 많이 계시지만 그분들은 모두 외국의 경제학을 번역하고 소개했을 뿐 '○○○의 경제학'이라고 부를 만한 내용의 저작이나 성과는 없기 때문이다. 굳이 넣는다면 그나마 정약용(丁若鏞, 1762~1836)이나 박제가(朴齊家, 1750~1850) 같은 실학자들이 어울릴 법한데, 나는 대동법(大同法, 공물을 쌀로 통일하여 바치게 한 조선의 납세제도)의 실시를 주장한 김육(金堉, 1580~1658)이야말로 가장 적당한 인물이라고 생각한다. 대동법은 조선 시대 최대의 경제개혁이었으며, 그것을 계기로 조선의 화폐 사용이 크게 확대되었기 때문이다.

뜨거운 가슴,
차가운 머리

애덤 스미스로부터 존 스튜어트 밀까지 경제학은 아직 독립된 학문이 아니었다. 경제학이라는 이름의 교과서도 없었고, 대학에 경제학과라는 학과도 없었다. 그 당시 대부분의 대학에서 경제학은 관방학(官房學), 요즘으로 치면 행정학이나 정치학의 한 과목이었고, 조금 별나게도 애덤 스미스는 윤리학 교수였다. 그들이 쓴 책들의 제목에는 대개 경제학이 아니라 '정치경제학' 이라는 용어가 사용되었다. 흔히들 마르크스의 경제학을 정치경제학이라고 부르지만, 실은 마르크스는 자신의 경제학을 '정치경제학 비판' 이라고 불렀다. 그렇다면 경제학이라는 이름을 처음 사용하고 대학에 경제학과를 처음 만든 사람은 누구일까? 신고전학파의 완성자라 불리는 영국의 경제학자 알프레도 마셜(Alfredo Marshall, 1842~1924)이다.

존 스튜어트 밀 이후 고전학파 경제학은 마르크스주의나 역사학파 경제학자들에게 그 지위를 내주고 만다. 그랬던 고전학파의 이론이 다시 주목받게 되는 것은 1870년대 들어 고전학파의 세계관과 방법론을 계승한 새로운 경제학자들이 출현하면서이다. 이들을 신고전학파라고 부른다. 신고전학파 경제학은 1870년대에 와서 영국의 제본스(William Stanley Jevons, 1835~1882), 오스트리아의 멩거(Carl Menger, 1840~1921), 그리고 스위스의 왈라 등에 의해 거의 동시에 시작되었다. 이들은 몇 년 사이에 비슷한 이론을 담은 책을 출판했는데, 그 이전까지는 서로 전혀 알지 못하는 사이였다. 공부한 곳도 다르고 사용하는 언어도 달랐다. 그런데 어떻게 서로 유사한 이론을 만들게 되었을까? 원인은 바로 시대정신에 있었다.

자본주의가 처음 등장했을 때, 즉 애덤 스미스와 리카도가 살던 시대에는 자본가와 경영자가 구분되지 않았다. 내가 투자해서 내가 경영하는 것이 일반적인 기업 형태였다. 흥해도 내가 흥하고 망해도 내가 망하는 것이다. 그러나 19세기 후반에 와 기업의 규모가 커지고 남의 돈으로 사업하는 경우가 확대되면서 사정은 달라졌다. 투자자와 경영자가 분리된 것이다. 몇몇의 대주주를 제외하면 주식회사에 투자하는 투자자들의 대부분은 자본가 계급이라고 부를 만한 사람들이 아니었다. 이들은 젊어서 번 소득의 일부분을 저축했다가 주식이나 다른 금융상품에 투자하여 노후의 생활에 사용하려는 금리생활자들이었다. 이들은 당연히 기업의 경영이니 더 나아가 국민경제의 발전이니 하는 거창한 문제에는 관심이 없었다. 단지 자신에게 주어진 배당을 어떻게 잘 사용하여 더 많은 만족과 행복을 얻을 것인가만 생각할 뿐이었다. 신고전학파의 출현은 이런 금리생활자들의 요구에 부응한 것이다. 그들은 고전학파가 고민했던 가치의 문제를 효용의 문제로 바꿔버렸다. 이제 생산의 경제학은 소비의 경제학으로 전환하였다.

한편 이 세 사람이 각자 자신의 저서를 출판하여 새로운 이론을 제시했을 때, 또 한 사람의 영국 경제학자도 이들과 비슷한 결론에 도달하고 있었다. 하지만 그는 보다 신중한 성격의 인물이었다. 그는 자신의 이론에 부족하거나 틀린 점이 없는가를 거듭 검토한 뒤, 드디어 앞선 이들보다 20여 년이나 늦게 자신의 저서를 출판하였는데 이때 '경제학'이라는 말을 처음 사용하였다. 그가 바로 마셜이다. 마셜의 성격이 얼마나 신중했던지, 제본스는 마셜에게 책을 어서 출판하지 않는다며 화를 냈다고 한다. 이렇게 훌륭한 이론을 어서 출판하여 다른 경제학자들도 이용할 수 있게 해야 하는데 그러지 않는다는 것이다. "당신이 진작 출판했더라면 내가 그 고생을 안 했을 텐데……" 하는 심리였을까? 아무튼 고전학파 사상과 이론을 계승하고 발전시키는 한편 제본스, 멩거, 왈라와 같은 선구자들에 의해 제시된 근대 경제학의 효용 원리를 수용하여 종합적 경제학 체계를 수립한 '신고전학파의 완성자'로서의 명예는 마셜에게 돌아갔다. 이후 오랫동안 신고전학파

라는 이름은 마셜과 케임브리지학파를 가리키는 이름으로 사용되었
다.

마셜의 부친은 그를 영국 국교회의 성직자로 만들기 위해 어려서
부터 엄격한 종교적 교육을 실시하였다. 마셜이 천직으로 경제학을 선
택한 까닭에는 성직자가 되고자 했던 그의 인도주의적 감정과 가난한
사람들의 생활을 개선시키고자 하는 희망이 크게 작용하였다. 마셜이
자신의 경제학을 형성하던 시기의 영국은 현실과 학문의 양 측면에서
애덤 스미스의 시대와는 다른 상황에 처해 있었다. 당시의 영국은 산
업혁명이 일단락되면서 생산력 증대와 자본 축적에서 비약적인 발전
을 달성하였고, 많은 해외 식민지를 가진 세계의 공장으로서의 역할을
하고 있었다. 그러나 다른 한편 경제의 발전과 함께 주기적인 경제공
황이 빈발하면서 고전학파가 주장했던 자유방임주의정책은 영국 노
동자들의 가난한 생활조건과 열악한 노동조건에서 볼 때 더 이상 적절
한 것 같지 않았다.

마셜은 경제학을 생활의 일상적 측면에서 분석한 인간의 연구로
서, 인간의 개인적 · 사회적 행위 가운데서 복지의 물질적 요건의 획득
과 사용에 관한 학문이라 생각하였다. 마셜의 경제사상은 흔히 '경제
기사도'라고 불린다. 악당을 물리치고 약자를 도우며 여자와 어린이
를 보호하는 옛 이야기의 기사들처럼 경제학은 사회적 약자와 소수자
들을 보호하는 데 이용되어야 한다는 것이다. 그의 연구실 문에는 "런

던의 빈민가에 가보지 못한 사람은 이 방에 들어오지 말라"는 말이 붙어 있었다고 한다. 경제학자는 '차가운 머리와 뜨거운 가슴'을 가져야 한다고 말한 것도 바로 마셜이다. 그러나 어떤 이들은 마셜은 가슴이 너무 뜨거웠다고 그를 비난하고, 어떤 이들은 그의 머리가 너무 차가웠다고 그를 비난한다.

처음 케임브리지대학에서 마셜이 전공한 것은 수학과 물리학이었다. 학생 시절부터 그는 수학에 매우 뛰어난 재능을 보였으며, 경제학으로 전공을 전환한 이후에도 경제 연구에 있어서 수학적 도구가 유

먹 을 빵 의 효 용 이 빵 값 을 결 정 한 다

제본스, 멩거, 왈라 등을 묶어 흔히 신고전학파 또는 한계효용학파라고 부른다. 신고전학파라는 말은 물론 이들이 고전학파의 세계관과 방법론을 계승하고자 했기 때문에 붙었으며, 한계효용학파라는 이름은 이들의 가장 중요한 이론이 한계효용이론이기 때문에 생겼다. 한계효용이론이란 우리가 빵 값으로 얼마나 지불할 것인가는 이미 먹은 빵의 효용이 아니라 이제 먹을 빵의 효용이 결정한다는 것을 요지로 하는 이론이다.

용함을 잘 알고 있었다. 그러나 다른 한편 마셜은 수학적 방법의 한계도 잘 알고 있었다. 그는 수학이란 단지 경제이론의 타당성을 검증하기 위한 수단에 불과하다고 생각했다. 그래서 그는 자신의 저서에서 수학적 증명을 모두 본문이 아닌 각주에 넣었다. 경제학자는 수학을 사용할 줄 알되 사용하고 나면 잊어버릴 줄도 알아야 한다고 믿었던 것이다. 후대에 와 마셜이 양쪽으로부터 비난받게 되는 이유도 여기에 있다. 어떤 이들은 마셜이 경제학을 수학으로 오염시켰다고 비난하였고 어떤 사람들은 마셜이 더 많은 수학을 사용하지 않았다고 비난하였다. 노벨상을 받은 애로우(Kenneth Joseph Arrow, 1921~)도 그 중 한 사람인데, 그는 이렇게 말했다. "우리는 마셜이 가르쳐준 길대로 따라왔다. 그런데 그 길은 너무 구불구불하였다."

그건 너무
간단하잖아

〈혁명교향곡〉으로 유명한 구 소련의 작곡가 쇼스타코비치(Dmitrii Dmitrievich Shostakovich, 1906~1975)와 첼로의 거장 로스트로포비치(Mstislav Leopol' dovich Rostropovich, 1927~2007)는 매우 절친한 사제지간이었다. 쇼스타코비치는 기분이 우울할 때면 로스트로포비치를 자기 집으로 초대하고는 했는데, 정작 사람을 불러 놓고는 몇 시간이고 아무 말도 없이 의자에 앉아 음악만 들었다고 한다. 그렇게 한참이 지나서는 고작 하는 말이 "이제 기분이 좋아졌네. 그만 가보게"였다. '뭐 이런 이상한 사람이 다 있어?' 하고 어이없어 할 독자들도 물론 있을 것이다. 그러나 영혼의 동반자(soul mate)란 이런 사이를 두고 하는 말이다. 아무 말 하지 않아도, 그저 함께 있는 것만으로도 마음이 편안해지는 사이.

경제학의 역사에서 보면 마셜과 케인스(John Mannard Keynes,

1883~1946)가 바로 그런 사이였다. 케인스는 매우 지성적인 인물이었다. 당대의 석학인 버트런드 러셀(Bertrand Arthur William Russell, 1872~1970)이나 앨버트 아인슈타인(Albert Einstein, 1879~1955)조차도 그와 대화를 하다보면 열등감을 느낀다고 할 정도였다. 마셜이 사망했을 때 추도사를 읽은 사람도 케인스였다. 그러나 마셜이 맡았던 케임브리지의 정교수 자리는 케인스가 아니라 피구(Arthur Cecil Pigou, 1877~1959)에게 돌아갔다. 그래도 괜찮다, 케인스는 갈 곳이 많았으니까.

경제학을 배워본 적 없는 사람도 아는 경제학자가 두 사람이 있다. 한 사람은 물론 애덤 스미스이고, 다른 한 사람은 케인스이다. 대체로 케인스라는 이름은 루스벨트(Franklin Delano Roosevelt, 1882~1945)라는 이름과 함께 다닌다. 케인스가 대공황 시절 루스벨트 대통령의 뉴딜(New Deal)정책에 이론을 제공했다는 것은 중학생도 아는 이야기이다. 그러나 아니다. 케인스는 그런 적이 없다. 케인스의 『일반이론』이 나온 것은 대공황이 일어나고 훨씬 뒤의 일이다. 게다가 개인적으로 케인스와 루스벨트는 서로 만난 적이 있는 정도의 사이였지 가깝지는 않았다. 오히려 두 사람은 서로를 그다지 좋게 보지 않았다고 하는데, 루스벨트가 보기에 케인스는 건방지기 짝이 없는 학자였고 케인스가 보기에 루스벨트는 무식하기 짝이 없는 정치가였던 것이다. 그렇다면 누가 뉴딜정책을 수립했을까? 당연히 루스벨트의 경제참모들이다. 부시(George W. Bush, 1946~)에게는 이라크전쟁을 일으키라고 조언한 부시의 참모들이 있고, 오바마(Barack H. Obama, 1961~)에게 한국의 교육을 본받아야 한다고 조언한 오바마의 참모들이 있듯이, 루스벨트에게도 뉴딜의 필요성을 제언하고 정책을 만기를 도운 루스벨트의 참모들이 당연히 있었다. 당시 미국의 경제학자들 가운데 특히 미첼(Wesley Clair Mitchell, 1874~1946)이나 커먼스(John Rogers Commons, 1862~1945) 같은 제도학파들이 루스벨트의 경제정책에 많은 조언을 했고 뉴딜정책의 수립에 직접 개입한 것도 이들이었다. 그런데 왜 뉴딜정책에는 케인스의 이름이 따라다닐까? 같은 시대를 사는 사람들은 어느 정도 비슷한 생각을 하기 마련이다. 그 시대에는 케인스만이 아니라 같은 생각을 하는 사람들이 많았다는 이야기다. 앞에서도 이야기한 것처럼 그것이 바로 시대정신인 것이다. 케인스는 그러한 시대의 과제를 혼자 생각한 것이 아니라 단지 가장 명료하게 표현했을 뿐이다. 애덤 스미스가 그랬던 것처럼 말이다.

케인스 시대의 과제는 애덤 스미스 시대와는 반대로, 공급능력은 넘치는데 수요가 없다는 것이었다. 산업혁명 이후 자본주의의 생산능력은 눈부시게 발전하였다. 공장마다 상점마다 상품이 넘쳐났다. 그러나 대중은 여전히 빈곤했다. 상품을 아무리 많이 만들어봐야 살 놈이 없는 현실, 마르크스 식으로 표현하면 목숨을 건 도약에서 실패한 상품들이 창고마다 재고로 쌓여 가는 현실인 것이다. 이런 시대적 과제에 대해 케인스는 대중에게 쓸 돈이 없다면 정부가 돈을 쓰면 된다는 아주 단순하고도 명료한 논리를 내놓았다. 이것이 케인스 혁명이다.

애덤 스미스 이후로 모든 경제학자들은 **세이의 법칙**에 따라 공황이란 한 부문에서는 생산이 남고 다른 부문에서는 **생산이 부족한** 데서 나타난 일시적인 불균형상태로 간주하였다. 시장은 이러한 불균형을 스스로 조정할 수 있으며, 경제는 궁극적으로 조화로운 균형상태로 갈 것이라는 것이 고전학파 경제학자들의 믿음이었다. 그러나 1929년 대공황은 자본주의 역사상 처음 나타난 일반적 과잉생산공황이다. 과잉생산은 단순히 부문 간의 불균형에서 나타난 현상이 아니라 모든 부문에서 나타났다. 지금까지 경제학을 지탱해온 믿음이 붕괴되는 순간이며, 시장은 더 이상 조화롭지 않고 미래는 더 이상 낙관적이지 않다는 냉엄한 진실이 드러나는 순간이었던 것이다.

그러나 케인스는 시장이 여전히 조화로울 수 있다는 새로운 믿음을 제시하였다. 정부가 약간의 역할만 제대로 한다면 말이다. 시장에 맡겨 놓으면 저절로 조화로울 것이라는 생각도 희망적이지만, 우리가 그러한 조화를 스스로 만들어 나갈 수 있다는 생각은 더 희망적이지 않은가? 물론 케인스의 진의는 정부가 시장을 보조할 수 있다는 것이었다. 케인스가 시장을 부정했다고 생각하는 사람들도 있지만, 그것은 천만의 말씀이다. 케인스는 한 번도 시장을 부정해본 적이 없다. 다만 아무리 아름다운 미녀라도 이슬만 먹고 살 수는 없다는 사실을 알고 잘 알고 있었을 뿐이다.

대공황이 발생하자 미국의 경제학자들 가운데는 통화정책의 문제이므로 연방준비은행(FRB)이 돈을 더 풀기만 하면 된다고 생각하는 사람들이 많았다. 물론 지금도 그렇게 생각하는 이들이 적지 않다. 최근 세계적인 경제위기가 오자 과거의 위기에 대한 관심들이 높아지고 있는데, 그 가운데 상당수가 1929년 공황의 원인을 그런 식으로 설명하고 있다. 그러나 처음 그런 정책 조언을 들은 루스벨트는 이렇게 대꾸했다고 한다. "그건 너무 간단하잖아?" 물론 이 이야기는 두 가지로 해석할 수 있다. 하나는 진리란 뜻밖에도 우리 곁에 있다는 의미이고, 다른 하나는 그렇게 대책이 쉬울 것 같으면 어째서 이토록 심각한 위기가 일어났겠느냐는 의미이다. 경제학자들의 말대로 하면 세상은 참 쉬운데 내 삶은 왜 이 '꼬라지' 냐, 이 말이다.

뉴딜정책을 '삽질에 돈을 쏟아 붓는 정책' 쯤으로 이해하는 사람들도 있다. 나라 경제는 절단 났는데 자기는 원 없이 돈을 써봤다고 자랑하는 경제 장관도 있다. 그러나 뉴딜의 의미는 그런 것이 아니다. 뉴딜을 말 그대로 해석하면 새로운 계약, 새로운 분배, 새로운 거래쯤으로 쓸 수 있겠다. 무슨 계약? 바로 여러 계급과 집단들 간의 사회적 계약이라는 것이다. 공황은 시장이 자기조절기능을 이미 잃어버렸음을 의미한다. 시장에 처음부터 그런 따위가 어디 있었느냐고 따지면 할 말 없지만, 일단 시장에 그런 것이 있었다 치자. 그런데 왜 지금은 시장이 그런 기능을 제대로 발휘하지 못하는가? 시장 안에서 힘이 한 쪽으로 치우쳐 버렸기 때문이다. 시장의 통제를 받아야 할 경제 주체들 가운데 어느 한 쪽으로 힘이 집중되니까 더 이상 시장의 조정이 먹히지 않게 된 것이다. 이 힘은 바로 독점자본이다. 그래서 루즈벨트는 이러한 힘의 균형을 제대로 돌려놓아야 한다고 생각했고, 그래서 여러 가지 독점규제조치들을 만드는 한편, 실업 구제책과 농산물 가격지지정책들을 통해 노동자와 농민들의 경제적 힘을 증가시킴으로써 시장에서 독점자본의 일방적인 이익 추구를 견제하도록 한 것이다. 이것이 뉴딜이다.

케인스는 평생 두 가지 비난에 시달렸는데, 하나는 소련의 스파이라는 것이고 다른 하나는 동성애자라는 것이다. 케인스가 동성애자였는지는 확인할 수 없으나 소련의 스파이라는 비난은 근거가 빈약해 보인다. 러시아의 유명한 발레리나와 결혼하기는 했지만 결국 세계 자본주의 경제의 위기를 구한 사람이 케인스였으니 말이다. 남자든 여자든 숨기고 싶은 비밀은 있게 마련 아닌가? 동성애자였든 아니든 케인스가 부러운 이유는 그가 학자로서 명성이 높았을 뿐 아니라 외교관으로서 세계 경제의 확립에 기여가 컸고, 주식투자로 돈을 많이 벌었으며, 그 돈을 케임브리지 예술극장을 비롯해 여러 예술 단체를 위해 썼다는 데 있다. 한마디로 개 같이 벌어서 정승 같이 쓴 사람이다. 게다가 말년에는 직접 농장에서 돼지를 키우기도 했다. 나는, 오리를 키울 생각이다.

제1차 세계대전이 끝나고 유럽 각국이 종전회담을 위해 영국의 브레튼우즈에서 만났을 때, 케인스도 영국 대표로 그 회담에 참가하였다. 여기서 케인스는 독일에 너무 많은 전후 배상을 요구하지 말 것을 주장했으나, 그 주장은 묵살되었다. 당시 각국 대표들을 지배한 감정은 승자의 잔혹함과 잘못된 애국주의였다. 한마디로 내가 이겼으니 요구할 만큼 요구하겠다는 것이고, 그것이 국가와 민족을 위하는 길이라는 것이었다. 케인스는 자신의 의견이 받아들여지지 않자 그 자리를

케 인 스 의 진 심

케인스가 국가의 시장 개입을 옹호함으로써 결과적으로 개인의 자유를 축소시켰다고 주장하는 사람들을 위해 한마디. 케인스는 현대 사회가 해결해야 할 과제는 세 가지라고 이야기했다. 정치적 안정, 경제적 번영, 그리고 개인 자유의 확대. 케인스는 개인의 자유를 경시한 것이 아니라 그와 반대로 개인의 자유를 위협하는 가장 심각한 문제가 바로 빈곤과 실업이라고 생각했다. 당장 지금의 한국 사회를 돌아보라. 이처럼 개인의 자유가 위협받았던 적이 있었는가?

사퇴하고 말았다. 그 대신 쓴 책이 『평화의 경제적 귀결』이다. 독일에 과다한 배상금을 요구하면 독일은 무엇으로 그것을 갚느냐는 문제제기를 담은 책이었다. 더 많은 배상금을 갚기 위해 더 많은 생산과 더 많은 수출, 더 많은 식민지가 필요하게 되면 결국 또 한 번의 세계대전이 일어날 것이라는 이야기다. 케인스의 혜안이 옳았다는 것은 2차 대전이 증명한다. 참으로 대단하지 않은가? 케인스가 무슨 점성술사이거나 예언자인가? 아니다. 무슨 박애주의자라서 독일을 옹호했는가? 역시 아니다. 합리성으로 세상을 보는 사람들에게는 세상이 합리적으로 보이는 법이다.

지금 기업가가
그리운 이유

케인스에게는 필생의 라이벌이 있었다. 바로 슘페터다. 아니, 반대로 이야기해야 옳겠다. 슘페터에게는 필생의 라이벌이 있었으니 바로 케인스다. 이런저런 비망록들을 읽어보면 슘페터가 케인스를 라이벌로 의식했다는 이야기는 사실인 듯하다. 그러나 케인스가 슘페터를 그다지 진지하게 라이벌로 생각했던 것 같지는 않다. 케인스에게는 그럴 이유가 없었기 때문이다. 더 유명한 자의 여유랄까? 오해는 말자. 슘페터는 생전에 이미 세계적인 학자였고 하버드대학의 교수였다. 슘페터가 케인스만 못해서 열등감 따위를 가지고 있었던 것은 아니라는 이야기다. 그러나 세상은 온통 케인스를 이야기할 뿐이니, 슘페터로서는 얼마나 짜증스러웠을까? 조금 엉뚱하게 들릴지 모르겠지만, 나는 이 두 사람을 보면 올림픽 우승자 황영조와 국민 마라토너 이봉주가 떠오른다. 꾸준하고 성실한 선수생활을 해온 이봉주가 국민 마라토너인 것은 분명하지만 정작 올림픽에서 금메달을 따지는 못했다. 이봉주의 가슴에 영원히 지워지지 않는 회한일 것이다.

마셜의 제자인 케인스가 신고전학파로부터 새로운 경제학을 출현시켰듯이, 슘페터는 멩거의 한 다리 건넌 제자이지만 신고전학파가 지배하던 주류 경제학과는 다른 경제학의 세계에 속한 인물이었다. 더 나아가 슘페터는 우리가 흔히 생각하는 지식인과는 조금 다른 인물이다. 오늘날 지식인이라고 하면 흔히 세분화된 전공 분야의 문제 해결에 능통한 사람이라는 의미로 생각하기 마련이다. 그러나 그는 그 반대였다. 굳이 말하자면 슘페터는 르네상스 시대의 인문주의자들을 닮아 있었다. 기술적이기보다는 철학적이었으며, 경제와 사회를 수학적으로 보기보다는 역사적으로 보려 했던 사람이다.

케인스와 슘페터는 여러 모로 비슷한 점도 많다. 학문적 명성 못지않게 다양한 사회활동에 종사한 것도 그렇다. 슘페터는 오스트리아의 재무장관과 비더만은행의 총재를 지냈다. 미국경제학회의 회장을 역임했으며, 미국계량경제학회와 국제경제학회를 창설하였다. 슘페터가 처음 출판한 저서는 『이론경제학의 본질과 주요 내용』인데, 이때 그의 나이는 불과 25세였다. 희한한 일은 이 책이 미국도 유럽도 아닌 이집트의 카이로에서 출판되었다는 사실이다. 이 책으로 그는 이론경제학의 분야에서는 자신이 더 이상 연구할 것이 없다고 자부했고, 그래서 이후에는 순수이론 분야보다는 경제발전과 경제변동 등 자본주의의 변화에 관한 연구에 몰두했다.

슘페터는 생전에 이미 그 시대의 가장 위대한 경제학자 가운데 한 사람이었다. 하지만 케인스라는 이름에 가려 그의 이름이 대중적으로는 그다지 유명하지 않았던 것도 사실이다. 그래서 어떤 이들은 '케인스가 없었더라면' 하고 말하기도 한다. 그러나 케인스가 있었건 없었건 슘페터는 슘페터일 뿐이다. 케인스와 슘페터는 서로 다른 시대적 과제를 해결하고자 했다. 케인스라는 이름을 세상 사람들 사이에서 유명하게 만든 사건이 1930년대의 위기였던 것처럼, 슘페터라는 이름을 세상 사람들 사이에 다시 오르게 한 사건은 1970년대의 위기였다. 석유 파동으로 인해 직접적으로 유발된 1974년의 공황은 케인스 경제학의 배경이 된 1929년의 공황과 전혀 다른 성격의 위기였다. 1929년의 공황을 촉발시킨 위기는 수요의 위기였다. 생산력은 넘치는데 대중의 구매력이 그 생산능력을 못 따른다는 것이 문제였다. 그래서 케인스는 정부를 향해 "네가 사라, 상품" 하고 요구했던 것이다.

그러나 1970년대의 위기는 에너지와 원자재 가격의 예상하지 못한 폭등 때문에 비용이 상승하고 생산이 축소된 데서 비롯되었다. 1950~60년대의 호황을 이끌었던 생산성 향상이 한계에 부닥친 반면 임금은 지속적으로 상승하면서 이윤을 압박하였다. 이러한 성격의 위기는 정부가 무조건 돈을 풀고 삽질을 벌인다고 해결되지 않는다. 수요가 아니라 공급이 문제이기 때문이다. 이러한 위기는 비용 절감적인 공급능력의 확대만이 해결책이다. 생산성의 획기적인 향상을 가능하게 할 새로운 생산방식이 개발되지 못하면 위기도 해결될 수 없다는 뜻이다. 그러자 많은 사람들이 슘페터를 생각하게 되었다. 그래, 문제는 혁신이구나!

경제이론 연구에서 경제변화 연구로 옮겨 간 이후 슘페터는 경제발전과 경기의 변동 및 자본주의의 역사에 대한 연구를 하나의 이론으로 통일하고자 노력하였다. 그는 먼저 기업가(entrepreneur)와 사업가(businessman)를 구분하였다. 요즘 우리가 기업가라고 부르는 사람들의 대부분은 슘페터의 기준에서 보면 사업가에 불과하다. 그렇다면 기업가는 누구냐고? 기업가정신을 가진 사람이 기업가이다. 그럼 사업가는 사업가정신을? 물론 아니다. 사업가는 기업가정신을 가지지 못한 사람이다. 그렇다면 다시 묻자. 기업가는 기업가정신으로 무엇을 하는가? 바로 혁신(innovation)을 한다. 그럼 사업가는? 기업가의 혁신을 모방한다.

슘페터는 자본주의의 발전이 기업가들의 혁신 때문이라고 생각했다. 슘페터의 혁신 개념은 상당히 광범위하다. 그는 새로운 상품을 개발하는 것은 물론, 새로운 공정을 개발하는 것, 새로운 원료를 개발하는 것, 새로운 시장을 개발하는 것, 그리고 기존의 경제구조를 변화시키는 것까지를 모두 혁신이라고 불렀다. 님만 님인 것이 아니라 그리

운 것은 모두 님인 셈이다. 어떤 혁신이냐가 아니라 혁신 그 자체가 중
요했던 것이다. 기존의 사고와 행동방식에 고정되지 않고 혁신을 한다
는 것, 이것이 바로 기업가정신이며 이 기업가정신이 자본주의를 발전
시키는 것이다. 1970년대의 세계 경제에 절실히 필요했던 것은 바로 그
기업가정신이었다. 오늘의 세계 경제가 절실히 요구하는 것 역시도.

소 문 난   라 이 벌 ?

어느 분야나 그렇듯이 경제학의 역사에서도 소문난 라이벌이 적지 않다. 앞
서 언급했던 리카도와 맬서스가 그렇고 케인스와 슘페터가 그렇다. 케인스와 슘
페터는 언제부터 라이벌이었을까? 태어나면서부터이다. 두 사람은 똑같이 마르
크스가 사망한 1883년에 태어났다. 어떻게 생각하면 하늘이 이 위대한 경제학자
두 사람을 내려 보내고서야 그 빈자리를 겨우 채울 수 있었을 만큼 마르크스가
위대했다는 이야기도 되겠다.

나도
라이벌

1947년 4월 스위스의 몽펠르랭의 한 산장에 여러 경제학자들이 모였다. 그 가운데는 전후 독일 경제의 재건에 중요한 역할을 했던 루트비히 에르하르트(Ludwig Erhard, 1897~1977)와 『열린 사회와 그 적들』로 유명한 철학자 칼 포퍼(Karl Raimund Popper, 1902~1994)도 있었다. 이들은 모두 대공황과 2차 대전을 거치면서 엄청나게 비대해진 국가의 시장 개입을 비판하였으며, 자유주의 경제질서만이 최선이라는 신념을 가지고 있었다. 이 모임에서 만들어진 것이 바로 몽펠르랭 학회이다. 더 쉽게 말하면 오늘날 세계를 지배하고 있는 신자유주의가 공식적으로 선포된 것이 바로 이 날이다. 그리고 이 모임을 주도한 사람은 바로 프리드리히 하이에크(Friedrich August von Hayek, 1899~1992)라는 오스트리아 출신의 경제학자였다.

케인스에게는 슘페터에 못지않게 유명한 또 한 사람의 라이벌이 있었다. 물론 역시 반대로 이야기하는 것이 옳겠다. 케인스를 필생의 라이벌로 생각한 또 한 사람의 유명한 경제학자가 있었다. 바로 프리드리히 하이에크이다. 하이에크는 화폐이론과 경기 변동이론 등을 놓고 케인스와 10년에 걸쳐 논쟁하였는데, 당시의 논쟁에 대해 적지 않은 경제학자들은 케인스보다 하이에크가 한 수 위였다고 평가하기도 한다. 하이에크는 오스트리아 출신이지만 영국에서 더 오래 생활하였고, 뒤에는 요즘 세계 경제학계의 주류인 시카고대학에서도 활동하였다. 그의 필생의 저작은 세 권으로 구성된 『법, 입법, 자유』이다. 경제학자가 왜 법에 관한 책을 썼느냐고? 하이에크는 비엔나대학에서 법학과 정치학에서 두 개의 박사학위를 받았다. 그는 경제문제를 법질서와 정치제도와의 연관 속에서 고찰하고자 하였다. 요즘으로 치면 학제 간 연구의 선구자였던 셈이다. 화폐와 경기 변동의 이론으로 노벨상을 받았지만, 오늘날 하이에크라는 이름을 널리 알린 것은 그의 이론이 아니라 자유로운 시장에 대한 그의 철학과 사상이다.

하이에크의 자유주의 철학은 크게 세 가지 개념으로 구성된다. 인간이성의 한계, 자생적 질서, 그리고 규칙에 의해 조종되는 인간행위와 사고이다. 고전학파가 생각하는 시장은 다분히 기계적이다. 시장이란 맡겨 놓기만 하면 수요와 공급이 저절로 균형을 찾아간다는 것이다. 시장을 기제(mechanism)라고 부르는 이유도 아마 여기에 있을 것이다. 그러나 하이에크에게 시장은 그런 기능적인 것이 아니라 인간이 그 속에서 생활하고 행동하는 질서이다. 이 질서는 누군가에 의해 인위적으로 만들어진 것이 아니라 자생적인 것이다. 물론 자생적이라는 말은 자연적이라는 것과는 다른 의미이다. 자연질서는 그저 그냥 주어진 그대로 존재할 뿐이다. 그러나 시장의 자생적 질서는 숱한 시행착오를 거쳐서 형성된 것이다. 하이에크는 그래서 시장이 자연보다 우월하다고 보았다.

하이에크는 근대 철학을 구성주의적 합리주의(constructivist rational-ism)와 진화론적 합리주의(evolutionary rationalism)로 구분하였다. 데카르트, 홉스, 루소, 벤담 등은 구성주의적 합리주의에 속하고 흄, 애덤 스미스, 버크, 토크빌 등이 진화론적 합리주의에 속하는 이들이다. 반드시 일치하는 것은 아니지만 전자는 영국의 경험론적 전통에 가깝고 후자는 대륙의 합리론적 전통에 가깝다고 이해하면 쉽겠다. 이 두 철학 경향의 결정적인 차이를 하이에크는 이렇게 설명했다. 합리주의 전통은 문명을 임의적으로 형성할 수 있는 지적, 도덕적 능력이 인간에게 있다고 가정하지만, 진화론자는 문명이란 힘들게 획득한 시행착오의 누적적 결과라고 이해한다는 것이다. 합리주의적 설계 이론은 필연적으로 인간의 합리적 행위 성향, 본래적 지성과 선의 가정에 기초한다. 반면 진화적 이론은 그 반대로 특정한 제도적 장치가 인간이 자신의 지성을 최고의 효과를 위해서 스스로 어떻게 유도하는가를, 또 어떻게 해서 악한 사람들이 최소의 해악만 범하도록 제도가 형성될 수 있는가를 보여준다. 문명이란 부분적으로는 세대에서 세대로 명시적 지식의 형태로 전해지는 경험과 대부분은 그 우월성이 증명된 도구와 제도 속에 체화된 경험을 합한 것이다.

아마 다들 짐작하셨겠지만 하이에크는 물론 진화론적 합리주의자에 속한다. 하이에크가 볼 때 구성주의적 합리주의는 인간의 이성으로 세계를 올바르게 인식할 수 있다고 믿으며, 인간에 의해서 사회제도를 개조하거나 완전하게 변화시킬 수 있다고 믿는 사상이다. 마르크스주의는 바로 이러한 이성주의와 계몽주의의 연장선 위에 서 있으며, 현실의 사회주의도 그러한 믿음에 따라 인위적으로 설계되고 건설된 것이다. 그러나 하이에크는 인간이성의 순수하게 연역적인 추론에 의해 만들어진 모델로 인류를 개조하거나 설계할 수 없다고 비판하면서, 인간은 경험과 진화의 기초 위에서만 발전할 수 있다고 주장하였다. 옛 소련을 비롯한 현실 사회주의의 해체는 적어도 하이에크에게는 필연적인 귀결이었다.

첫 번째 주요한 저작인 『노예에의 길』에서 이미 하이에크는 시장에 대한 국가의 개입은 개인의 자유를 억압하는 전체주의로 갈 것이며 모든 개인은 노예가 될 것이라고 주장하였다. 그에게 사회주의는 전체주의의 또 다른 이름이었다. 그리고 국가 개입이 시장의 불완전함을 보완할 수 있다는 케인스의 사상은 사회주의를 용인하는 위험하기 짝이 없는 사상이었다. 그러나 케인스에게 콩깍지가 쓰인 세상은 하이에크의 이런 주장을 과장되고 심지어는 우스꽝스럽기조차 한 반공 이데올로기 정도로 치부해 버렸다. 그러나 슘페터의 경우와 마찬가지로 1974년의 대공황으로 케인스주의 경제학의 현실적 효력이 더 이상 들지 않게 되자 세상은 다른 처방을 찾기 시작했다. 와신상담 이 순간만을 기다려온 신자유주의자들은 케인스주의에 대한 승리의 나팔을 불며 자랑스럽게 하이에크의 이름을 다시 내걸기 시작한 것이다. 그리고 바로 이해에 하이에크는 노벨경제학상을 받았다. 물론 우연의 일치일 뿐이다.

그렇다면 이제 하이에크의 주장을 뒤집어보자. 과연 데카르트(Rene Descartes, 1596~1650)가 근대 사상에서 가지는 의미는 무엇인가? "나는 생각한다, 고로 존재한다." 중학생도 아는 이 말의 의미는 바로 인간의 이성으로 세계를 인식할 수 있다는 선언이다. 중세에는 모든 것이 신의 섭리로 설명되었다. 이 세계와 우주의 심오한 비밀은 신의 영역에 속하므로 인간은 알 수도 없거니와 함부로 알려 하면 다친다는 것이다. 그러나 데카르트는 인간이 그 비밀을 알 수 있다고 주장하였다. 왜? 우리에게는 이성이 있으니까. 루소(Henri Rousseau, 1844~1910)와 프랑스 계몽주의자들은 여기서 한 발 더 나아갔다. 그런데 왜 인간사회는 이렇게 비이성적이냐는 것이다. 이들은 인간이 이성으로 세계를 인식할 수 있다면 당연히 세계를 변혁시킬 수도 있지 않겠느냐고 물었다. 그래서 프랑스혁명이 세계를 변혁시킨 것이다. 참으로 위대한 이성의 승리, 진보에 대한 믿음이 이 땅에서 실현되는 순간이었다. 하늘에는 영광, 땅에는 혁명! 하이에크와 신자유주의자들이 진정으로 말하고자 하는 것도 바로 여기에 있다. 자유로운 시장이라고 말할 때 그들의 진심은 인간이성에 대한 불신과 진보에 두려움을 고백하고 있을 뿐이다.

하지만 경제학의 아버지 애덤 스미스에게는 이성에 대한 믿음이 없으며, 『미국 민주주의』라는 대단한 책을 쓴 토크빌(Alexis de Tocqueville, 1805~1859)에게는 진보에 대한 믿음이 없었다고 누가 주장할 수 있는가? 하이에크가 진화론적 합리주의의 가장 뛰어난 인물로 꼽은 이는 데이비드 흄(David Hume, 1711~1776)이었다. 흄은 '내가 경험하지 않은 현실은 존재하지 않는다' 고 주장한 극단적인 불가지론자였다. 쉽게 설명하면 사과가 여기에 존재하기 때문에 내가 사과를 만질 수 있는 것이 아니라, 내가 사과를 만졌기 때문에 여기에 사과가 존재한다는 철학이다. 사과가 들으면 얼마나 불쾌할까? 물론 흄의 경험론이 애덤 스미스의 실증적 과학관에 중대한 영향을 미친 것이 사실이다. 그러나 애덤 스미스의 사상을 그것만으로 설명하는 것은 부족하다. 프랑스 계몽주의의 경제학적 번역본이 바로 중농학파라 불리는 경제학자들인데, 애덤 스미스는 중농학파의 제자였다. 애덤 스미스의 '경제인(homo economicus)' 개념은 모든 사람이 합리적으로 판단하고 행동할 수 있다

는 전제에서 출발한다. 이만큼 이성적이고 계몽적인 철학을 가진 사람
이 어디에 또 있느냐는 말이다.

노벨상위원회의 음모?

하이에크가 노벨상을 받을 때 스웨덴의 경제학자 군나르 뮈르달(Karl Gunnar Myrdal, 1898~1987)이 공동수상했다. 그러나 함께 상을 받기에는 두 사람 사이에 학문적으로나 실천적으로 공통점이 전혀 없었다. 이 때문에 자국 경제학자에게 단독으로 상을 수여하는 것을 부담스러워 한 노벨상위원회가 하이에크를 끼워 넣었다고 주장하는 이도 있다. 그래서인지 상을 받으면서 하이에크는 시종 싱글 벙글한 반면 뮈르달은 화난 사람처럼 굳은 얼굴이었다고 한다. 노벨상위원회의 음모까지는 아니더라도 뮈르달 같은 전투적 사회민주주의자로서는 하이에크 같은 극단적 보수주의자와 함께 앉는다는 것조차 불쾌했을지도 모르겠다. 뮈르달의 부인인 알바(Alva Reimer Myrdal, 1902~1986)는 스웨덴의 핵 포기선언을 이끌어낸 공로로 1982년에 노벨평화상을 수상하였다.

자본주의의 진실

금의환향(錦衣還鄉)이라는 말이 있다. 비단옷을 입고 고향으로 돌아간다, 즉 성공해서 고향으로 돌아간는 뜻이다. 금의야행(錦衣夜行)이라는 말도 있다. 비단옷을 입고 오밤중에 돌아다닌다는 말이니, 아무리 잘해봐야 남이 알아주지 않는다는 뜻이다. 이 두 사자성어는 모두 초나라의 용장 항우(項羽, BC232~BC202)에 얽힌 이야기다. 물론 항우가 비단 장수였던 것은 아니다. 『사기(史記)』의 「항우본기(項羽本記)」에 따르면 항우가 천하를 놓고 한 나라의 유방(劉邦, BC247~BC195)과 싸울 때, 진나라의 도읍인 함양을 먼저 자지한 것은 유방이었다. 그러나 항우가 대군을 몰고 진격해오자 세가 불리함을 느낀 유방은 책사들의 건의를 받아 순순히 항우에게 함양을 양보하였다. 함양에 입성한 항우는 아방궁을 불태우고 궁중의 보물들을 마구 약탈한 것은 물론 궁녀들을 겁탈

하고 시황제(始皇帝)의 묘까지 파헤쳤다. 항우는 스스로 폐허로 만들어 놓은 함양이 마음에 들지 않아 고향인 팽성으로 도읍을 옮기려고 하였다. 신하들은 함양은 예로부터 패왕의 땅이니 마땅히 여기에 도읍을 정해야 한다고 간언하였다. 그러나 항우는 오히려 화를 내면서 이렇게 말하였다고 한다. "출세하여 고향에 돌아가지 못하면 비단옷을 입고 밤길을 가는 것과 무엇이 다르단 말인가?" 결국 도읍을 옮긴 항우는 다시 함양을 차지한 유방에게 천하를 넘겨주고 만다. 금의환향으로 자신의 성공을 고향 사람들에게 알리기는 했지만 천하를 잃고 만 것이다.

항우의 마지막도 이 일화와 비슷하다. 항우는 유방의 책략에 말려들어 해하에서 크게 패하고 애첩인 우희(虞姬)마저 자결한다. 이 이야기를 소재로 한 것이 첸카이거(Chen Kaige, 1952~) 감독의 영화로 더 유명한 경극 〈패왕별희(覇王別姬)〉이다. 유방의 군사에게 쫓긴 항우는 오강(烏江)이라는 곳에 이르렀는데, 한 어부가 강동은 물자가 풍부하고 인재가 많은 곳이니 은인자중하여 힘을 기르고 다시 때를 기다리라고 충고한다. 그러나 항우는 유방에게 패하여 모든 것을 잃고 혼자 고향으로 쫓겨 간다는 수치심을 이기지 못하고 뒤쫓아오던 유방의 군사와 홀몸으로 맞서 싸우다 31세의 나이로 생을 마감하였다. 한마디로 항우의 일생은 '폼생폼사', 폼에 살고 폼에 죽는 것이었다. 그렇다면 이런 폼생폼사를 경제학 용어로는 무엇이라고 할까? '베블런 효과(Veblen effect)' 되시겠다. 가격이 오르는데도 일부 계층의 과시욕이나 허영심 등으로 인해 수요가 줄어들지 않는 현상, 그것이 베블런 효과다.

경제학의 역사에서 가장 특이한 인물이 바로 소스타인 베블런 (Thorstein Bunde Veblen, 1857~1929)이다. 직접 베블런으로부터 배운 적은 없지만 그의 가장 충실한 제자로 꼽히는 갤브레이스(John Kenneth Galbraith, 1908~2006)는 19세기에 출판되었지만 지금도 읽히는 책은 두 권밖에 없다고 말했다. 한 권은 헨리 조지(Henry George, 1839~1897)의 『진보와 빈곤(1879)』이고, 다른 한 권은 바로 베블런의 『유한계급론(1899)』이다. 어느 번역본의 제목은 『한가한 무리들』로 되어 있다. 얼핏 제목만 보면 정말 한가한 책일 것 같지만, 아니다. 『유한계급론』은 경제학의 역사에서 자본주의의 본질을 가장 통렬하게 비판한 책이다. 베블런 효과라는 말은 바로 이 책에서 베블런이 "상층 계급의 두드러진 소비는 사회적 지위를 과시하기 위하여 자각 없이 행해진다"고 말한 데서 유래하였다. 쉽게 말해서 골프를 알고 나니 이렇게 좋은 운동이 없더라는 유한마담들이 많지만, 사실상 골프는 운동이 잘 되어서가 아니라 골프를 칠 만큼 한가한 팔자라는 것을 과시하기 위해 친다는 뜻이다. 솔직히 골프는 한국의 졸부들이나 치는 것이다. 영국의 권위 있는 귀족들은 여우 사냥 즐기신다.

하지만 이러한 과시적 소비가 반드시 유한마담들만의 행동은 아니다. 요즘 청소년들이 휴대전화를 바꾸는 이유는 전화기가 고장 나서가 아니라 더 예쁜 전화기가 나왔기 때문이다. 물리적 마모가 아니라 심리적 마모가 청소년들의 소비를 부르는 것이다. 물론 애들만 야단칠 일도 아니다. 자동차 산 지 5년만 지나면 어느새 자동차 카탈로그에 자꾸 눈이 가는 남편이나, 옆집 냉장고에서는 얼음도 나온다는 광고를 보며 무능한 남편 때문에 열 받는 아내들도 마찬가지다. 우리 마누라도 봄만 되면 가슴 한 쪽이 뻥 뚫린 것 같아서 백화점 바람 한 번 쐬어 주셔야 된다. 그래도 나는 걱정 안 한다. 마누라의 구매 한도가 얼마인지 알기 때문이다. 요컨대 베블런이 말하고자 하는 것은 이것들이 모두 누구의 잘못이 아니라 자본주의의 본질이라는 이야기이다.

베블런은 노르웨이 이민자의 가정에서 태어났다. 그의 가정에서는 영어가 아니라 노르웨이어를 사용했으며, 더군다나 그가 자란 곳은 몇 시간을 가야만 이웃집이 나오는 한참 시골이었다. 이 때문에 대학에 진학했을 때까지도 그는 영어에 서툴렀으며, 이로 인해 그에게는 거의 친구가 없었다. 이런 외톨이의 삶은 그가 죽을 때까지 계속되었다. 그가 경제학의, 나아가 미국 주류 사회의 이단자가 된 이유도 여기에 있을지 모르겠다. 원래 그가 전공한 것은 철학이었다. 그는 철학 교수가 되고자 했지만 당시의 철학 교수 자리는 거의 신학자들에게 장악되어 있었다. 그가 경제학자가 된 것은 순전히 그때 마침 시카고대학이 경제학 연구소를 설립한 우연 덕분이었다.

베블런이 평생을 바쳐 연구한 것은 바로 자본주의란 왜 이렇게 낭비적인가 하는 문제였다. 그가 남긴 저서들 가운데 가장 중요한 두 권은 바로 『유한계급론』과 『기업의 이론』이다. 『유한계급론』이 소비 측면에서 자본주의의 낭비적 본질을 비판하였다면 『기업의 이론』은 생산의 측면에서 자본주의의 낭비적 본질을 파헤친 책이다. 여기서 베블런은 자본주의가 낭비적인 이유를 이윤을 위한 생산에서 찾았다. 이윤을 위해서 생산하기 때문에 사회적 필요나 합리성 따위와는 무관한 생산이 이루어지고 자원의 낭비가 이루어진다는 것이다.

그렇다면 낭비적 생산과 과시적 소비는 어떻게 만나는가? 갤브레이스는 베블런의 이론에서 한 걸음 더 나아가서 소비자들의 욕구는 그들 자신의 필요가 아니라 기업의 광고에 의존한다는 '의존 효과'를 주장하였다. 전지현 폰과 김태희 폰이 서로 더 예쁘다고 싸우고, 이효리 소주와 송혜교 소주가 서로 더 맛있다고 싸우는데, 어떻게 소비자들의 욕구가 만들어지지 않을 수 있느냐는 이야기다.

생산하는 자가 많으면 재물은 풍족하다

서양에서 경제학이 꾸준히 발달해온 반면 동양에서는 경제에 대한 사상이 없었다고 생각하는 경우가 많다. 동양에서는 전통적으로 재물이나 치부(致富)를 가볍게 여기고 인격과 덕성을 쌓는 수행을 중시했기 때문이다. 그러나 실은 서양에서 본격적으로 경제학이 발전한 것은 불과 300년밖에 되지 않는다. 반대로 동양에서도 오래 전부터 경제에 대한 좋은 이야기가 많이 전해 내려온다. 그 중에서도 내가 가장 좋아하는 말은 "의식이 족해야 예절을 안다"는 것이다. 의식(意識)이 아니다. 의식(衣食)이다. 누가 그런 물질적인 말씀을 하셨느냐고? 공자님이시다.

경제라는 말의 어원이 '경세제민(經世濟民)' 이라는 말에서 유래했다는 것은 아마 모두들 알고 있을 것이다. 간단히 해석하면 "세상을 다스리고 백성을 구제한다"는 의미이다. 그런데 여기서 주목해야 할 것은 '경세'와 '제민'의 관계이다. '경세'와 '제민'은 병렬관계가 아니라 주어-술어관계이다. 즉, 세상을 다스리는 일과 백성을 구제하고 풍요롭게 하는 일이 따로 있는 것이 아니라, 백성을 풍요롭게 하기 위해서 세상을 다스린다(administrating the state to relieve the people's suffering), 또는 세상을 다스린다는 것의 요체가 바로 백성을 풍요롭게 하는 데 있다는 것이다. 이처럼 동양의 경세제민사상에는 백성들을 굶주림에서 벗어나게 하는 것, 떳떳이 살 수 있는 생업, 그리고 고른 분배를 충분히 고려하는 최소 생계의 보장과 같은 복지정책적인 측면이 담겨 있다.

아무튼 흔히 가지는 오해와는 달리 동양의 경제사상은 뜻밖에도 실용주의적인 측면이 많다. 물론 도덕적이기도 하다. 그러나 이때의 도덕적이라는 말은 "백만 오랑캐가 쳐들어와도 도덕이 바로 서면 몽둥이로도 막을 수 있다"는 식의 현실에서 벗어난 공허한 이념이 아니라 사람과 사람이 더불어 살아가는 데 마땅히 있어야 할 도리를 의미한다. 가령 『논어(論語)』를 보면 "국가를 다스리고 가족을 이끄는 사람은, 백성들이 가진 것이 적음을 걱정하기보다는 그들이 고르지 못한 것을 걱정해야 한다. 사람들이 빈곤한 것을 걱정하기보다는 그들 사이에 없는 것을 걱정해야 한다. 그들이 균등하면 빈곤은 없어지고, 서로 화합하게 되면 빈곤이 없어지고, 안정하면 기울어짐이 없다"라고 말한다.

『맹자(孟子)』는 좀 더 과격하다. "임금의 푸줏간에는 살찐 고기가 있고 마구간에는 살찐 말이 있으면서, 백성들은 굶주린 기색이 있고 들판에 굶어 죽은 시체가 있다면, 이것은 짐승을 몰아서 사람을 잡아 먹게 한 것입니다. 백성들은 떳떳이 살 수 있는 항산(恒産)이 없으면 그로 인해 떳떳한 항심(恒心)이 없어지는 것입니다" 라는 것이다. 흔히 '공자 왈 맹자 왈' 이라고 하면 오래된 것 또는 고리타분한 무엇을 떠올리곤 하지만, 실은 조선시대까지도 『맹자』는 금서였다. 임금이 시원찮으면 인민이 바꿔 버려야 한다고 주장했기 때문이다.

공맹의 사상은 고전학파와 많이 닮았는데, 그 가운데서도 고전학파의 사상과 가장 가까운 것은 아마 『대학(大學)』일 것이다. 서울대학, 노인대학 하는 그 대학이라는 말도 바로 여기서 나왔는데, 그 뜻은 "큰 배움(大學)은 밝은 덕(明德)을 밝히는 것이다" 라는 의미다. 『대학』에는 이런 구절이 있다. "물(物)이 불어나게 하는데 이상적인 방법이 있으니, 생산하는 사람이 많고, 하는 일 없이 먹는 사람이 적으며, 만드는 사람이 부지런히 하고, 사용하는 사람이 천천히 아껴서 사용하면, 재물은 항상 풍족하게 될 것이다." 불과 여섯 줄에 『국부론』의 모든 내용이 다 들어 있다. 놀랍지 않은가?

생산하는 사람이 많다는 것은 사람들이 저마다 맡은 일이 있게 함을 말한다. 실업이 중요한 경제문제인 것은 개인적으로 소득이 줄어들기 때문만이 아니라, 국민경제 전체적으로 생산에 이용되어야 할 자원을 놀리기 때문이다. 하는 일 없이 먹는 사람이 적다는 것은 정부나 기업에 사람을 위한 자리를 만들어 아무 일도 하지 않고 녹봉만 받아 먹게 하는 경우가 없어야 함을 말한다. 대통령 선거에 공이 있다고 그 많고 적음에 따라 어떤 사람은 공기업의 사장 자리에, 어떤 사람은 이사 자리에 낙하산으로 앉히는 짓은 하지 말라는 이야기다.

성군으로 유명한 요(堯) 임금에 얽힌 이야기가 있다. 하루는 요 임금이 세상이 어떤가 보려고 몰래 나갔더란다. 그런데 한 늙은이가 삽질(오해하지 마라, 아무런 의도도 없다.)을 하면서 이런 노래를 부르는 것이다. "해 뜨면 일하고 해 지면 쉬네. 밭 갈아 먹고 우물 파서 마시며, 배 부르게 잘 먹고 배 두드리며 잘 노는데, 굳이 임금님의 힘이 나에게 무슨 소용인가?" 그 노래를 들은 요 임금, 매우 흡족한 마음이 들더란다. 왜? 세상이 얼마나 태평성대였으면 농부가 임금이 누군지도 모르느냐는 것이다. 한때 '노무현 때문에' 라는 말이 유행하더니, 요즘은 '2MB(이명박)때문에' 라는 말이 유행이라고 한다. 심지어 초등학교 어린이까지도 대통령의 이름을 입에 달고 다니니 시절이 수상해도 한참 수상하다. 어떤 세상이 좋은 세상인가? 대통령이 누군지도 모르는 세상이 가장 좋다. 나는 우리 동네 통장님이 누군지도 모른다.

Chapter 02

경제이론의 진실과 거짓

은하철도의
비밀

엄마 잃은 소년 철이는 영원한 생명을 얻을 수 있다는 말을 듣고 신비한 여인 메텔과 안드로메다로 간다. 영원히 죽지 않는다면 엄마를 잃는 슬픔 같은 것도 겪지 않을 것이기 때문이다. 온갖 모험 끝에 도달한 안드로메다에는 기계인간들이 살고 있다. 그러나 기계인간들은 영원한 생명을 가지고 있기 때문에 삶의 소중함을 알지 못했다. 결국 철이는 영원한 생명을 포기하고 지구로 돌아온다. 직접 보았는지는 모르겠지만, 요즘 젊은 독자들도 모르지는 않을 애니메이션 〈은하철도 999〉 이야기이다.

드라큘라 이야기를 비롯해서 불사(不死)는 숱한 문학과 예술작품의 소재가 되어왔다. 불사가 그토록 많은 예술작품의 소재가 되어온 이유는 역설적으로 우리 모두 언젠가는 죽을 운명을 타고 났기 때문이다. 만일 영원히 살 수 있다면 우리는 과연 행복할까? T. S. 엘리엇의 시 〈황무지〉의 첫머리에는 영원히 죽지 않는 요정의 이야기가 나온다. 누군가가 소원을 묻자 늙은 요정은 이렇게 대답한다. "죽고 싶어."

영원히 죽지 않는다는 것은 영원히 배고프지 않다는 것과 비슷하지 않을까? 영원히 배고프지 않다면 먹지 않아도 되고 먹기 위해 일해야 할 필요도 없을 텐데, 그러면 과연 우리는 행복할까? 가끔 사람이 '살기 위해 먹느냐 먹기 위해 사느냐' 하고 묻는 분들도 있다. 내게는 그 답이 너무 당연하다. 나는 먹기 위해 산다. 왜냐고? 먹기 위해 산다면 나름대로 삶의 목적이 분명하지만, 살기 위해 먹는다면 도대체 왜 사는지 알 수 없지 않은가? 인생의 가장 큰 즐거움이 먹는 데 있다고 믿는 나로서는 영원히 배고프지 않고 영원히 먹지 않고 산다는 것은 너무 끔찍한 악몽이다.

모든 소중한 것들은 유한하기 때문에 소중하다. 봄날 창가에서 졸 때 나를 아늑하게 해주는 햇볕 한 조각이 더 값진가, 금 한 덩어리가 더 값진가? 햇볕이라고 말하면 당신은 아마추어다. 당연히 금덩어리가 더 값지다. 왜냐하면 금덩어리는 유한하고 햇볕은 무한하기 때문이다. 햇볕은 다른 사람이 함께 쫸다고 내가 못 쫸 이유가 없지만, 금덩어리는 어느 놈이 들고 가 버리면 다시는 내게 돌아오지 않는다. 그러니 당연히 우리는 금덩어리부터 먼저 챙기고 그 다음 느긋하게 햇볕을 쪼이면 되는 것이다.

경제학에서는 모든 경제문제의 근본을 희소성(scarcity)이라고 부른다. 자원이 희소하기 때문에 경제문제가 생긴다는 것이다. 그런데 이 희소성이라는 말은 자주 오해를 부른다. 일상생활에서 우리가 희소하다고 말하는 것은 금이나 다이아몬드나 추사의 붓글씨, 남농의 그림 같은 것들이다. 볼펜 한 자루, 양말 한 켤레를 희소하다고 말하지는 않는다. 그러나 경제학에서 희소하다는 말이 양말 한 켤레에도 적용된다. 왜냐하면 양말 한 켤레인들 그저 생기는 법이 없기 때문이다. 희소함의 정도에는 차이가 있겠지만 우리가 경제활동의 대상으로 삼는 그 모든 것들은 유한하며, 따라서 우리는 그것을 얻기 위해 돈이든 다른 물건이든 노동이든 무언가를 지불해야 한다. 경제학에서 모든 경제문제의 근본 원인이라고 부르는 희소성의 의미는 바로 이것이다. 자원이 유한하다는 사실에서 어떻게 그 자원을 가장 효율적으로 사용할 것인가 하는 고민이 시작되기 때문이다. 경제적(economic)이라는 말에는 절약한다, 효율적이다 등의 의미가 있다. 경제학은 유한한 자원을 어떻게 절약하고 효율적으로 사용할 것인가 하는 고민에서 출발했다.

물론 어떤 재화들은 매우 소중하지만 대가를 필요로 하지 않는 경우도 있다. 햇빛이나 공기는 금이나 다이아몬드보다 더 소중하지만 대가를 필요로 하지는 않는다. 공기나 햇빛은 희소하지 않기 때문이다. 이런 재화들을 경제학에서는 자유재(free goods)라고 부른다. 자유재는 경제활동의 대상이 아니므로 당연히 경제학의 대상이 아니다, 경제학은 대가가 필요한 재화들, 즉 경제재(economic goods)만을 대상으로 삼는다. 우리가 삽질은 경제활동이라고 부르면서 숨 쉬는 일은 경제활동이라고 부르지 않는 것은 공기를 얻는 데는 대가가 필요하지 않기 때문이다. 단, 예외도 있다. 군대에서의 삽질은 대부분 경제활동이 아니다.

둘 다 가질 수는 없을까?

『19금 경제학』에 인터넷 이야기를 한 적이 있다. 어느 웹사이트에 들어가 댓글 한 줄 남겼다가 "너 초딩이지?" 한 방에 인터넷을 끊고 말았다는 이야기다. 이제 고백한다. 그 사이트란 바로 〈딴지일보〉였다. 그런데 〈딴지일보〉의 김어준 총수가 지금까지 어느 신문에서 했던 인생상담을 모아 책을 냈다. 나도 아주 가끔이지만 졸업생들로부터 주례 부탁을 받는데, 그때마다 내가 거절하는 이유는 "너도 알고 나도 알듯이 내가 그리 모범적인 사람이 못되잖아?" 였다. 자기 인생도 제대로 못 사는 사람이 어떻게 남의 인생에 주례를 맡겠느냐는 생각 때문이다. 그런데 딴지 총수가 남의 인생상담을? 다행히 읽어보니 재미있다. 재미만 있는 것이 아니라 아주 건전하다. 혹시 나한테만 건전하게 들리는 것일까? 그렇다면 내가 이 양반이랑 비슷한 인간이라는 이야기인데, 이걸 기뻐해야 하나 화내야 하나? 아무튼 나도 이제 주례설 용기가 생긴다. 그 책 중에서도 가장 마음에 드는 구절은 바로 이것이다. "선택의 누적분이 나 자신이다." 지금까지 내가 해온 선택이 누적되어 지금의 나 혹은 내 인생이 만들어졌다는 것이다. 참으로 옳은 말이다.

경제학이란 무엇인가? 바로 선택의 학문이다. 우리는 일상의 순간순간마다 선택의 갈림길에 선다. 영화를 보러 갈까, 소주를 마시러 갈까? 택시를 탈까, 버스를 탈까? 구두를 살까, 가방을 살까? 강의를 들어갈까, 당구를 치러 갈까? 예쁜 여자랑 결혼할까, 돈 많은 여자랑 결혼할까? 한국 사람이면 누구나 언제나 어디서나 갈등하는 영원한 숙제는 무엇일까? 아마 자장면을 먹을까 짬뽕을 먹을까 하는 고민일 것이다. 왜 우리는 항상 자장면인지 짬뽕인지 선택해야 할까? 두 가지 모두 가질 수는 없기 때문이다. 돈 많은 여자와도 결혼하고 예쁜 여자와도 결혼할 수는 없을까? 그럴 수는 없다. 내 몸과 마음은 하나이기 때문이다. 우리는 유한한 자원, 유한한 시간, 유한한 능력을 가지고 산다. 따라서 하나를 선택하면 다른 하나는 포기해야 한다. 〈은하철도 999〉의 철이가 영원한 생명을 포기한 것처럼 말이다. 선택이 어려운 이유도 바로 여기에 있다. 무엇을 선택한다는 것은 쉽다. 그러나 무엇을 포기한다는 것이 어려운 것이다.

왜 우리는 선택하지 못할까? 내가 내 마음을 모르기 때문이다. 무엇이 나를 더 행복하게 하는지 나도 모르기 때문이다. 내 마음을 왜 내가 모르느냐고? 지금까지 언제나 다른 사람들의 선택을 따라했을 뿐 진정으로 내가 원하는 것을 선택해본 적이 없기 때문이다. 고기도 먹어본 놈이 맛을 알듯이 선택도 연습이 필요하다. 그래서 경제학을 공부하는 것이다. 경제학은 누구도 피할 수 없는 선택의 순간에 우리로 하여금 조금이라도 더 합리적인 선택을 할 수 있도록 도와준다. 그렇다고 경제학이 주는 교훈을 너무 심각하게 받아들일 필요는 없다.

우리가 선택 앞에서 망설이는 것은 잘못된 선택을 하지 않을까 하는 두려움 때문이다. 그래서 선택하기 전에 고민하고, 선택하고 나서 또 고민한다. 그때 그랬어야 되는데……. 단 하룻밤이라도 이런 후회 없이 잠들어본 적이 있는가? 우리는 때로, 아니 매우 자주 잘못된 선택을 한다. 하지만 정말 인생에서 중요한 문제가 아니라면 잘못된 선택일지라도 그냥 잊어버리자. 자장면을 시켰는데 친구의 짬뽕 국물이 너무 시원해 보인다면, 속으로 끙끙대며 후회하지 말고 그냥 한 숟가락 떠먹으면 그만이다. 그럼 경제학자는 무얼 먹느냐고? 잡채밥 먹는다.

어쩌면 우리가 선택하지 못하는 진정한 이유는 선택하고 후회하지 않을 용기가 없어서인지도 모르겠다. 마치 거절당하면 어쩌나 싶어서 사랑하는 사람에게 고백하지 못하는 못난 청춘처럼 말이다. 그러나 정작 우리가 두려워해야 할 것은 잘못된 선택이 아니라 선택하지 못하는 것이다. 망설이고 고민하는 사이에 선택할 수 있는 기회는 지나가 버리고, 잘못된 선택보다 더 큰 후회만 남는다. 마치 영화 〈화양연화〉의 두 주인공처럼. 노래 가사에도 있지 않은가? "우연히 길을 걷다가 친구를 만난 것처럼 기쁘게 사랑한다 말하"라고.

사느냐 죽느냐
그것이 문제로다

"죽느냐 사느냐 그것이 문제로다!(To Be or Not to Be? That's the Question!)" 이 실존적 질문을 도대체 셰익스피어(William Shakespeare, 1564~1616)라고는 초등학생 때 읽어본 이후로 들어본 적이 없는 요즘 청소년들이 이해하실지? 아무튼 죽느냐 사느냐 이것이 선택이다! 무슨 이야기냐고? 우리가 무엇을 선택하기 위해서는 다른 무엇인가를 포기해야 된다는 것이다. 이것이 선택이다. 그렇지 않고 이것도 저것도 모두 가질 수 있다면 도대체 선택의 의미는 무엇인가? 우리가 무언가를 선택하기 위해 포기해야 하는 그 무엇을 흔히 우리는 선택의 대가(경제학에서는 이것을 기회비용(opportunity cost)라고 부른다)라고 말하지만, 정확하게 말하면 바로 그것이 선택의 가치이다. 우리는 늘 인생에서 무엇을 선택할까를 고민하는 것이 아니라 무엇을 포기할까 하고 고민한다는 것이다.

선택이 어려운 진정한 이유는 선택할 것이 없어서가 아니라 포기할 것이 없어서이다. 솔직히 말하자. 전지현과 김태희가 동시에 사랑을 고백한다면 당신은 무엇을 고민할 것인가? 누구를 선택할 것인가를? 아니다. 솔직히 말하자니까 웬 내숭을? 당신의 고민은 누구를 선택할 것인가가 아니라 도대체 전지현과 김태희 가운데 누구를 포기할 것인가이다. 그래서 선택이 어려운 것이다. 굳이 전지현과 김태희가 아니더라도, 이효리와 송혜교가 아니더라도 우리가 선택할 것은 많고 또 많다. 우리는 무엇을 선택할 것인가를 고민하지는 않는다는 이야기다. 그러나 우리는 선택해야 한다. 하나를 선택하기 위해서는 다른 무언가를 포기해야 하기 때문이다. 전지현 폰을 선택하면 김태희 폰은 포기해야 한다. 이효리 소주를 선택하면 송혜교 소주는 포기해야 한다.

유명한 강사가 시간에 대하여 강연을 하였다. 그는 큰 돌을 항아리 가득 채운 다음 청중들에게 항아리가 다 채워졌는지 물었다. 청중들이 그렇다고 대답하자 강사는 아니라며 이번에는 작은 돌들을 항아리에 넣었다. 그러자 큰 돌들의 틈으로 작은 돌들이 들어갔다. 그리고 강사는 다시 청중들에게 물었다. "이제 항아리가 다 채워졌나요?" 청중들이 다시 그렇다고 대답하자 강사는 아직 아니라며 항아리에 모래를 부었다. 그리고 강사가 마지막으로 청중들에게 질문했다. "지금 제가 여러분께 보여 드린 행동의 교훈이 뭘까요?" 한 사람이 이렇게 대답했다. "시간이 없다고 포기하지 말고 열심히 하면 더 할 수 있다는 것입니다." 그러나 강사는 이렇게 대답했다. "아닙니다. 이 행동의 교훈은 큰 돌을 먼저 넣지 않으면 영원히 넣을 수 없다는 것입니다." 경제학이 가르쳐주는 선택의 원리는 단순하다. 내게 더 소중한 것, 내게 더 큰 행복을 주는 것부터 선택하라는 것이다.

경제학이란 선택의 학문이다. 선택이란 무엇을 선택한다는 의미와 함께 다른 무엇을 포기한다는 의미이다. 그렇다면 선택과 포기의 기준은 무엇인가? 그 선택으로부터 얻는 편익과 그 선택으로 인해 잃는 비용이다. 이 편익과 비용을 제대로 계산할 때 우리는 합리적인 선택을 할 수 있다. 그러나 우리 주변에는 비용은 생각하지 않고 편익만 계산하는 사람들도 있고, 반대로 비용만 생각하고 편익은 계산하지 않는 사람들도 많다. 거절당할 것이 두려워, 혹은 '쪽 팔려' 사랑한다고 말하지 못하는 청춘은 비용만 생각하는 예이다. 도박과 불륜으로 패가망신하는 남자는 당연히 편익만 생각하는 예가 되겠다. 그런데 꼭 패가망신까지는 아니더라도 사람은 자신이 원하는 일은 편익을 높게 평가하고, 자신이 싫어하는 일은 비용을 높게 평가하는 경향이 있다. 하긴, 그래서 사람인 게다. 아니면 사람인가, 공학용 계산기지.

사랑은 미안하다고
말하지 않는 것

〈러브 스토리〉라는 영화가 있다. 어느새 세상에 나온 지 30년이 넘어 버린 옛 영화인데, 부잣집 아들과 서민집 딸의 사랑 이야기이다. 이 대목에서 "아, 꽃남!" 하실 분도 있을지 모르겠다. 하지만 그렇게 허무맹랑한 이야기는 아니다. 두 남녀가 눈밭에서 뒹구는 장면으로 유명한 이 영화에서 가장 인상적인 대사는 "사랑은 미안하다고 말하지 않는 것"이다. 약속을 어기고 미안하다고 사과하는 남자에게 여자가 울면서 하는 말이다. 그런데 한동안 이 대사는 잘못 이해되어왔다. 흔히들 이 대사를 사랑하기 때문에 모두 이해한다, 사랑하니까 미안하다고 말하지 않아도 좋다는 의미로 생각해왔다. 그러나 사실은 반대다. 사랑한다면 미안하다고 말할 만한 짓은 하지 말라는 것이다. 잘못해 놓고 미안하다고 말하지 말고 처음부터 잘못하지 말라는 말이다.

인천시장이라는 분이 이런 말을 한 적이 있다. "경인운하 사업은 매몰비용이 너무 커서 포기할 수 없다." 경인운하 사업을 둘러싼 논란에 대해서는 뭐라고 말하지 않겠다. 잘 모르는 일에 대해서는 아무 말도 하지 말자는 것이 평소의 내 생각이기 때문이다. 물론 심증은 있다. 그러나 물증이……, 없는 것은 아니고 다만 내가 잘 아는 분야가 아니므로 그 분야를 잘 아는 분들에게 맡겨 놓겠다는 뜻이다. 그런데 이번엔 한마디 해야겠다. 내가 잘 모르는 분야에 입 다물듯이, 정치하시는 분들도 자기가 잘 모르는 용어는 안 썼으면 좋겠다. '매몰비용(sunk cost)' 이야기다.

음식점에서 배는 부른데 아직 음식이 남았을 때, 과연 억지로 그 음식을 다 먹는 것이 현명한가, 아니면 그만 먹고 일어서는 것이 현명한가? 단, 보기 중에 포장해서 집에 들고 가 나중에 먹는다는 없다. 이 경우 당연히 그만 일어서는 것이 현명하다. 억지로 먹는 음식이 나의 행복(경제학에서 쓰는 용어로는 효용)을 증가시켜준다면 계속 먹어도 좋다. 그러나 먹으면 먹을수록 고통만 늘어나는데 그걸 꾸역꾸역 먹는다면, 그것은 정말 어리석은 짓이다. 음식을 더 먹든 안 먹든 이미 지불한 요금에는 차이가 없다. 다시 말해 이미 지불한 요금은 생각할 필요가 없으며, 앞으로 추가로 먹을 때 얼마나 더 행복감을 느낄 것인가만 생각하면 되는 것이다. 바로 이것이 '매몰비용' 이다. 예쁜 여자와 데이트를 했는데 알고 봤더니 '된장녀' 더라. 그런데도 지금까지 들인 데이트

비용이 아까워서 계속 만날 것인가? 반대로 잘생긴 남자와 데이트를 했는데 알고 보니 여자에게 폭력을 일삼는 '마초' 더라. 그런데도 지금까지 데이트한 것이 아까워서 계속 그 남자를 만날 것인가? 사흘에 한 번씩 '눈탱이가 밤탱이' 가 되도록 맞아 가면서 말이다.

경제학이 보통사람들의 생각과 달리 꽤 괜찮은 학문이라는 이야기를 너무 자주 하는 것 같다. 그래도 한마디만 더 하자. 경제학은 뜻밖에도 미래지향적인 학문이다. 미래지향적이라는 말에 너무 민감하게 반응하지 말자. 여기서의 미래는 그다지 거창한 이야기는 아니고, 그저 오늘보다는 내일, 5분 전보다는 5분 후가 더 중요하다는 의미다. 가령 여러분은 빵 하나에 얼마의 대가를 지불할 것인가? 당연히 빵이 내게 주는 효용만큼 지불할 것이다. 굶어 죽기 직전인 사람은 빵 하나에 백만 원이라도 지불할 것이고, 아주 배가 부른 사람은 천 원도 지불하지 않을 것이다. 중요한 사실은 여기서 빵이 내게 주는 효용은 이제부터 내가 먹을 빵의 효용이지, 어제 내가 먹은 빵의 효용이 아니라는 것이다. 어제 먹은 빵이 맛있었다고 오늘 빵집 주인을 찾아가 돈을 지불하는 사람이 있다고 하자. 참 착한 분이기는 하지만 어리석지 않은가?

개인의 소비도 기업의 투자도 나라의 사업도 모두 마찬가지다. 지금까지 얼마가 들어갔는가가 아니라 앞으로 얼마가 들어갈 것인가가 중요하다. 더 이상 음식을 먹어봐야 조금도 더 행복하지 않다면 음식 값이 얼마든 이미 지불한 비용은 잊어버리고 그만 일어서는 편이 현명하다. 기업이 공장을 짓다가 이 공장을 지어봐야 수지가 안 맞는다는 사실을 알았다면 당연히 사업을 중단하는 것이 옳다. 길거리 떡볶이집도 그런 정도의 이치는 안다. 그런데 나라의 큰 사업을 하는 사람이 지금까지 투자한 비용이 아까워서 계속 투자하겠다니 참 한심한 일이 아닌가? 당연히 지금까지 투자한 비용을 따질 것이 아니라 앞으로 투자할 비용과 앞으로 얻을 이익을 따져봐서 이익이 더 크다면 투자해야 할 것이고 비용이 더 크다면 당장이라도 집어치워야 할 것이다. 깨진 독에 물 부으면서 지금까지 부은 물이 아깝다는 어리석음은 이제 집어치웠으면 좋겠다.

정치가들의 공약(公約)이 공약(空約)이 되는 것은, 처음부터 실천할 의지도 없으면서 단지 선거 때 한 표라도 더 얻어볼까 하는 욕심에서 아무 소리나 지껄이기 때문이다. 그런데 반대로 처음에는 진지하게 추진했는데 따져보니 아니라면 당연히 이제라도 집어치워야 하는데, 자기가 한 말을 취소하면 체면이 깎이지는 않을까 걱정하는 높은 분의 자존심 때문에 밀어붙이는 것도 똑같이 어리석다. 그런데 이제 인천시장보다 더 높은 분이 배를 몰고 산으로 가겠다고 고집이니 걱정이 이만저만 아니다. 미안한 일인 줄 알았으면 이제라도 그만두라는 이야기다.

차
조심하거라

"차 조심하거라." 흔히 들을 수 있는 덕담이다. 그러나 누구나 할 수 있는 말을 하면서도 다른 생각, 다른 행세를 하는 사람들이 있다. 사고가 나지 않으면 자기가 미리 주의를 준 덕에 사고가 안 났다고 잘난 척하고 반대로 사고가 나면 기다렸다는 듯이 또 이야기한다. "내가 그렇게 차 조심하랬는데, 내 말을 안 들으니 사고가 나지." 위로인지 고소하다는 건지 모르겠다. 이런 사람들일수록 늘 자신이 불행을 막아주는 수호천사라도 되는 양 행세하고 다니는데 사실 다른 이들에게는 한마디로 재수 없는 놈일 뿐이다. 자기 앞기림도 못하면서 다른 사람들한테 잔소리하기를 즐기는 분들도 있다. "내가 이런 말 하면 네가 기분 나쁘겠지만……." 그런 사람에게는 이렇게 대답해주면 된다. "그럼 하지 마."

물론 반대되는 경우도 있겠다. 정말 걱정이 되어서 지갑 조심하라고 주의를 줬더니 잃어버리고 나서는 괜히 나를 의심하는 경우도 있다. 참 미치고 팔짝 뛸 노릇이다. 인터넷에 경제 예측을 기가 막히게 하는 사람이 있다고 화제가 되었다. 경제위기가 온다고 여러 번 주의를 줬는데도 정부는 결코 아니라고 우기다가 정말 위기가 왔다. 그래서? 그 사람을 지갑 훔친 죄로 구속시켜 버렸단다. 환장할 노릇이다. 그런데 구속해 놓고 보니 이 사람이 전혀 경제학 교육을 받아본 적도 없는 아마추어란다. 그래서 또 경제학자라는 사람들이 몽땅 욕을 한 바가지씩 얻어먹었다. 아마추어도 이 정도로 예측하는데 경제학자들은 뭐하느냐는 것이다. 청와대의 높은 자리를 지낸 어느 대학 교수님은 인터넷에 자아비판까지 올렸다. 물론, 내가 보기에 그건 '오바' 고 언론플레이다.

예측이라는 것도 같은 이치다. 그분을 폄하할 생각은 없다. 솔직히 그가 나보다 낫다. 예측의 맞고 틀림을 떠나 그는 한국 경제가 어떻게 돌아가는가에 무척이나 큰 관심과 애정을 가진 사람이다. 하지만 나는 아무 생각 없이 사는 게으른 경제학자이다. 한국 경제가 어떻게 돌아가는지 모른다. 그저 나는 남북통일과 세계평화에만 관심이 있을 뿐이다. 난데없이 웬 남북통일이냐고? 다들 한 번쯤은 얘기하지 않는가, 남북통일. 수많은 역술인들이 새해 아침마다 숱한 예언이라는 것들을 내놓는데 그 가운데 꼭 빠지지 않는 것이 남북통일이다. 남북통일 된다! 그래서? 안 되면 그만이다. 그 다음 해가 되면 또 예언한다. 남북통일 된다! 그러다 언젠가 남북통일이 되면 이 분들 신문에 광고 낸다. "남북통일을 예언한 처녀 보살 강남에 오시다!" 분단국가의 우스꽝스러운 초상일까? 예전 역술인들의 단골 예언 메뉴는 김일성(金日成, 1912~1994) 주석의 사망이었다. 물론 그도 사람인지라 언젠가 세상을 떴다. 그랬더니 대한민국의 역술인들이라는 사람들은 전부 자기가 맞혔다고 나섰다.

우리 옛말에 "입이 보살이다" 하는 말이 있다. 말조심하라는 뜻이다. 특히 안 좋은 말은 가려서 하라는 뜻이다. 아무리 좋은 뜻에서 하는 말이더라도 무조건 뱉지 말고 듣는 사람의 마음을 헤아릴 줄 알라는 뜻도 되겠다. 거북한 이야기보다는 즐거운 이야기를 듣고자 하는 것이 사람의 마음이다. 어떤 분이 경제학자들은 왜 낙관적인 전망만 하는가 하고 물었다. 내 대답은 한결같다. 비관적인 전망을 하면 누가 좋아하겠나? 하지만 경제학자들이라고 반드시 낙관적인 전망을 좋아하는 것은 아니다. 정작 낙관적인 전망을 좋아하는 것은 정치가와 브로커들이다. 정치가가 낙관적인 전망을 좋아하다 못해 마구 남발하는 이유는 굳이 설명하지 않아도 나들 아실 것이다. 언론도 근거 없는 낙관적 전망들을 마구 남발하는 경향이 있다. 물론 대통령이 누구냐에 따라 다르지만. 낙관적인 전망은 브로커들도 좋아한다. "사모님, 이거 확실한 물건입니다. 지금 주식 사 두면 반드시 오릅니다." 이런 자신감의 근거? 그래야 자신에게 수수료라도 떨어지기 때문이다.

낙관적이든 비관적이든 정말 나쁜 전망, 그리고 명색이 학자라는 사람들이라면 해서는 안 되는 전망은 바로 뒷북치는 전망이다. 위기가 오기 전에 위기를 예측하고 대책을 세워야지, 위기가 일어나고 한참 지나서야, 그것도 세상 사람들 모두 위기인 줄 아는데 정작 자기만 모르고 있다가 위기라고 호들갑을 떠는 전문가만큼 한심한 것도 없다. 반대로 입만 벌리면 무조건 위기라는 분들도 있다. 그래서 위기가 오면 자기 예언이 맞은 것이고, 위기가 안 오면 자기 덕분에 미리 방비한 것이란다. 무책임하고 무의미한 전문가가 아닐 수 없다.

로빈슨 크루소의
학문

경제학의 가장 기본적인 이론들은 시장이 완전경쟁적이라고 가정한다. 그런데 이 완전경쟁시장이라는 가정은 물리학에서의 진공상태처럼 현실에서는 거의 존재하지 않는다. 완전한 진공상태가 실험실 안에서만 존재하듯이 완전경쟁시장도 경제학자들의 머릿속에서만 존재한다. 그렇다면 현실에 존재하지 않는데도 왜 경제학자들은 완전경쟁시장을 가정하는 것일까? 물리학자들이 진공상태에서 실험하는 것과 같은 이유이다. 인위적으로 만든 진공상태에서 실험할 때 물체의 운동이나 속성에 대해 가장 잘 알 수 있듯이, 시장에서 경제 주체들의 움직임도 완전경쟁시장이라는 가정하에서 가장 잘 알 수 있는 것이다.

물론 그래 봤자 어차피 현실과는 전혀 다른 지식을 얻을 뿐이지 않느냐고 반문할 수도 있다. 하지만 물리학이나 경제학이나 마찬가지다. 물리학은 처음에는 진공상태에서 물체를 실험해본 다음, 거기에 공기가 있다면, 기압이 얼마라면, 온도가 얼마라면, 밀도가 얼마라면 하는 식으로 조건들을 덧붙여 나가면서 실험함으로써 점점 더 현실적인 지식으로 나아간다. 경제학도 마찬가지로 완전경쟁시장이라는 가정에서 얻은 지식을 토대로 이런 조건, 저런 조건들을 하나씩 더해 가면서 보다 현실적인 지식으로 나아가는 것이다.

문제는 어른이 되기를 거부하는 피터 팬처럼 경제학이 만들어 놓은 추상적인 가정으로부터 현실로 나아가기를 거부하는 일부 경제학자들이다. 완전경쟁시장뿐 아니라 경제학의 모든 이론들은 수많은 가정들로 구성되어 있다. 다시 말하면 경제학적 진리들은 어떠어떠한 가정하에서만 진리일 수 있다는 것이다. 가령 비교우위이론은 매우 중요한 내용을 담고 있다. 그러나 현실에는 단 두 개의 국가만 존재하지도 않고 단 두 개의 상품만 존재하지도 않는다. 아무리 비교우위이론이 중요하고 타당하다 하더라도 현실의 모든 나라들이 단 하나의 상품만 생산해서 서로 교환하는 상태는 결코 있을 수 없다. 말하자면 『로빈슨 크루소의 모험』이나 『걸리버 여행기』처럼 그것은 사실이 아니라 비유인 것이다. 그런데 어떤 경제학자들은 그것을 사실로 착각한다. 『걸리버 여행기』가 화제에 오르자 "다음에는 걸리버 씨를 직접 초대해서 이야기를 듣자" 고 했다는 어느 귀족 부인처럼 말이다.

로빈슨 크루소의 이야기는 사실 중상주의에서 산업혁명으로 나아가던 시절의 영국 경제 이야기다. 저자인 다니엘 데포(Daniel Defoe, 1659~1731) 또한 그 시대의 유명한 중상주의 경제학자 가운데 한 사람이었다. 실제로 로빈슨 크루소는 경제학 교과서에 자주 등장한다. 경제학이란 로빈슨 크루소의 학문이기 때문이다. 무슨 뜻이냐고? 경제학은 이렇게 가정한다. 여기 한 사람이 있다. 그는 다른 모든 현실관계로부터 유리된 채 오직 가정된 한 가지 관계만 가지며, 가정된 한 가지 행위만 한다. 마치 무인도에 떨어진 로빈슨 크루소처럼 말이다. 그는 생산하고 소비한다. 그렇다면 교환은 어떻게 하는가? 로빈슨 크루소2가 등장한다. 그는 로빈슨 크루소1과 똑같이 판단하고 똑같이 행동한다. 말하자면 거울을 보면서 행동하는 로빈슨 크루소 이야기가 경제학인 것이다. 그 다음에는? 무수히 많은 로빈슨 크루소가 등장한다. 영화 〈매트릭스〉의 스미스 요원처럼 똑같은 로빈슨 크루소들이 셀 수 없이 등장하는 것이다. 그래서 경제학에서는 세 사람이라는 말과 무수히 많은 사람이라는 말이 같은 의미로 통한다.

미네르바의 전망은 맞는데 경제학자들의 전망은 왜 틀리는가? 경제학자들이 아직도 실험실에서 나오지 못하고 있기 때문이다. 더 나쁜 것은 실험실 속에 있으면서 자신은 현실 속에 있다고 착각하고 있다는 것이다. 그래서 전망이 현실과 맞지 않으면 그들은 전망을 고치는 대신 현실이 잘못되었다고 결론을 내리고 만다. 그런데 이러저러한 가정 하에서 맞는 진리를 현실에 적용할 때는 실제로는 그런 가정들이 어떤 현실적 조건들로 나타나고 있다는 점을 먼저 고려하지 않으면 안 된다. 현실에서 거래를 하는 것은 로빈슨 크루소 1, 2가 아니라 각각의 개인이기 때문이다. 이런 당연한 작업을 자주 잊어버리기 때문에 경제학자들의 전망은 틀리는 것이다. 이제는 로빈슨 크루소, 혹은 무수히 많은 스미스 요원 대신 살아 있는 사람들의 경제학이 있어야 할 때이다.

경제는
살아 있다

경제학에서 학파를 구분할 때 주요한 기준 가운데 하나가 바로 '기대(expectation)' 이다. 기대라고 해서 "구준표가 나에게 프러포즈하면 좋겠다" 하는 식의 망상을 떠올리면 곤란하다. 경제학에서의 기대란, '이러이러한 자료를 가지고 판단하니 저러저러한 일이 일어날 것' 이라는 예측을 의미한다. 고등학교 시절 수학시간에 통계를 배우면서 기댓값이라는 말도 들어보셨을 것이다. 어떤 사건이 일어날 때 얻어지는 양과 그 사건이 일어날 확률을 곱하여 얻어지는 가능성의 값이 바로 기댓값이다. 이 기대라는 문제를 경제학에 노입한 사람은 케인스였다. 케인스 이전의 경제학자들은 모든 경제 주체들에게 모든 정보가 똑같이 공개되어 있다고 가정했으므로 기대의 문제를 고려하지 않았다. 그러나 케인스는 경제 주체들 사이의 서로 다른 기대가 다른 결과를 초래할 수도 있음을 지적하였고, 그래서 많은 경제학자들로부터 경제학을 심리학의 수준으로 타락(?)시켰다는 비난을 받기도 했다. 심리학자 분들이 들었으면 천인공노할 소리 아닌가?

경제학자라는 사람들의 경제 전망이 왜 안 맞느냐고 화내는 분들이 많다. 솔직히 경제 예측은 어렵다. 심지어 미국의 어느 통계기관이 조사해보았더니 경제학자들의 예측 가운데 맞는 비율이 13퍼센트에 불과하더란다. 이렇다면 경제학자들의 수준이 거의 한국의 농림부 수준이다. 정부가 심으라는 것만 빼고 심으면 된다는 뜻이다. 오죽 했으면 미국 경제가 어려운 이유는 경제학자가 너무 많아서 그렇다는 이야기까지 나오겠는가? 미국만의 이야기가 아니다. 경제학자들이 그렇게 전망을 잘한다면 왜 그분들 펀드가 이번 경제위기에 반 토막 났겠는가? 그러나 굳이 그분들을 위하여, 아니 나 자신도 포함하여 변명 한마디하자. 경제 전망이란 게 그만큼 어렵기 때문이다.

하이젠베르크(Werner Karl Heisenberg, 1901~1976)라는 물리학자는 "입자의 위치와 운동량을 모두 정확하게는 알 수 없다"는 불확정성의 원리를 발견하여 노벨상을 받았다. 위치를 정확하게 파악하려면 운동량을 측정할 수 없고, 운동량을 정확하게 측정하려면 위치를 파악할 수 없다는 말이다. 경제도 이와 같다. 경제를 정확하게 전망하려면 고정시켜 놓아야 하는데, 경제란 잠시도 움직이지 않고 그냥 있는 법이 없는 것이다. 그래서 경제학자들은 살아 날뛰는 경제를 고정된 것으로 가정하고 전망한다. 그러니 전망이 틀릴 수밖에. 축구경기를 보면 해설자들이 자주 쓰는 말이 있다. "공은 둥글다." 해봐야 안다는 뜻이다. 하지만 축구는 안 해봐도 대충 안다. 우리 동네 조기 축구회가 맨체스터 유나이티드를 이기지 못하고 한국 축구가 브라질 축구를 이기지 못한다. 경제 전망이 축구경기보다 더 어려운 이유는 경제가 살아 있기 때문이다. 마셜은 자신의 경제학을 '경제생물학' 이라고 부르기도 했는데, 그의 경제 이론에는 그가 젊은 시절에 연구하였던 철학과 윤리학은 물론 당시에 활발하게 발전하고 있던 생물학, 특히 진화론의 대두에서 기인한 과학 연구 방법상의 새로운 성과들이 근저에 놓여 있었기 때문이다. 한마디로 경제는 살아 있다는 것이다. 물론 경제만 살아 있는 것은 아니다. 밀림도 살아 있고 스포츠도 살아 있다. 그러나 축구 경기장에는 겨우 22명의 선수가 뛰지만 경제에는 60억의 선수가 뛰고 있지 않은가?

경제 예측이 잘 틀리는 이유 가운데 하나는 예측이라는 행위가 결과에 영향을 미치기 때문이다. 주가가 오를 것이라고 예측하면 당연히 주식을 살 것이다. 나만 그런 것이 아니라 대부분의 사람들이 나와 같이 예측하고 주식을 살 것이다. 그러면 주식은 정말 오르게 된다. '자기실현적 기대' 라는 것이다. 주가가 떨어질 것이라고 예측하면 너도 나도 주식을 팔려고 할 것이다. 주가는 정말 떨어지게 된다. 역시 자기실현적 기대이다. 자기실현적 기대의 가장 좋은 예는 우리가 사재기라고 부르는 행동이다. 전문가들이 보기에는 가격이 오를 이유가 전혀 없는데도 소비자들은 그렇게 예측하는 경우가 있다. 몇 해 전 전쟁 난다는 소문이 퍼져 주부들이 라면이니 생수를 사재기한다는 기사가 난 적이 있다. 그 기사가 얼마나 신빙성이 있는지, 그 신문이 무슨 의도로 그런 기사를 내보냈는지는 모르겠다. 아무튼 그 기사를 읽은 많은 이들은 소비자들이 라면을 사재기하면 점점 가격이 오를 것이라고 예측했고, 아무 일 없이 잘 지내던 이들까지도 라면 사재기에 나섰다. 그 결과 당연히 라면 값이 올랐다. 나쁜 예측은 반드시 들어맞는다는 징크스는 바로 자기실현적 기대를 가리킨다.

물론 반대의 기대도 있다. 경제가 어렵다보니 취업 대신 장사를 해 보려는 분들이 많다. 싫어도 명예퇴직이니 정리해고니 해서 어쩔 수 없이 자영업으로 뛰어들게 된 분들도 많다. 그러나 경험도 없이 얼마 안 되는 퇴직금으로 할 수 있는 사업이라는 게 거의 없다. 그래서 손쉽게 시작하는 것이 대개 먹는 장사이다. 시장조사를 해보니 이 골목에 통닭집을 열면 그런 대로 될 것 같다. 그러나 나만 그렇게 생각한 것이 아니었다. 이 골목에만 정리해고자가 스무 명이 넘었던 것이다. 가게 간판을 올리자마자 골목에 통닭집이 스무 집이나 생겼다. 통닭집이 잘될 것 같다는 예측은 분명히 합리적이었다. 하지만 그래서 망한 것이다. 이를 경제학에서는 '자기부정적 기대'라고 부른다. 좋은 일은 결코 이루어지지 않는다는 징크스이다. 자기부정적 기대든 자기실현적 기대든 공통점은 기대가 결과에 영향을 미친다는 것이다. 기대라는 행위 자체가 그 기대를 실현시키기도 하고 기대를 어긋나게 만들기도 한다. 아무튼 그래서 라면 값이 오를 리 없다는 전문가의 합리적 전망은 틀리게 되고, 통닭집이 잘될 것이라는 명예퇴직자의 전망 역시 틀리게 되는 것이다.

말 한마디에
천 냥 빚을

가격이 오르면 수요는 줄어들고 가격이 내리면 수요는 늘어난다. 이 정도는 중학생도 아는 이야기이다. 그런데 현실이 꼭 그렇지는 않다. 가격이 오를수록 수요가 더 늘어나는 경우도 많다. 왜? 앞서 얘기했듯이 가격이 더 오를 것이라고 예상, 즉 기대하기 때문이다. 내가 그랬잖은가? 경제학은 뜻밖에도 미래지향적인 학문이라고. 소비자들은 어제의 가격과 오늘의 가격을 비교하는 것이 아니라 오늘의 가격과 내일의 가격을 비교한다.

경제가 살아 있다는 것을 보여주는 좋은 예가 있다. 요즘 세계 경제가 다 어렵다지만 유독 우리나라 통화가치만 더 맥을 못 추고 있다. 중국 위안화야 요즘 중국 경제가 잘나가니 그렇다 치고, 정작 위기가 시작된 곳은 미국인데 달러가치는 올라가고 거꾸로 우리나라 돈의 가치는 떨어지고 있다. 환율이 무엇인가 하는 이야기는 뒤로 미루자. 아무튼 환율은 오르고 외환 보유고는 떨어지고 이러다 다시 외환위기가 오는 것은 아니냐는 걱정마저 나왔다. 그런데 이런 외중에 대통령의 한마디가 그렇잖아도 활활 타오르는 환율 상승에 마구 기름을 부었다. 대통령 왈, "IMF가 돈 빌려 가라고 권유했는데, 한국 경제 괜찮으니 걱정 말라고 거절했다"는 것이다. 당연히 그 다음날 외국 투자자들은 대거 주식을 팔고 나가 버렸다. 환율은 더 올랐고 한국 경제위기설은 더 구체화되었다. 왜 그럴까? 그 이유를 모르는 사람은 한 사람뿐인데, 그 한 사람이 대통령이라는 것이 문제다.

물론 대통령의 의도는 정반대의 것이었다. 한국 경제 걱정 없다는 자신감을 보여주고자 했다는 것이다. 그러나 시장의 반응은 다르다. 시장은 살아 있기 때문이다. 투자자들은 이렇게 생각한다. IMF가 돈 빌려 가라고 권했다고? 그럼 한국의 외환관리에 문제가 있다는 이야기 아냐? 한국 경제가 위기 직전이라는 이야기 아냐? 시장은 당연히 그렇게 생각하는 것이다. 솔직히 이야기하자. 당신이 외국 투자자라면 IMF를 믿겠나, '2MB'를 믿겠나? 더욱 나쁜 일은 대통령의 한마디로 시장의 신뢰를 잃었을 뿐 아니라 IMF의 신뢰도 잃었다는 것이다. IMF가 소문내지 않고 그런 제의를 한 것은 나름대로 한국의 입장을 충분히 고려한 것이다. 요즘 무슨 대부업체 광고를 보니 봉식이가 대출 조회를 했다고 온 동네에 소문이 났던데, 돈 빌리는 일이 그다지 자랑

할 만한 일은 아닌 탓이다. 그래서 조용히 돈 빌려 가라고 챙겨줬더니 오히려 한국 정부가 동네방네 떠들고 다닌다. 이러니 도대체 저 양반을 어떻게 믿고 앞으로 일을 같이 하겠느냐는 말이다.

그 나물에 그 밥이라고 대통령이 저 모양이니 그 밑에 장관이라고 다르지 않았다. 기획재정부 장관이라는 양반도 한마디했다. 자금 경색 우려가 있는 몇몇 기업들을 충분히 감시하고 있으니 걱정 말라는 것이다. 지난 외환위기 때처럼 기업들의 연쇄부도 사태가 일어나지 않도록 잘하고 있다는 이야기를 하고 싶었던 모양이지만, 시장의 반응은 역시 정반대다. 이름이 거론된 기업들, 지금까지 아무 문제없이 잘 돌아가던 자금 사정이 그 말 한마디에 그만 꽁꽁 막혀 버린 것이다. 또 솔직해지자. 당신이 금융기관이라면 장관이 나서서 우려가 있다고 지적한 기업에 돈을 빌려 주겠는가? 더 나쁜 문제는 이런 장관이 한둘이 아니라는 것이다. 다음에는 지식경제부 장관이라는 분이 한마디했다. '자동차 업계의 어려움을 돕기 위해 자동차의 세금 인하를 검토 중이다.' 말은 고마운데 언제 얼마나 어떻게 인하해줄 것인가는 없고 그냥 생각만 있단다. 그러니 자동차를 사려고 마음먹었던 소비자들 당연히 세금 내릴 때까지 구매를 미룬다. 자동차는 더 안 팔린다는 이야기다. 그런데 이런 소동을 벌인 지 두어 달도 채 지나지 않아 한 번 더 터졌다. 이번에는 10년 된 차를 바꾸면 세금을 깎아준단다. 마찬가지다. 세금 깎아줄 때까지 버티느라 자동차 판매는 더 줄었다. 똥인지 된장인지 한 번 찍어 먹어봤으면 알 만도 하겠거늘, 굳이 또?

내일부터 라면 값이 오른다는 뉴스가 나오면 동네 슈퍼마다 라면을 사려는 소비자들이 줄을 선다. 그런데 가만히 따져보면 라면 값이 올라봐야 100원이고 10개를 사 봐야 1,000원이다. 그런데도 사람들은 그 1,000원 때문에 줄을 서는 것이다. 1,000원이라는 돈이 그리 큰돈은 아니지만, 돈의 액수보다도 가격이 인상되기 전에 구매를 해야겠다는 심리적인 반응인 것이다. 그래서 내가 경제학은 수학보다 심리학에 더 가까워야 한다고 말하는 것이다. 대통령이나 장관은 자신의 기대와 다른 결과가 나타난 데 대해 시장을 탓할지도 모르겠다. 나는 현명한데 시장이 어리석어서! 하기야 나도 늘 선생은 잘 가르치는데 학생이 못 알아듣는다고 투덜거린다. 나 같은 무명소졸은 아무 이야기나 해도 된다. 어차피 듣는 사람도 없으니까. 그러나 책임 있는 자리에 있는 사람은 말 한마디에도 그 자리의 무게만큼 신중해야 하는 것이다.

그 남자
그 여자

뉴스를 보니 영화 〈스타워즈〉의 인기 배우 해리슨 포드(Harrison Ford, 1942~)가 스물두 살이나 어린 여성과 결혼을 한단다. 여전히 느끼한 브루스 윌리스(W. Bruce Wills, 1955~)도 스무 살 어린 여성과 결혼을 할 거라고 한다. 한국에서라면 '도둑놈' 소리를 듣고도 남을 소식이다. 얘기를 듣자니 해리슨 포드는 이번이 세 번째 결혼이라고 한다. 브루스 윌리스도 한때 할리우드의 잉꼬부부로 손꼽히더니 언제 그랬냐는 듯 2000년 이혼해 버렸다. '사랑은 변하는 것'이고 '사랑 앞에 국경도 없다'지만 어째서 유독 스타들의 경우엔 이런 이혼과 재혼이 잦은 일인 걸까? 스무 살이 넘는 나이 차이를 극복하게 하는 힘은 어디에서 나오는 것일까?

어느 미국 잡지를 보니 이런 현상에 대해 재미있는 해석을 했다.

남자는 여자의 젊음, 미모, 몸매 등에 반하고 여자는 남자의 돈에 반하기 때문이란다. 문제는 남성들의 경제적 능력은 나이가 들수록 더 높아지는 것이 보통인데 여성들의 육체적 매력은 그 반대라는 사실이다. 그래서 남성들은 자꾸 더 젊은 여성들을 찾아 나서고 여성들은 거액의 위자료에 만족한다는, 뭐 그런 이야기다. 물론 이런 설명은 해리슨 포드나 브루스 윌리스쯤 되는 남자들에게나 맞는 이야기지 나와는 아무 상관없는 이야기이긴 하다. 대단히 과학적인 분석이라고 하기도 어렵다. 그러나 시사점은 있다. 남성과 여성이 결혼에 대해 생각하는 바가 다르다는 것이다. 즉, 서로의 속셈이 다르다는 이야기인데 이런 걸 경제학적으로 표현하면 뭐라고 할까? 이제는 모두들 익숙해지셨을 것이다. 바로 기대가 다르다는 것이다.

사람들은 왜 교환을 할까? 애덤 스미스는 그것이 인간의 교환 본능 때문이라고 말했다. 그러나 경제학의 아버지라고 어떻게 모든 것을 다 아시겠는가? 인간이 교환을 하는 이유는 본능 때문이 아니라 당연히 그것이 더 큰 이익이나 만족을 주기 때문이다. 빵과 콜라를 교환하는 사람들은 서로 다른 필요(needs)를 가지고 있다. 한 사람은 목이 마르고 다른 사람은 배가 고픈 것이다. 그런데 우리가 이해하기 어려운 일이 있다. 주식을 사고파는 사람들은 어떻게 해서 거래가 가능할까? 이들은 서로 다른 필요를 가지고 있는 것이 아니라 서로 다른 기대를 가지고 있기 때문이다. 주식을 파는 사람들은 주식 가격이 떨어질 것이라는 기대를 가지고 있고, 반대로 주식을 사는 사람들은 주가가 오를 것이라는 기대를 가지고 있다는 뜻이다. 만약 이 두 사람이 똑같은 기대를 가지고 있다면? 가령 두 사람 모두 주가가 오를 것이라는 기대를 가지고 있다면? 사고자 하는 사람만 있고 팔고자 하는 사람은 없을 테니 당연히 거래는 이루어지지 않는다. 요컨대 대부분의 금융거래는 서로 기대가 다르기 때문에 가능한 것이다.

그렇다면 사람들은 왜 하나의 문제에 대해 서로 다른 기대를 가질까? 물론 판단력이나 위험에 대한 성향 같은 개인적인 차이들도 있겠다. '위험 기피적' 인 사람이라면 미래를 비관적으로 보고 파는 쪽의 선택을 할 가능성이 높은 반면 '위험 선호적' 인 사람이라면 반대의 선택을 할 가능성이 높다. 위험 기피적이란 고도리를 칠 때 확률이 50퍼센트 이상인데도 스톱 하는 사람을 말하며, 위험 선호적이란 50퍼센트 이하의 확률에도 꼭 "못 먹어도 고!"를 외치는 사람을 말한다. 나는 어느 쪽이냐고? 나는 고도리 안 친다.

사람들이 서로 다른 기대를 갖는 가장 중요한 이유는 역시 그들이 가진 정보의 차이 때문이다. 경제학은 완전경쟁시장의 경우 모든 경제 주체들이 동일한 정보를 가지고 있다고 가정한다. 그러나 현실에서는 어떤 시장에서건 정보가 완전히 공개될 수도 없고, 더구나 모든 경제 주체들에게 똑같이 공개될 수는 더더욱 없다. 그래서 정보를 많이 가진 사람이 돈 벌 확률이 더 높은 것이다. 주식시장에서 기업들로 하여금 모든 정보를 공개하도록 하는 이유나, 자신이 아는 매부 정보를 배타적으로 이용하지 못하도록 내부자거래를 금지하는 이유도 모두 여기에 있다.

경제 주체들이 어떤 선택을 할지 결정하는 데 영향을 끼치는 가장 중요한 기대는 바로 물가에 대한 기대이다. 경제학에서 우리의 선택은 모두 가격을 기준으로 이루어지기 때문이다. 그렇다면 기업과 노동자는 누가 더 많은 정보를 가지고 있을까? 당연히 기업이다. 따라서 기업의 물가에 대한 정보는 완전하다고 대부분의 경제학자들이 가정한다. 물론 현실에서야 100퍼센트 완전할 수는 없지만 그냥 100퍼센트라고 치자는 것이다. 문제는 노동자들인데, 고전학파는 노동자들 역시 완전한 기대를 한다고 가정하였다. 그러나 케인스는 노동자들은 화폐환상을 가지고 있기 때문에 전혀 물가에 대한 기대를 선택에 반영하지 않는다고 가정하였다. 0퍼센트라는 것이다. 아마 현실에서는 0과 100 사이의 그 어디쯤일 것이다. 앞서 이야기한 프리드먼은 '적응적 기대' 가설이라는 것을 주장했다. 당연히 0퍼센트는 아니지만 그렇다고 100퍼센트도 아니고, 그 중간의 어디쯤에서 점점 적응해 나간다. 즉, 100퍼센트를 향해 가까이 긴다는 것이다. 하지민 이 이론도 프리드먼과 함께 시카고대학의 교수였으며, 노벨상 수상자인 루카스(Robert Emerson Lucas Jr., 1937~)로부터 사람이 실험실의 모르모트도 아닌데 어떻게 끝없이 적응만 하느냐고 비판받았다. 루카스에게 노벨상을 준 이론은 '합리적 기대' 가설인데, 사람은 합리적이므로 한 번은 틀릴 수 있지만 그 다음에는 그 정보를 이용해 정확하게 기대한다는 것이다. 요컨대 경제 학자들이 서로 싸우는 것은 이 기대라는 놈 **때문이다.**

반 토막 난
나의 꿈

케인스는 화폐에 대한 수요를 거래적 동기, 예비적 동기, 그리고 투기적 동기로 구분하였다. 그런데 앞의 두 가지는 금방 이해되는데 투기적 동기의 화폐 수요라니? 케인스가 주식으로 돈을 많이 벌었다 더니 그렇다면 케인스가 투기꾼? 그런데 투기와 투자의 차이는 과연 무엇일까? 흔히 하는 농담으로 '내가 하면 투자, 남이 하면 투기' 라고 한다. 물론 농담은 농담일 뿐이다. 어떤 학생은 제법 진지하게 '적당히 하면 투자, 과도하게 하면 투기' 라고 대답하였다. 그래서 '그렇다면 그 적당함의 기준은 무엇인가' 하고 다시 물었더니 한참 고민한 끝에 이렇게 대답한다. '내 돈으로 하면 적당하고 남의 돈을 빌어서 하면 과하다.' 당연히, 아니다.

경제학에서는 실물자산이 늘어나는 것만을 투자(investment)라고 부르고 불확실성하에서 금융자산을 선택하는 행위는 모두 투기(speculation)라고 부른다. 기업이 공장을 짓고 기계를 구입하고 원료를 구입하는 행위는 모두 투자이다. 좀 엉뚱하지만 창고에 재고가 쌓이는 것도 투자이다. 재고투자라고 부른다. 물론 기업만 투자를 하는 것은 아니다. 정부가 도로나 공항을 건설하는 행위도 투자이다. 반대로 우리가 주식투자, 부동산투자라고 부르는 것은 내가 하든 남이 하든 적당히 하든 과하게 하든 모두 엄밀한 용어로는 투기라고 부른다. 즉, 우리가 재테크라고 부르는 것이 모두 투기라는 말이다. 따라서 경제학에서 투기라는 말은 전혀 부정적인 의미가 아니다. 케인스가 말한 투기도 이런 의미인데, 정확하게 말하면 투기적 동기의 화폐 수요란 투기를 하러 증권회사나 중개사 사무실에 들고 가는 화폐를 의미하는 것이 아니라 반대로 나중에 투기하기 위해 지금은 투기를 하지 않고 화폐를 가지고 있다는 의미이다.

그렇다면 주식 가격은 어떻게 결정되는 것일까? 물론 모든 가격은 수요와 공급이 만나는 점에서 결정된다. 그러나 아무리 수요가 많아도 라면 한 그릇에 백만 원이 넘는다거나 연필 한 자루가 천만 원을 넘는 경우는 없다. 만약 연필에 대한 수요가 폭발해서 한 자루에 천만 원씩 한다면 모든 기업이 연필 생산에 들어갈 것이다. 당연히 수요가 는 만큼 공급도 늘 것이고 가격은 다시 제자리로 돌아온다. 그래서 대부분 상품의 가격은 일정한 수준에서 오르내리는 것이다. 대개의 경우이 일정한 수준이란 바로 그 상품의 기회비용, 좀 더 쉽게 표현하면 원가를 의미한다. 하지만 부동산이나 주식처럼 원가라는 개념을 적용시키기 어려운 상품들의 가격은 어떻게 결정되는가.

알고 보면 주식이나 부동산에도 원가와 비슷한 개념이 있다. 물론 주식을 인쇄하는 데 들어간 비용이 주식의 원가는 아니다. 요즘은 묻지도 따지지도 않는다는 이순재 씨가 예전에 나왔던 광고 가운데 "내재가치를 보고 투자하십시오" 하고 권하던 것이 있었다. 이것이 주식의 원가이다. 현재 이자율이 10퍼센트라고 가정하자. 내가 100만 원을 투자한다면 기대할 수 있는 수익은 당연히 10만 원이다. 이제 거꾸로 생각해보자. 이 주식을 가지고 있을 경우 내가 받을 수 있는 배당이 10만 원이라면 이 주식의 가치는 얼마가 적당할까? 100만 원이다. 부동산도 비슷하게 생각해볼 수 있다. 역시 이자율이 10퍼센트일 때 부동산을 소유할 경우 세를 주거나 다른 방법으로 얻을 수 있는 수입이 1억 원이라면 이 부동산의 가격은 얼마가 적당할까? 10억 원이다.

문제는 주식이나 부동산은 다른 상품과 달리 공급이 한정되어 있다는 점이다. 주식이든 연필이든 현실에서 가격이 결정되는 것은 수요와 공급이다. 그러나 연필은 무한하지는 않더라도 어느 정도까지는 인위적으로 공급을 확대할 수 있기 때문에 한 자루의 가격이 천만 원이 되는 경우는 일어나지 않는다. 천만 원은커녕 파커니 몽블랑이니 하는 명품이 아니라면 천 원을 넘는 경우도 많지 않다. 그러나 주식이나 부동산은 공급이 매우 제한적이다. 귀금속, 미술품, 골동품 등과 같이 투기의 대상이 되는 상품들은 거의 같은 특징을 가지고 있다. 따라서 경기가 좋고 시중에 돈이 많이 풀릴 때면 똑같은 조건이라도 사람들은 당연히 이런 상품들의 가격이 더 많이 오를 것이라고 기대한다. 이를 경제학에서는 인플레이션 기대심리가 높다는 말로 표현한다. 투기는 바로 여기서 일어나는 것이다.

위에서 설명한 대로라면 1만 원이 적당한 주식을 2만 원에 사는 사람은 왜일까? 당연히 그 주식을 3만 원에 다시 팔기 위해서이다. 그렇다면 그 주식을 3만 원에 산 사람은? 물론 그 주식을 다시 4만 원에 팔기 위해서이다. 이런 식이라면 주가가 10만 원까지 오르는 것도 그리 오래 걸리지 않는다. 1만 원짜리 주식을 사기 위해서는 1만 원만 지불하는 것이 자연스러운데, 어느새 10만 원을 내지 않으면 주식을 살 수 없다. 시장에 들어오는 유동성(현찰이라는 뜻이다)의 규모가 10배가 되어야 하는 것이다. 하지만 아무리 경기가 좋다고 해도 돈이 무한정으로 들어오는 것은 아니다. 어느 순간 10만 원에 주식을 산 사람은 11만 원에 그 주식을 살 사람이 없다는 사실을 알게 된다. 그렇다면? 이제 주식 가격은 떨어지기 시작한다.

문제는 주식시장의 모든 사람들이 비슷한 순간에 그 사실을 깨닫는다는 것이다. 이제는 누가 먼저 주식을 팔아치우느냐의 경쟁이 시작된다. 남보다 조금이라도 먼저 파는 사람이 조금이라도 손실을 덜 보

기 때문이다. 이렇게 되면 주식 가격은 만 원이 아니라 천 원으로 떨어
져 버린다. 주가만 떨어지는 것이 아니다. 창문마다 투자자들도 떨어
진다. 왜 내가 투자하면 꼭 주가가 떨어지느냐고 한탄하는 분들이 많
다. 솔직히 말씀드리면, 당신이 투자했기 때문에 주가가 떨어지는 것
이다.

낮은 데로
임하소서

강의시간에 한 학생이 국제 원유 가격이 오를 때는 국내 석유 가격도 금방 오르는데, 국제 원유 가격이 하락할 때는 왜 국내 석유 가격이 천천히 떨어지느냐고 물었다. 솔직히 이야기하면 그걸 모르는 사람이 어디에 있는가? 당연히 국내 한 푼이라도 더 벌어보려는 정유사들의 수작 때문이지. 하지만 명색이 경제학 박사라는 사람이 그렇게 대답해서야 되겠는가? 그래서 젊잖게 한마디 해주었다. "그건 가격의 하방 경직성 때문이지." 무슨 경직성? 너무 심각하게 받아들이지는 말자. 그 말이 그 말이다. 가격이 오를 때는 잘 오르는데, 떨어질 때는 아니더라는 얘기이다.

경제학은 가격이라는 것이 아주 민감하게 움직이기 때문에 시장이 수요와 공급을 언제나 기막히게 잘 조정한다고 설명한다. 그러나 솔직히 말하면 가격이라는 놈은 자갈밭을 지나가는 소달구지처럼 덜커덩거린다. 가령 밀가루 가격이 떨어졌다고 자장면 가격이 그만큼 떨어지던가? 대부분의 중국집에서는 자장면 가격을 내리기보다는 면을 몇 가락 더 준다. 어떤 이들은 이러한 현상을 '메뉴판 비용'이라고 부르는데, 메뉴판을 교체하는 비용이 더 들기 때문에 공급자들은 가격을 쉬이 조정하지 않는다는 것이다. 하지만 이런 이유에서라면 가격은 단순히 하방 경직성을 가진다기보다는 상방 하방으로 모두 경직성을 가진다고 해야 옳다. 가격만 그런 것이 아니다. 가령 소비자 행동이론의 대가인 듀젠베리(James Duesenberry, 1918~)는 소비가 소득의 변화에 비례하지 않는다는 사실을 발견하였다. 소비는 소비자들의 과거 소득과 과거의 소비 행태에 영향을 받기 때문에 마치 톱니바퀴가 움직이듯이 변화한다는 것이다.

원래 가격의 하방 경직성이라는 개념은 임금의 하방 경직성이라는 말에서 나왔다. 임금은 오르기는 해도 내리지는 않더라는 이야기다. 물론 이때의 임금은 물가를 고려하지 않은 명목임금을 말한다. 주류 경제학에 계신 분들은 그것을 노동조합에 의한 단체 교섭이나, 장기 근로계약 때문이라고 설명한다. 장기 계약이 임금의 하방 경직성을 가져오는 것은 한마디로 '먹튀'들이 많아서 그렇다는 것이다. 성적이 나쁘면 연봉이 깎여야 하는데 잘나갈 때 10년씩 계약을 해 놓으니 임금이 떨어지겠느냐는 말씀인데, 그렇다고 그게 꼭 박찬호 잘못인가?

아무튼 이분들은 실업의 이유를 임금의 하방 경직성으로 설명한다. 물건이 안 팔릴 때는 가격이 떨어져야 잘 팔리듯이, 실업자가 많을 때는 임금이 떨어져야 고용이 늘어날 텐데 노동조합 때문이든 박찬호 때문이든 임금이 안 떨어지니 고용도 늘어나지 않는다는 것이다. 주류 경제학이 실업을 그다지 심각한 문제로 받아들이지 않는 이유도 실은 여기에 있다. 모든 것이 너 때문인데 누구를 탓하느냐는 것이다. 고용이 되고 싶어? 임금부터 낮추고 연락해! 그러나 이미 우리 주변에는 임금은 얼마든 일만 시켜 달라는 실업자가 수두룩한 실정이다.

임금의 하방 경직성을 처음 지적한 케인스는 그것을 노동자들의 '화폐환상' 때문이라고 설명했다. 기업은 물가에 대한 정보를 충분히 가지고 있지만 노동자들은 그렇지 못하기 때문에 실질임금이 아니라 명목임금에 반응한다는 것이다. 가령 물가가 10퍼센트 오르면 100만 원 받던 노동자는 110만 원을 받아야 실질적으로는 똑같은 소득이 된다. 그러나 노동자들은 화폐환상을 가지고 있기 때문에 100만 원을 받아도 소득이 감소했다고 생각하지 않는다는 것이다. 이런 이치가 인플레이션 때는 기업에 유리하게 작용하지만, 디플레이션 때는 반대로 노동자들이 임금 삭감에 저항하게 하므로 하방 경직성이 생긴다.

케인스는 경제가 심리적인 현상임을 처음 지적한 경제학자이다. 화폐환상이라는 말을 잘못 이해하면 노동자들이 무슨 백마 타고 오는 왕자님의 환상을 가지고 있다는 의미로 오해하기 쉽다. 그러나 케인스의 진의는 노동자들이 실질임금의 감소는 받아들여도 명목임금의 감소에는 저항하는 이유를 설명하고자 하는 것이다. 논리적으로만 따진다면 노동자들은 당연히 명목임금의 감소가 아니라 실질임금의 감소에 저항해야 한다. 그러나 어제까지 중요한 책임을 맡고 있던 사람에게 임금은 그대로 줄 테니 청소부를 할래, 그 자리에 그냥 있되 임금을 깎을래 하고 물으면 대부분 임금이 깎이는 편을 택할 것이다. 진의를 오해하지는 말자. 여기서 청소부 우습게 보지 말라고 따지는 분이 있다면 곤란하다. 무슨 허울만 남은 체면 따위를 따지는 것이 옳다는 뜻도 물론 아니다.

살다보면 때로 눈 가리고 아웅 해야 할 때도 있는 법이다. 남의 집 아이를 보면 설사 그렇지 않더라도 '아이 참 귀엽다'고 말해줘야 하는 것이다. 임금이 깎인다는 것은 노동자들에게 물질적으로 중요한 일인 것만큼이나 심리적으로도 중요한 충격이다. 임금 삭감 앞에 노동자들은 당연히 불안해진다. 가족이나 주변 사람들의 눈치도 보인다. 그러나 실질임금의 감소는 '눈 가리고 아웅' 할 수 있는 것이다. 괜찮은 척할 수 있다는 말이다. 하지만 명목임금의 감소는 노동자들로 하여금 다른 사람들 앞에서 발가벗겨진 것 같은 수치심을 느끼게 한다. 그래서 노동자들은 명목임금의 삭감에 저항한다. 적어도 가족들 앞에서 가장의 자존심은 지켜 달라는 것이다.

스톡옵션의
유혹

소설가 이제하의 짧은 글 가운데 곰 이야기가 있다. 어느 게으른 양반(절대 나는 아니다.)이 우연히 곰 한 마리를 키웠는데, 이 곰이 얼마나 똑똑했던지 주인이 시키는 심부름은 다 하더란다. 시장에 가서 무엇을 사오라는 심부름은 물론 전기 요금, 수도 요금 내는 일이며 심지어 말 안 해도 주인의 마음을 제가 읽고 술이 떨어질 때가 되면 알아서 막걸리도 받아 오더란다. 그런데 이 곰이 어느 날 주인한테 말도 하지 않고 산으로 들어가 버렸다. 게으른 주인, 대통령 선거 날이 되어서 곰더러 투표하고 오라고 시켰더니 이 곰이 주인이 찍고 싶은 후보가 아니라 제가 찍고 싶은 후보를 찍어 버렸다. 그러고는 끝내 그 일이 미안해서 그만 산으로 가 버린 것이다. 내 손으로 대통령을 뽑고 싶다는 국민들의 소박한 바람이 이루어지지 못하던 시절의 이야기이다.

신문을 보니 망할 지경이라 미국 정부의 구제금융 지원을 받은 다국적 보험회사 AIG의 경영진과 중요한 직책의 담당자들이 우리 돈으로 수천억 원에 달하는 보너스를 받았다고 한다. 오바마 정부와 미국 의회가 구제금융 돌려놓으라고 난리를 치지만 AIG는 오히려 정부에 낸 세금 돌려 달라고 소송 중이란다. 웃기는 일은 미국에서 생긴 이 회사의 문제가 한국에서 엉뚱한 불똥을 만들었단다. 어떤 국내 금융회사가 임직원들에게 보너스를 주려다가 AIG 사건 때문에 취소했단다. 부도위기에 처한 것도 아니고 정부의 구제금융을 받은 것도 아닌 그 회사 임원들 입장에서는 억울할 수도 있겠다. 그러나 경제가 위기라고 다들 난리인데 경영자들에게 준 스톡옵션은 더 늘어난 우리나라 금융 기관들이 한둘이 아니라는 뉴스를 들으니 '그놈이 그놈'이라는 생각도 전혀 안 드는 것은 아니다.

기사들을 보니 빠지지 않고 나오는 말이 '도덕적 해이'다. 대한민국에 그런 회사가 없느냐고 물으면 물론 할 말 없고, 백 번 양보해 미국보다는 적으냐고 물으면 그 대답 또한 참 난감하지만, 그래도 AIG가 한 짓을 보면 이건 정말 도덕적 해이 그 자체다. 그런데 도덕적 해이라는 말이 이 경우에 징확하기는 한가? 도덕적 해이, 좀 더 유식한 말로 모럴 해저드(moral hazard)라는 말이 우리나라에서 유행하게 된 것은 외환위기 때문일 것이다. 우리나라의 대기업과 은행들의 막가파 식 경영을 두고 나온 말이 바로 이 도덕적 해이인데, 실은 이 말이 경제학에서도 굉장히 어려운 말 가운데 하나이다. 얼핏 들으면 도덕적 해이라는 말은 도덕적으로 문제가 있다, 도덕적이지 않다, 비도덕적이다 쯤으로 이해하면 될 것 같다. 군대 식으로 말하면 군기가 빠졌다, 공무원 식으로 말하면 근무 기강이 해이해졌다, 학교 식으로 말하면 봄날이 되니 공부하기도 싫고 하루 종일 나른하다. 뭐 그런 의미로 말이다. 물론 그래도 큰 문제는 없다. 그러나 경제학에서 이 말이 가지는 본래의 의미는 위의 설명과 무관하지는 않지만 조금 다르다.

경제학에서 다루는 문제 가운데 '주인-대리인문제' 라는 것이 있다. 주인이 대리인을 고용해 일을 맡겼다. 물론 주인은 대리인이 주인 자신의 이익을 위해 일해 줄 것을 바란다. 과연 대리인은 누구의 이익을 위해 일할까? 당연히 대리인 자신이다. 그런데 기업 경영의 여러 정보들을 더 잘 아는 사람은 주인일까 대리인일까? 당연히 대리인이다. 대리인은 자신이 정보를 더 많이 알고 있다는 점(경제학 용어로는 '정보의 비대칭성' 이라고 부른다.)을 이용하여 자신의 이익을 추구한다. 이것이 도덕적 해이이다. 정리하자. 주인-대리인문제에서 대리인이 정보의 비대칭성을 이용하여 자신의 이익을 추구하는 행위가 바로 도덕적 해이의 본래 의미이다. 그저 누군가의 도덕성에 문제가 있다는 것보다는 조금 심오한 이야기인 것이다.

대개의 기업에서 주인은 주주이고 대리인은 전문 경영자이다. 그러나 주주들은 경영자만큼 경영 실태나 수익에 대해 알지 못한다. 이런 점을 이용해서 경영자는 주주가 아닌 자신의 이익을 추구할 가능성이 높다. 한마디로 '삥땅' 칠 가능성이 매우 크다는 이야기다. 그래서 주인은 고민한다. 어떻게 하면 대리인이 나를 위해 일하게 만들까? 그래서 생각해낸 것이 대리인의 이익을 주인의 이익과 일치시키는 방법이다. 주주의 이익은 대개 주식 가격으로 표현된다. 그래서 주주들은 대리인이 주식 가격에 이해와 관심을 갖도록 만든다. 짐작들 하셨을 것이다. 그래서 만들어진 것이 바로 스톡옵션이다. 경영자에게 성과에 따라 주식을 보너스로 줌으로써 주가 상승을 위해 일하도록 유인을 만들려는 것이다. 하지만 어떤 방법을 쓰든 스톡옵션만 받고 날라 버리는 '먹튀' 들은 못 막는다. 열 포졸이 한 도둑을 못 잡는다지 않은가?

고양이에게
생선가게를?

한나라당이 미디어법 등과 함께 도둑 처리해 통과시킨 법률 개정안 가운데는 「금산분리법」도 들어 있다. 물론 「금산분리법」이 정식 명칭은 아니다. 정식으로는 「금융산업의구조개선에관한법률」이라는 제법 긴 이름을 가지고 있다.(이유는 모르겠지만 법률의 명칭에는 띄어쓰기를 하지 않는다.) 금산분리란 금융과 산업을 분리한다는 뜻이다. 더 쉽게 말하자면 한마디로 재벌기업이 은행을 지배하지 못하게 한 것이다. 지금 우리나라에서는 재벌그룹들의 계열사가 금융기관의 지분을 4퍼센트 이상 가지지 못하도록 법으로 규정하고 있다. 우리나라에만 이런 법이 있는 것은 아니다. 미국에도 비슷한 규제가 있고 대부분의 나라에 비슷한 규제가 있다. 왜일까? 축구선수와 야구선수가 한 경기장에서 섞여 싸운다면 시합이 되겠는가. 간단히 말해서 은행과 증권의 벽을 없애는 것은 '그들만의 리그' 에 새로운 팀을 넣음으로써 더 많은 시합을 벌이게 하는 것이지만, 금융과 산업은 전혀 다른 경기 규칙을 가지고 있기 때문에 게임 성립이 불가능하다. 즉, 금산분리는 은행과 증권, 보험 등의 경계를 허묾으로써 금융 부문의 경쟁력을 강화하자는 것과는 다른 문제라는 이야기이다.

금산분리를 완화하자는 주장이 이명박 정부에서 처음 나온 것은 아니다. 노무현 정부 때도 같은 논란은 있었다. 그만큼 이 법의 완화 내지는 폐지를 주장하는 요구가 매우 끈질기다는 뜻이다. 이 법의 완화나 폐지를 주장하는 사람들의 근거는 대충 세 가지 정도로 요약된다. 첫째, 우리 금융기관들이 외국인 소유로 넘어가는 것을 막아야 한다. 이른바 금융주권을 수호해야 한다는 것이다. 둘째, 재벌이 출자하면 우리 금융기관들이 대형화되고 따라서 국제 경쟁력을 갖출 수 있다. 셋째, 에……, 또……, 모르겠다. 실은 알 필요도 없다. 다 '뻥' 이기 때문이다.

도덕적 해이는 주주와 경영자 사이에서만 일어나는 것이 아니다. 가령 은행의 주인은 주주일 수도 있지만, 예금주도 주인일 수 있다. 그런데 만약 대기업들이 은행을 소유하거나 지배하게 될 경우 어떤 일이 벌어질까? 은행은 예금을 받아 그 돈을 다시 대출해줌으로써 남는 이자로 먹고 사는 곳이다. 누가 예금을 하는가? 나나 이 책을 읽고 계실 독자들 같은 보통사람들이다. 그럼 누가 대출을 받아 가는가? 당연히 기업들이다. 그런데 만약 재벌이 은행을 지배하게 된다면, 은행은 재벌의 대출 요구를 거부할 수 없을 가능성이 매우 높다. 얼마나 높으냐고? 한국에서는 100퍼센트다. 내 예금으로 국민경제에 도움 되게 대출해주라고 했는데, 자기에게 도움 되게 대출해주는 이런 행위도 바로 모럴 해저드, 즉 도덕적 해이인 것이다.

재벌이 소유는 하되 경영에는 참여하지 않도록 하면 아무런 문제가 없다고 주장하는 분도 계시다. 강만수 전 장관 대신 그 자리에 앉은 분이 예전에 금융감독위원회의 수장으로 계실 때 하신 말씀이다. 그런데 금융감독위원회는 당연히 그 반대의 말씀을 하셔야 하는 것 아닌가? '목은 잘라도 머리는, 아니 금산분리는 못 자른다.' 이래야 하는 것 아닌가 말이다. 이분도 똥인지 된장인지 찍어 먹어봐야 아는가보다. 재벌이 은행을 지배하게 되면 은행이 재벌의 사금고가 되리라는 것은 초등학생도 알고 중학생도 알건만 장관이라는 분이 어째서 모른단 말인가? 우리나라 재벌들은 금산분리의 완화 없이도 이미 오른손이 왼손에 투자하는 순환 출자로 엉켜 있다. 설사 백 번을 양보해 이분 말씀처럼 재벌이 은행의 경영에는 참여하지 않는다 하더라도, 재벌이 산업 부문에 투자해야 할 자본을 은행에 투자하는 것만으로도 이미 국민경제의 낭비라 할 수 있다.

모럴 해저드가 꼭 기업이나 은행에서만 생기는 것은 아니다. 주인-대리인문제로 설명할 수 있는 모든 분야에서 모럴 해저드가 있을 수 있다. 가령 우리가 공무원이나 정치가들에게 바라는 것은 공공의 이익을 위하여 일해 달라는 것이다. 그러나 공무원이 뇌물 몇 푼에 공공의 이익에 반대되는 결정을 한다거나, 정치가들이 정치자금 몇 푼에 정경유착을 하는 일은 모두 모럴 해저드의 한 예들이다. 그 가운데서도 가장 나쁜 모럴 해저드는, 나랏돈으로 제 집 앞 도로 뚫는 일, 서울 시장이라는 사람이 자기 빌딩 위해 고도 제한 푸는 일, 국회의원들이 자기 아파트의 종부세를 깎는 일 따위이다. 이쯤되면 그저 해이가 아니라 염치의 실종 아닌가?

오빠 한 번
믿어봐

『사기(史記)』의 「평원군열전(平原君列傳)」에는 이런 이야기가 있다. 평원군 조승(趙勝, ?~BC251)은 중국 전국 시대의 인물로 조(趙)나라 혜문왕의 동생이다. 평소 성품이 어진데다가 사람 사귀기를 좋아하여 그의 집에 모여든 빈객의 수가 3,000명에 이르렀다. 당시 서쪽의 강대국인 진(秦)나라가 동쪽의 여러 나라들을 침략하고 있던 차에 조나라의 수도인 한단까지 포위당하게 되자, 조나라는 평원군을 초(楚)나라에 사신으로 보내 함께 진나라를 막고자 하였다. 평원군은 함께 초나라로 떠날 용기 있고 문무를 겸비한 인물 20명을 뽑고자 했는데, 한 사람이 모자랐다. 이때 모수(毛遂)라는 사람이 나서더니 자신을 데려가라며 스스로 추천을 하였다. 이에 평원군은 모수에게 다음과 같이 질문하였다. "어진 선비의 처세란 마치 송곳이 주머니 속에 있는 것과 같아서 그 끝이 주머니를 뚫고 밖으로 나오듯이 금방 세상에 드러나는 것이오. 그런데 선생은 내 집에서 3년 동안이나 기거하셨지만 주변에서 선생을 칭찬하는 말을 나는 한 번도 듣지 못했소." 그러자 모수는 이렇게 답하였다. "그러니 이제라도 저를 주머니 속에 넣어주시기를 청하는 것뿐입니다. 만약 일찍 저를 주머니 속에 넣어주셨다면 단지 송곳 끝만 보였겠습니까? 송곳의 자루까지 모두 내보여드렸을 것입니다." 결국 평원군은 모수와 함께 초나라로 갔다. 평원군과 빈객들은 한나절이 되도록 초왕을 설득하였으나 아무 것도 이루어지는 것이 없었다. 이때 모수가 초왕과 평원군이 앉아 있는 곳으로 뛰어 올라가 칼자루를 잡고 초왕을 협박하는 한편, 뛰어난 언변을 발휘하여 초왕을 설득하였다. 조나라로 돌아온 평원군은 "내 다시는 선비의 관상을 보지 않겠다. 모수 선생 같은 인물조차 제대로 알아보지 못했으니 말이다. 모수 선생의 무기는 단지 세 치의 혀였지만 그 힘은 백만의 군사보다도 더 강한 것이었다"면서 모수를 상객으로 모셨다고 한다. 이 이야기에서 나온 고사성어가 모수자천(毛遂自薦)과 낭중지추(囊中之錐)이다.

미국산 쇠고기의 수입으로 한우 축산농가들이 매우 어렵다고 한다. 농민들에게 조금이라도 도움이 되기 위해서는 한우를 많이 먹어야겠는데, 문제는 그 값이 만만찮다는 점이다. 산지에서는 소 값이 개 값보다 못해서 난리도 아니라는데, 정작 소비자들은 쇠고기 한 근 구워 먹자고 선뜻 지갑을 열기가 무섭다. 서민들에게 한우 먹는 날은 설날과 추석에 버금가는, 3대 명절의 하나로 꼽힐 지경이다. 먹기로 결심한 뒤에도 문제는 있다. 도대체 밥상에 오른 이놈이 진짜 한우인지 썩 믿음이 가지 않는 것이다. 그렇다고 "아저씨, 이거 한우 맞지요?" 하고 물어봐야 묻는 놈이 바보지 아무런 도움도 되지 않는다. 나는 음식점에서 맛있느냐고 묻는 사람과 빨리 달라고 하는 사람이 제일 바보라고 생각한다.

그렇다면 정말 한우인지 아닌지 쇠고기 한 근의 유통경로를 되짚어 가볼까? 아니면 고깃집 주인이 정직한 사람인지 아닌지 초등학교 생활기록부라도 떼어볼까? 주변 사람들에게 탐문수사라도 해볼까? 못한다. 왜? 시간과 노력과 비용이 들기 때문이다. 경제학에서 '거래비용(transaction cost)' 이라고 부르는 그 비용 말이다. 거래비용이라는 말을 처음 들으면 대개의 학생들은 수송비나 보관비 같은, 말 그대로 거래에 드는 비용이라고 생각하기 쉽다. 그러나 이런 비용들은 모두 '그냥' 비용에 포함된다. 거래비용이란 실은 정보탐색비용을 의미한다. 우리가 거래를 하기 위해서는 상대방이 신뢰해도 좋은 사람 또는 기업인지, 그 신용은 어떤지, 재무상태는 어떤지, 과거의 거래실적은 어떤지, 기술능력은 어떤지 등을 제대로 파악하지 않으면 안 된다. 일단 거래를 시작한 이후더라도 거래를 지속하는 동안에는 계속 이러한 내용들을 파악하고 있어야 한다. 거래 도중에 날르는 먹튀가 얼마나 많은가. 이러한 정보의 탐색에는 비용이 든다. 이것이 바로 거래비용이며 정보를 많이 가질수록 돈이 된다는 또 다른 예이다.

그렇다면 거래비용을 줄이는 방법은 없을까? 대기업들이 내부화를 하는 이유 가운데 하나도 거래비용을 줄이기 위함이다. 내부화란, 가령 부품을 구입할 때 시장에서 다른 기업으로부터 구입하는 대신 자회사를 설립하여 직접 생산하는 것을 말한다. 물론 내부화에는 또 그 나름의 비용이 든다. 조직이 거대화되는 데 따른 비용들이 그것이다. 더 좋은 방법은 신뢰이다. 오랫동안 거래를 지속해온 기업들이나 개인들에게는 대개 신뢰가 쌓이게 마련이다. 어느 집에서 파는 고기는 한우가 분명하다는 신뢰가 있다면 굳이 거래비용을 들일 필요가 없다. 거래비용과는 조금 다른 이야기지만 우리나라의 대기업들 가운데도 '무슨 상품은 어느 기업' 하고 떠올리게 되는 기업들이 많다. 소비자들은 여러 기업의 제품들이 함께 진열되어 있어도 이런 기업들의 제품에 대해서는 묻지도, 따지지도 않고 선택한다. 신뢰가 얼마나 중요한 자산인가를 보여주는 예이다.

그러나 정작 신뢰를 쌓는 것은 그리 쉬운 일이 아니다. 예전에는 기차역이나 시외버스터미널 근처에서 음식 사 먹지 말라는 이야기가 있었다. 그런 곳에는 오가는 뜨내기손님이 많아서 음식의 맛도 없고 서비스도 나쁘기 쉽다는 의미였다. 그러나 요즘은 기차역 근처의 음식이 더 맛있는 경우도 많다. 여러 곳을 다녀본 손님일수록 음식을 선택하는 눈이 까다롭기 때문이다. 반대로 단골일수록 더 바가지를 씌운다는 이야기도 있다. 그래서야 안 되겠지만 신뢰를 배신하는 장사꾼도 적지 않다는 이야기다. 바가지까지는 아니더라도 아는 안면에 쉬이 거절하지 못하는 점을 악용하는 사람들도 많다. 오빠 한 번 믿어보라지만 세상에 믿을 놈 하나 없더라는 말도 있다는 것이다. 거래에 필요한 모든 정보가 낭중지추처럼 드러나든가, 아니면 공급들 스스로 모수자천해주셨으면 하는 마음뿐이다.

그들의
공통점

드라마 〈꽃보다 남자〉의 구준표가 당신에게 프러포즈한다면 어떨까? 그럴 리는 없지만 참 흐뭇한 기대이다. 반대로 내가 당신에게 프러포즈한다면? 아마 영 불쾌한 기대일 것이다. 오해는 하지 마라. 나도 그럴 생각은 전혀 없으니까. 경제학에서 기대란 아주 중요한 문제인데, 앞서의 경우에서 보다시피 기대가 언제나 우리를 행복하게 해주는 것은 아니다. 또한 기대는 각자가 처한 입장에 따라 매우 다르기도 하다.

TV를 보다가 발견하면 늘 채널을 돌려 버리는 광고가 세 가지 있다. 장례업, 대부업, 보험업이 바로 그것이다. 이 세 가지 광고의 공통점은? 우선 촌스럽다. 현란한 영상기법은 대체로 이런 종류의 광고에는 활용되지 않는 편이다. 그러나 무엇보다 큰 공통점은 경기가 나쁠수록 자주 나온다는 것이다.

요즘 경제가 어려워지면서 이 세 가지 광고가 자주 전파를 타고 있다. 당장 TV만 틀면 온통 "아버님이……" "며칠만 쓸 건데……" "묻지도 따지지도 않고……" 이런 광고들이 화면을 채운다. 이 세 가지 업종의 또 다른 공통점이 있다. 바로 공급자와 소비자의 기대가 정반대라는 것이다. 가령 소비자들은 사고가 많이 날수록 더 많이 보험에 가입한다. 하지만 보험회사는 사고가 많이 날수록 손해를 본다. 이렇게 이해가 상반되는데도 거래가 성립하는 이유는 앞에서 말한 것처럼 서로 기대가 다른 덕분이다.

문제는 이런 광고들이 소비자들을 불쾌하게 한다는 것이다. 이런 광고들이 불쾌한 이유는? 틀린 기대를 주기 때문에? 아니다. 불쾌한 기대를 주기 때문이다. 가령 사람은 누구나 죽는다. 이 말은 이미 오래전 케인스가 했던 이야기이다. 이것을 하나의 기대라고 할 때, 이 말은 틀린 것이 아니다. 그러나 이런 기대는 사람을 불편하게 한다. 광고의 목적은 소비자들로 하여금 그 상품을 소비하게 하는 데 있는데, 이런 불편한 기대는 소비자들이 선뜻 그 상품을 선택하지 못하게 한다. 굳이 앞에서 했던 용어를 쓰자면 자기실현적 기대인 셈이다. ××상조에 가입했더니 가입하자마자 그만 아버지가 돌아가셨다면 이것은 행운인가 불운인가?

대부업은 내가 돈을 빌리지만 보험업은 내가 돈을 저축한다는 점에서 정반대이다. 그러나 이 두 종류 사업의 공통점은? 묻지도 않고 따지지도 않을수록 잘 된다는 것이다. 요즘 대부업의 광고를 보면 모두 묻지도 않고 따지지도 않는단다. 돈이 필요하면 필요한 만큼 빌려 가란다. 하지만 어떻게 갚을 것인지는 아무도 이야기하지 않는다. "한두 달만 쓰면 되는데……." 하지만 지금 없는 돈이 한두 달 후에는 어떻게 생기나? 소 값 파동 때 경영은 자기 책임이라고 이야기했던 농림수산부 간부의 말처럼 금융은 자기 책임이다. 대부업체는 아무 책임도 없다. 하지만 이왕이면 한두 달 후에 돈 못 갚으면 더러운 꼴 난다는 이야기도 함께 해주면 더 좋지 않겠는가? 물론 TV에서 광고까지 하는 세계적 금융기관에서 어디 먼 섬에 팔아넘기기야 하겠는가마는.

얼마 전에 세상의 논란을 일으켰다가 요즘은 안 나오는 광고 하나가 있다. "남편이 죽었습니다" 하던 보험회사 광고였다. 남편이 죽었다는데 동정이 가야지 왜 불쾌하냐고? 그 다음 대사가 바로 "10억을 받았습니다" 이기 때문이다. 물론 나도 보험 들었다. 내가 갑자기 죽었을 때 나도 우리 마누라와 딸에게 10억이 아니라 가능하다면 100억이고 1,000억이고 주고 싶다. 하지만 그렇다고 해서 나 죽은 뒤에 마누라가 싱글벙글대는 꼴을 보고 싶다는 이야기는 아니다. 거기에 저토록 섦고 살생긴 남자까지? 오죽 했으면 네티즌들이 '새 아빠 오셨다'고 그랬겠는가? 이런 광고들은 소비자들의 합리적 기대에서 보면 나쁜 광고가 아니다. 그러나 이 광고들은 소비자들이 합리적인 동시에 감정적이라는 점을 제대로 이해하지 못한 것이다. 도대체 저런 광고를 만들고도 월급을 받나?

　　요즘 국내 굴지 재벌그룹 계열의 한 증권회사에서는 '세상이 모두 반 토막 나도 우리 펀드는 아무 문제없다'고 광고하고 있다. 자기들에게는 금융위기라는 말이 단지 누군가의 견해일 뿐이라는 것이다. 물론 결코 그럴 리 없다. 지식경제부 장관의 펀드도 반 토막 나고 문화관광부 장관의 펀드도 반 토막 나는 판인데 그 회사라고 어떻게? 그저 광고일 뿐이다. 이 광고를 만든 사람들의 의도는 어느 대통령처럼 "우리 회사 믿어주세요"였겠지만 듣는 소비자들의 마음은 "믿을 놈을 믿어야지"이다. 지금 내가 눈으로 현실을 목격하고 몸으로 현실을 경험하고 있는데, 그것이 현실이 아니라고 우기면 누가 그 광고를 신뢰하겠는가? 세상이 온통 반 토막일 때는 우리 펀드는 끄떡없다고 과장스러운 거짓말을 할 것이 아니라, 그나마 우리 펀드는 4분의 3쯤 남았다고 이야기해야 시장의 신뢰를 얻는 법이다. 함부로 주가 3,000을 넘느니 어쩌니 하는 이야기는 하지 말라는 말이다.

맞아도 그만
틀려도 그만

경제 전망은 전문가가 하는 것이다. 맞든 아니든. 그렇다면 경제 전망과 경제 속설의 차이는? 비전문가가 하는 것이 경제 속설이다. 경제 전망이 더 잘 맞고 경제 속설은 더 안 맞는 것은 아니다. 둘 다 별로 안 맞는다. 가령 불황에는 립스틱이 잘 팔린다는 속설이 있다. 들어보면 그럴 듯하다. 불황에 지갑은 얇고, 자기는 표현하고 싶고, 그래서 적은 돈으로 눈에 뜨일 수 있는 립스틱이 잘 팔린다는 것이다. 특히 빨간색 계통의 립스틱은 하나만으로 화사한 얼굴을 연출할 수 있기 때문에 불황일수록 진한 색상의 선호도가 높아진다고 한다. 그런데 정작 립스틱회사의 이야기는 다르다. 립스틱은 늘 잘 팔린다는 것이다. 불황과 상관없이 잘 팔리는 것과 불황일수록 더 잘 팔리는 것은 다르다. 할 일 없는 언론이 그런 식으로 기사를 쓰면 그저 그럴 듯해 보일 뿐이다. 불황에 립스틱 판매 10퍼센트 늘어! 호황에는 20퍼센트 늘었는데?

경제 속설이라는 것들이 대부분 이렇다. 스포츠신문의 오늘의 운세처럼 맞아도 그만 틀려도 그만, 믿어도 그만 말아도 그만인 것이다. 불황에는 미니스커트가 유행한다는 속설도 그렇다. 대개 패션의 유행은 경기와 무관하다. 불황이라고 미니스커트가 유행할 논리적인 이유는 아무 것도 없다. 경기가 나쁘면 여성들의 주머니 사정이 나빠지고, 자연스레 저렴한 비용으로 눈에 잘 띌 수 있도록 해주는 미니스커트를 입는다는 주장도 있지만, 이 또한 립스틱의 경우와 마찬가지다. 불황기에 천 값을 아끼기 위해 치마가 짧아진다는 주장은 더욱 황당하다. 여성들은 누구나 안다. 짧은 치마가 긴 치마보다 반드시 싼 것은 아니라는 사실을. 불황기에 미니스커트가 유행한다는 속설은 다만 우연히 미니스커트가 처음 유행한 것이 세계 경제가 호황에서 불황으로 접어들던 그때였을 뿐이다. 오히려 반대로 호황에 미니스커트가 유행할 논리적인 이유는 많다. 호황은 고용을 늘이고 여성의 사회 진출을 늘인다. 따라서 여성들의 자기표현도 좀 더 적극적으로 나타날 수 있다. 호황기에는 사회 분위기도 개방적이어서 여성들의 그런 자기표현이 쉽게 수용된다. 굳이 여성들의 경우만 그런 것이 아니다. 불황기에는 남성들의 의상도 보수적이 되고 호황기에는 개방적인 것이 보통이다.

불황기에는 라면이 잘 팔린다는 속설도 있다. 사실일까? 사실이다. 다만 불황기일수록 더 잘 팔리는 것은 아니며, 불황기에도 언제나 잘 팔린다가 답이다. 립스틱이나 마찬가지라는 이야기이다. 불황기에 라면이 잘 팔린다는 속설에는 라면을 가난한 사람들이 돈이 없을 때 밥 대신 먹는 식품이라는 생각이 깔려 있다. 하지만 과연 그런가? 이미 라면은 '오천만의 건강식품(?)' 아닌가? 불황이어서 라면이 잘나가는 게 아니라 라면은 꾸준히 잘 팔리는데, 다만 불황일 때는 다른 상품들이 잘 안 팔리니까, 상대적으로 라면이 더 잘 팔리는 것처럼 보일 뿐이다. 경제적 착시현상인 것이다. 그런데 인터넷을 보니 이런 기사가 있다. "교수님, 왜 학생식당에서 라면 드세요?" 라는 기사(오마이뉴스, 2009년 3월 7일)이다. 교원 지위를 인정받지 못하는 시간 강사들이 학생 식당에서 라면을 먹는단다. 그렇다고 라면만 먹나? 나도 가끔 학생식당에서 라면을 먹는다. 라면을 좋아하기 때문이다. 하지만 라면만 먹는 것은 아니다. 우리 사회에서 시간 강사들이 정당한 처우를 받지 못하고 있는 것은 사실이다. 그러나 점심 한 끼 못 먹을 정도로 시간 강사들이 가난하거나, 교수식당 출입을 금지 당하고 있지는 않다. 사실 요즘 교수식당에는 학생들이 더 많다. 기사의 취지에는 공감하지만 좀 오버 아닌가? 모두 라면을 불쌍한 음식으로 보기 때문에 생기는 일이다. 라면이 뭐 어때서?

그러고 보니 불경기에는 야한 속옷이 잘 팔린다는 속설도 있다. 불황에는 외출을 줄이게 되니 야한 속옷을 더 자주 입는다는 이야기이다. 그러나 남자들은 모르지만 여자들은 다 안다. 여자들이 야한 속옷을 입는 것은 다른 누구에게가 아니라 자기 자신에게 보이기 위해서라는 것을. 속설은 또 있다. 불경기에는 스타벅스의 커피 농도가 옅어진다는 이야기. 이것이 사실이라면 스타벅스의 상도덕에 문제가 있는 것 아닌가? 불경기에 소주가 잘 팔린다는 이야기는 굳이 안 해도 될 것 같다. 불경기에는 길거리의 담배꽁초 길이가 짧아진다는 속설도 있다. 도대체 누가 그걸 재보았을까?

왜 이렇게 경제에는 속설이 많을 것일까? 아마도 그만큼 사람들이 경제에 관심이 많다는 의미일 것이다. 호황일 때는 아무도 이런 이야기에 관심을 가지지 않는다. 불황이니 사람들이 이런저런 속설들에 귀를 기울이는 것이다. 진짜 100퍼센트 맞는 경제 속설을 하나 가르쳐 주겠다. 속설이 많이 나돌면 불황이다. 속설 너무 믿지 말고 세상을 바로 보는 지혜를 가져야겠다.

미국 어느 연구 팀의 보고에 의하면 사람들이 키스를 하는 이유는 붉은 입술 때문이라고 한다. 수렵 채집 시대에 살던 우리의 조상들은 잘 익은 과일을 찾는 과정에서 붉은색이 곧 음식이라는 잠재의식을 갖게 되었고, 그래서 붉은 색에 동한다는 이야기이다. 불황이라서 붉은 색 립스틱이 잘 팔린다는 이야기보다 훨씬 더 그럴듯하지 않은가?

세 가지
거짓말

보통사람들은 흔히 경제학이 매우 객관적인 학문이라고 생각한다. 숫자를 사용하기 때문이다. 경제학자들의 책이나 신문의 경제면을 펼치면 온통 통계 숫자들이다. 도대체 그 숫자들이 무슨 뜻인지는 모르겠지만, 곳곳의 숫자들과 그에 기대어 하는 이야기는 왠지 뭔가 '있어' 보인다. 이러니 누군들 경제학자를 믿지 않겠는가. 그러나 또 누군가는 말했다. 세상에는 세 가지 종류의 거짓말이 있으니 하얀 거짓말, 새빨간 거짓말, 그리고 통계라고. 누가 그랬느냐고? 영국의 정치가 벤자민 디즈레일리(Benjamin Disraeli, 1804~1881)가 그랬다고 미국의 소설가 마크 트웨인(Mark Twain, 1835~1910)이 그랬다. 왜 이렇게 복잡한고 하니, 정작 디즈레일리의 어록 어디를 찾아봐도 그런 말은 없기 때문이다. 도대체 누가 거짓말을 한 걸까?

대부분의 경우 통계는 정확하고 객관적이다. 우리가 통계를 믿지 말아야 하는 경우는 두 가지이다. 하나는 그 통계를 만들고 발표하는 사람이 고의적으로 '기술' 을 사용하는 **경우이고,** 다른 하나는 우리가 통계를 잘못 이해하는 경우이다. 통계를 잘못 이해하는 일은 경제학자들에게도 심심찮게 일어난다. 가령 우리집 근처에 아파트 단지가 새로 생겼는데, 그 이후로 집으로 오는 길이 너무 막힌다. 학교에서 집까지 20킬로미터는 잘 왔는데, 그만 집 앞 200미터가 꽉 막히는 것이다. 더 짜증스러운 일은, 우리집으로 가는 방향의 차선을 다른 방향으로 가는 차들, 즉 새로 생긴 그 아파트로 가는 차들이 꽉 막고 있다는 것이다. 차는 대부분 내 것보다 훨씬 좋은 차들이다. 덕분에 벤츠도 구경하고 아우디도 구경하고 심지어 푸조도 구경한다. 반대로 고약한 일은 언제부턴가 경우 없는 운전자들이 엄청 늘었다는 사실이다. 그래서 내 나름대로 결론을 내렸다. '저 아파트에는 경우 없는 ×들이 많이 사는구나.' 그러나 곰곰이 따져보면 내 생각은 틀렸다. 이 아파트나 저 아파트나 예의 없는 운전자의 비율은 비슷할 것이다. 다만 운전자의 수가 늘다 보니 예의 없는 운전자도 자주 마주치게 된 것뿐인데, 나는 '저 아파트 주민은 모두……' 하고 결론 내리고 만 것이다. 객관적 자료의 주관적 오해이다. 미안하다. 그러나 괜히 귀갓길이 막히는 것은 역시 달갑지 않다. 그리고 내 앞으로 새치기 좀 하지 마라. 대신 내가 끼어들 때는 양보도 좀 해다오.

통계에 대한 잘못된 해석이 꼭 통계를 읽는 사람의 잘못만은 아니다. 그래서 통계의 기술이 들어간다는 것이다. 흔히 하는 이야기로 병에 술이 반이나 남았다고 말하는 사람도 있고 병에 술이 반밖에 남지 않았다고 말하는 사람도 있다. 하지만 이것이 개인의 성향 차이가 아니라 통계를 발표하는 이들의 고의가 반영된 결과라면 이야기는 좀 달라진다. "이명박 정부 지지율 50퍼센트나 돼!" 하고 "이명박 정부 지지율 50퍼센트밖에 안 돼!"는 읽는 이들로 하여금 선입견을 가지게 만든다. 더 쉬운 예로 "요즘 대학생 50퍼센트나 커닝은 괜찮다고 해!" 하면 요즘 대학생들이 엄청나게 도덕적으로 문제 있어 보인다. 그러나 똑같은 통계를 가지고 "요즘 대학생 50퍼센트는 절대 커닝 안 해!"라고 제목을 달면 요즘 대학생들이 매우 도덕적으로 보인다. 커닝을 혼전 동거로 바꾸면? 똑같은 기사에 놀라는 어머니와 안심하는 어머니가 계실 것이다. 설마, 나만 놀라나?

직업의
비밀

이제 좀 더 심오한 통계의 기술에 대해 이야기해보자. 1980년대까지만 해도 외국의 한국 관련 경제학 논문이나 자료에는 이런 각주가 붙어 있는 경우가 많았다고 한다. "이 통계는 한국 정부가 작성한 것이므로 신뢰할 수 없음." 설마 그렇기까지야 했겠냐 싶지만 정말 그랬을지도 모를 일이다. 요즘 우리나라 경제학자들도 자주 그렇게 말하기 때문이다. 중국 통계는 믿을 수가 없다거나, 인도 통계는 믿을 수 없다고 말이다. 어디 경제학자들만 그런가? 보통사람들의 마음도 비슷할 것이다. 가령 "국민 70퍼센트, MB 정책 지지해!" 이런 기사가 〈조선일보〉 같은 곳에 나면 사람들은 '이 ×들이 또 통계를 조작하는구나' 하고 생각한다. 그러나 지금이 무슨 자유당이나 유신 시절도 아니고, 아무도 통계를 직접 조작하지는 않는다. 다만 약간의 기술을 사용할 뿐이다. '여기가 타짜 판이냐' '밑장 빼기 기술이라도 부리게?' 하는 질문이 나올 수도 있겠다. 그런데 통계의 기술은 화투의 밑장 빼기 기술보다 훨씬 간단하다. 그냥 이명박 정부의 정책을 지지할 듯싶은 사람들에게만 물어보면 된다.

다른 예를 들어보자. 여성들의 소비성향을 조사한다고 할 때, 몇 살부터 몇 살까지를 한 집단으로 분류하는가, 기혼이냐 미혼이냐를 별도로 분류할 것인가 등에 따라 통계는 달라진다. 예를 들어 10대 후반은 소비성향이 낮고 20대 후반은 소비성향이 높다고 가정하자. 이때 내가 20대 초반 여성의 소비성향이 낮다는 결과를 만들고자 한다면 10대 후반과 20대 초반을 함께 묶으면 된다. 반대로 20대 초반 여성의 소비성향이 높다는 결론을 도출하고자 한다면 20대 후반과 한 집단으로 분류하면 된다. 그러면 이런 기사가 신문에 난다. "요즘 20대 여성들 왜 이러나? 소비성향 무려 70퍼센트 넘어!" 경상도 주민 가운데 10대는 다른 지역보다 독서를 많이 하고 20대는 다른 지역보다 독서를 적게 한다고 가정해보자. 만약 내가 악의의 지역감정을 가지고 경상도 사람들은 책을 안 읽는다는 결과를 도출하고자 한다면 10대는 조사 대상에서 제외해 버리면 된다. 그러면 신문에 이런 기사가 난다. "경상도는 정말 '보리 문디' 들인가? 이렇게 책 안 읽어서는 미래도 없어!" 모두 통계의 기술들이다.

실제로 비슷한 예를 신문에서 읽었다. 별 쓸 데 없는 잡다한 이야기를 많이 아시는 유명한 분이 쓴 글인데 이런 내용이었다. 일본의 최고 명문인 도쿄대 출신보다 그다지 유명하지 않은 니혼대 출신의 성공한 기업인이 많다는 것이다. 도쿄대(우리나라로 치면 서울대)의 획일적 교육이 니혼대의 창의적 교육에 밀린 것이란다. 그럴듯하다. 그런데 댓글을 보니 어느 분이 이렇게 알려주셨다. 도쿄대의 재학생 수는 모두 1만4,711명이지만 니혼대의 학생 수는 6만6,403명이라고. 도쿄대 출신들이 기업보다 공무원으로 많이 간다는 점을 고려하지 않더라도 이 정도의 숫자면 창의적 교육 어쩌고 하는 말은 모두 우스워진다.

도쿄대와 니혼대 이야기를 다시 생각해보자. 이것이 정작 글을 쓴 분도 몰라서 그랬다면 무지의 소치이고, 알면서 그랬다면 그 염치를 생각해볼 문제이다. 물론 좋은 뜻의 말씀을 하려다보니 그러셨을 것이다. 무슨 다른 저의가 있었겠는가? 서울대를 폭파하자는 분도 아니신데. 하지만 농담이 아니라 몇 년 전 미국의 경기 지표를 두고 우리나라 신문에는 상반된 두 개의 기사가 난 적이 있다. 한 기사는 그해 4/4분기 미국의 경기를 직전 분기와 비교했고, 다른 한 기사는 같은 지표를 전년도 같은 분기의 지표와 비교했을 뿐이다. 그런데 앞의 기사에는 미국의 경기가 크게 호전된 것으로 나타났고, 뒤의 기사에서는 미국의 경기가 심각하게 악화된 것으로 나타났다. 고의가 아니라면 기사를 쓴 기자들이 경제를 잘 몰랐다는 이야기이다.

이제 조금 더 심오한 예를 보자. 중요한 경제적 이슈가 있을 때마다, 가령 한-미 FTA로 나라가 시끌벅적할 때면 한-미 FTA의 긍정적인 효과가 얼마라는 식의 연구 결과가 신문에 곧잘 난다. 물론 이런 연구를 하는 기관들은 대부분 정부로부터 월급을 받는 곳이다. 때때로 경제학자라는 사람들은 하기 싫어도 그런 결과를 만들어야 할 때가 있다. 이런 기술은 단순한 설문조사보다는 훨씬 어렵다. 그렇지만 불가능하지는 않다. 한-미 FTA로 생길 수 있는 여러 효과들을 긍정적인 것과 부정적인 것으로 분류한 다음 이 자료들을 컴퓨터에 넣고 시뮬레이션을 돌릴 때 긍정적인 효과들을 많이 넣어주면 당연히 긍정적인 결과가 나오는 것이다.

다시 얘기하지만 모든 통계가 이렇다거나 모든 경제학자가 이렇다는 이야기는 아니다. 대부분의 통계는 믿어도 된다. 더불어 경제학자도. 다만 먹고살려다보니 자신이 미리 생각한 결론에 가까운 결과를 얻기 위해서 이런 기술을 아주 가끔 사용하기도 한다는 이야기이다. 어느 직업에서건 이런 직업상의 비밀이 한두 개씩은 있지 않겠는가? 물론 이 기술은 경제학자들보다는 〈조선일보〉가 더 자주 사용한다.

두 닢 들여 한 닢을 얻은 까닭

옛날 옛적 나라 살림을 맡은 한 정승이 깨진 엽전 한 닢을 들고 대장장이를 찾았다.

"여보게, 이 엽전이 깨져 못 쓰게 되었는데 붙일 수 있겠는가?"

"붙일 수는 있습니다만 붙이는 삯이 두 닢인데, 두 닢 들여 한 닢을 얻어봐야 무슨 이득이 있겠습니까?"

"나야 한 닢 손해 보더라도 나라는 한 닢 이득 봤지 않은가?"

내가 잘 먹고 잘 사는 일과 나라 살림이 잘 돌아가는 일은 다르다는 말씀이다. 모름지기 나라 살림을 사는 사람들은 이런 이치를 제대로 알아야 할 것이다.

그런데 이런 이야기가 그럴 듯한 것은 요즘과 같은 지폐가 아니라 금속 화폐가 사용되던 시절이기 때문이다. 요즘은 지폐가 찢어지거나 심지어 불에 타도 남은 부분의 비율을 따져 교환해준다. 화폐는 소재의 가치를 반영하는 것이 아니라 정부가 보증하는 구매력을 표시할 뿐이다. 따라서 화폐의 일부분이 찢겨 나갔다고 해서 그 구매력이 감소하는 것은 아니다. 그러나 과거에 쓰이던 금화나 은화는 화폐의 가치가 그 소재의 가치에 따라 정해졌다. 가령 금화가 손상되면 못 쓰게 되거나 손상된 만큼 가치가 하락하기 마련이다.

금속화폐의 불편함을 정부가 지불을 보증하는 법화(legal money)로 대체한 것이 금 본위제나 은 본위제이다. 그런데 금 본위제하에서는 금화를 사용하지만 않을 뿐 정부가 보유한 금·은의 양만큼만 화폐를 발행할 수 있으므로 돈의 가치는 대체로 일정하였다. 인플레이션의 위험이 거의 없었다는 뜻이다. 하지만 반대로 경제규모가 커질수록 더 많은 화폐가 필요하게 마련인데, 금 본위제는 화폐의 발행량이 제한되어 있으므로 많은 불편과 문제점을 초래하였다. 때문에 정부가 금이나 귀금속을 얼마나 보유하고 있느냐와 상관없이 화폐를 발행할 수 있어야 한다는 주장이 나오게 되었는데, 이를 관리통화제도라고 한다. 관리통화제도의 실시를 적극적으로 주장한 사람은 바로 케인스이며, 이 제도가 실제로 대부분의 자본수의 국가들에서 보편화된 것은 2차 대전 이후의 일이다.

그런데 케인스가 태어나기 300년도 훨씬 이전에 관리통화제도와 유사한 주장을 피력한 인물이 있다. 영국 엘리자베스(Elizabeth I,

1553~1603) 여왕 시대에 재무장관을 지낸 그레샴(Thomas Gresham, 1518~1579)이다. 그레샴은 "악화(惡貨)는 양화(良貨)를 구축(驅逐)한다"는 '그레샴의 법칙'으로 유명하다. 그 의미는 한 사회 내에서 귀금속으로서의 가치가 서로 다른 화폐, 예를 들어 금화와 은화가 동일한 가치로 유통되는 경우, 귀금속 가치가 작은 화폐, 즉 악화는 가치가 큰 화폐, 즉 양화를 유통으로부터 배제시킨다는 뜻이다. 흔히 금화와 은화를 예로 들어 설명하지만 조금 더 이해를 쉽게 돕기 위해서는 새로 나온 반짝거리는 금화와 오래 되어 한 귀퉁이가 닳은 금화를 생각해도 될 것이다. 가치에서 아무런 차이가 없는 지폐도 왠지 새 돈은 쓰기 아까운 마음이 들기 마련이다. 그러니 헌 지폐, 즉 악화는 유통과정에서 돌아다니는 반면 새 돈, 즉 양화는 지갑 속에서 좀처럼 나오지 않는다. 악화가 양화를 구축한 것이다.

그레샴의 법칙은 오늘날처럼 금속화폐가 아닌 신용화폐가 사용되는 시대에는 당연히 적용되지 않는다. 그러나 이 법칙은 화폐의 본질이 무엇인가를 이해하는 데 좋은 소재가 된다. 원시 시대를 다룬 만화를 보면 원시인들이 자동차만한 둥근 돌을 굴리며 다니는 장면이 있다. 바로 원시 시대의 화폐이다. 그렇다면 과연 원시인들은 정말 돌을 화폐로 사용했을까? 했다면 그 이유는 무엇일까? 경제학 교과서에 자주 나오는 화폐 이야기 가운데는 태평양의 한 섬에서 지금도 사용되고 있는 돌화폐 이야기가 있다. 석기 시대도 아닌 21세기를 사는 사람들이 돌을 깎아 돈으로 만들어 쓴다면 선뜻 믿기지 않을지도 모른다. 그러나 미국의 보호령인 남태평양의 외진 섬 얍(Yap)에 사는 사람들은 최근까지도 맷돌 모양으로 깎은 석회석을 화폐로 사용하고 있다고 한다. 돌이 클수록 그만큼 더 큰 액면을 의미하는 것은 물론이다.

그렇다면 얍 섬의 사람들이나 먼 과거의 원시인들은 왜 그 무거운 돌을 화폐로 사용했을까? 많은 교과서들은 그것을 화폐란 사회적 약속이기 때문이라고 설명하고 있다. 가령 우리가 사용하는 만 원권 지폐는 실제로 만 원의 가치를 가지고 있지는 않다. 다만 우리가 그렇게 약속했을 뿐인 것처럼, 원시인들도 이 돌은 얼마, 저 돌은 또 얼마 하고 약속했다는 것이다. 얼핏 그럴듯하게 들리지 않는 것도 아니지만 이런 설명은 무엇인가 부족해 보인다. 만약 화폐가 단지 사회적 약속에 불과하다면 왜 얍 섬의 사람들은 그 무거운 돌 대신에 나뭇잎이나, 돌은 돌이되 더 가볍고 편리한 조약돌 같은 것들을 화폐로 사용하지 않은 것일까? 솔직히 나는 이 돈을 직접 본 적이 없다. 그러나 이 돌 돈을 직접 본 적이 있는 사람의 이야기에 의하면, 그 가운데 큰 것은 지름이 초등학생의 키 정도 되었고 작은 것은 우리나라의 맷돌 정도 크기였다고 한다. 이 정도면 꽤 무겁고 불편할 수밖에 없다. 만약 거래 규모가 더 커진다면 집채만 한 돌이 필요할지도 모른다. 그런데 왜?

얍 섬의 돌돈은 우리가 흔히 생각하는 것과 반대로 화폐의 본질이 화폐가 지닌 실물적인 가치에 있음을 보여주는 증거이다. 얍 섬 사람들이 돌을 화폐로 사용하는 이유는 금을 캐는 데에는 많은 노력과 비용이 들고 그래서 금이 높은 가치를 가지는 것처럼, 그 돌을 캐고 다듬는 데에는 많은 노력과 비용이 들기 때문이다. 원시인들이 조개껍질을 화폐로 사용한 것도 같은 이유에서이다. 조개껍질에 무슨 가치가 하고 생각할 분들도 계시겠지만 원시인들에게 조개는 생존을 위해 필요한 주요한 음식물 가운데 하나였다. 다만 조갯살을 화폐로 사용할 수는 없으니 그 껍질을 화폐로 사용한 것이다. 근대 이전의 사회들에서 쌀이나 베가 화폐로 사용된 것도 같은 이치에서이다. 영화 〈17포로수용소〉에서 담배가 화폐로 사용된 것도 실제로 수용소에서는 담배가 몹시 귀한 물품이기 때문이다. 우리나라에서도 가끔 교도소에서 담배 한 개비에 얼마니 하는 뉴스가 나고는 하지 않는가?

요컨대 화폐의 본질은 약속이 아니라 가치라는 것, 금융의 본질은 실물이라는 것이다. 첫머리에서 꺼낸 정승의 이야기가 진정으로 소중한 것은 나라 살림을 떠나 가난한 대장장이에게 두 닢 일거리라도 주고자 했던 그 마음이다.

Chapter 03

경제성장과 경제위기의 진실과 거짓

성장이 우리를
구원하리라?

2006년 〈이코노미스트〉가 선정한 그해의 책에 뽑히고, 〈파이낸셜 타임즈〉와 유명한 신용정보회사 골드만삭스가 공동으로 선정한 올해의 경제 관련 서적에 뽑힌 책의 제목은 『중국이 뒤흔든 세계(China Shakes the World)』이다. 제목만 얼핏 봐도 책의 내용이 대충 짐작된다. 요즘 중국 경제가 놀랍게 성장하고, 세계 경제를 앞장서서 이끌고, 머잖아 세계를 지배할 것이고……. 그런데 아니다. 이 책은 정반대의 이야기를 하고 있다. 말 그대로 중국이 세계를 흔든다는 것, 그래서 세계가 어지럽다는 이야기를 하고 있는 것이다.

몇 해 전 우리나라에서는 한밤중에 도둑들이 맨홀 뚜껑을 훔쳐가는 사건들이 자주 발생했다. 도대체 맨홀 뚜껑을 왜 훔치냐고? 철강 가격이 천정부지로 오르니 그걸 훔쳐서는 고철상에게 판다는 것이다.

그런데 이 책을 보니 그런 일이 벌어진 나라가 우리만이 아니었다. 미국의 큰 도시들에서도 그런 일이 빈번하게 일어나 밤거리를 걷던 시민들이 하수구에 빠지는 사고가 난 것이 한두 번이 아니었다고 한다. 맨홀 뚜껑만 훔쳐 가는 것이 아니다. 뉴스를 보니 어느 초등학교에서는 밤사이에 교문을 도둑맞았다고 한다. 그렇다면 이토록 고철 가격이 폭등한 이유는 무엇일까? 중국의 고도성장이 국제 원자재시장에서 공급 부족을 초래했기 때문이다. 고철뿐만이 아니다. 거의 모든 원자재, 에너지, 곡물시장에 심각하게 벌어진 사태이다.

중국의 고도성장과 맨홀 뚜껑의 이야기는 "과연 성장이 좋은 것이기만 한가?"라는 질문을 우리에게 던진다. 한 나라의 경제력을 나타내는 몇 가지 기본적인 지표들이 있다. 흔히 펀더멘털(fundamental)이 어쩌고 할 때 곧잘 인용되는 지표들인데 바로 물가, 실업률, 국제 수지 등이다. 이 가운데서도 가장 기본적인 지수는 역시 국민소득과 성장률이다. 국민소득은 우리 경제의 규모가 얼마나 큰가를 말해주며, 성장률이란 작년보다 우리 경제규모가 얼마나 커졌는가를 말해준다. 그런데 이 국민소득이라는 개념은 평균의 개념이다. 1인당 국민소득이 더 그런 사실을 잘 보여주지만 그냥 국민소득이라고 할 때도 마찬가지다. 국민의 수로 나누면 같은 이야기가 되지 않는가?

애덤 스미스로부터 존 스튜어트 밀에 이르기까지 고전학파 경제학자들은 공통적으로 공리주의자였다. 오해는 하지 말자. 흔히 공리주의의 아버지로 불리는 제레미 벤담(Jeremy Bentham, 1748~1832)은 애덤 스미스보다는 후대의 인물이다. 사고방식이 그렇다는 것이다. 물론 제임스 밀이나 그의 아들은 철저한 벤담주의자였다. 아무튼 중요한 것은 그 사고방식이다. 우리 속담에 '내 손톱 밑에 가시 박힌 것은 알지만 남의 염통에 말뚝 박힌 것은 모른다' 는 말이 있다. 너무 분개하지는 말자. 남의 일이니 그토록 분개하지만 당신이라고 안 그런가? 그렇다고 오해하지도 말자. 경제학은 단지 이렇게 말할 뿐이다. 꼭 염통에 박힌 말뚝이 손톱 밑의 가시보다 더 아프다고 말할 수 있는가? 그건 사람 따라 다르지 않느냐는 말이다. 그러니 주관적인 이야기는 잠시 접어두고 객관적으로 이야기할 수 있는 행복에 대해서만 이야기하자는 것이다.

선진국이라고 빈곤문제나 범죄니 마약이니 하는 다른 사회문제가 없는 것은 아니다. 더러는 오히려 선진국이기 때문에 생기는 문제들도 적지 않다. 그러나 극도의 빈곤상태에 있는 국민들의 비참한 삶을 보고 나면 선진국 국민이라고 반드시 행복한 것은 아니니 어쩌니 하는 소리는 쑥 들어가고 만다. 한마디로 배부른 소리다. 배가 고파 보면 헛소리인 줄 안다. 우리 옛말에 '사흘 굶고 담 넘지 않는 놈 없다' 고 했다. 거꾸로 말한다면 밥이라도 제때 먹이면 웬만해서는 남의 담은 넘지 않는다는 뜻이겠다. 사회문제를 해결하는 만능의 방책은 아니겠지만, 우리가 아는 것 가운데 가장 좋은, 그리고 가장 효과적인 방책은 성장이다.

중국은 국민소득도 많고 성장률도 높은 나라이다. 그러나 1인당 국민소득은 아직 낮은 나라이다. 다시 말하면 여전히 더 성장해야 할 나라라는 것이다. 물론 중국의 인구가 13억이나 되다보니 그 규모가 너무 크기는 하다. 그래서 세계 경제는 어지럽다고 아우성이다. 하지만 중국 사람들에게도 국민소득 1만 달러의 생활을 누릴 권리는 있지 않을까? 우리는 네팔이나 스리랑카에 가서 참 자연이 아름답다고 말한다. 그래서 이 자연을 영원히 보존하자고 말할 수도 있다. 하지만 마찬가지로 네팔 국민들도 국민 소득 2만 달러의 생활을 누릴 권리가 있지 않은가? 자기는 컬러 TV와 휴대전화와 자동차를 누리면서 네팔 국민들은 자연만 누리라고 말하는 것은 선진국 배부른 국민들의 오만인 것이다. 미국 사람들 이야기냐고? 아니다, 한국 사람들 이야기다.

불치하문
不 恥 下 問

노무현 정부 막바지 어느 날의 일이다. 한 신문을 보니 전문가라는 분이 쓴 인도를 배우라는 내용의 칼럼이 크게 실렸다. 무슨 내용인가 하고 보았더니 인도에서는 경제성장으로 한 해 천만 명이 넘는 중산층이 생기고 있는데, 우리나라에서는 빈곤층이 늘어나고 있다는 이야기였다. 앞에서 통계의 기술을 이야기하면서도 비슷한 이야기를 했지만, 이것이 바로 '작업의 비밀'이다. 물론 인도 경제가 요즘 잘나가는 것이 사실이다. 중국이 최근 여러 해 동안 약 9퍼센트 이상의 높은 성장률을 기록할 때 인도도 연평균 7퍼센트의 성장률을 기록하고 있다. 말이 쉽지 십수 년 동안이나 그 정도의 성장률을 달성한다는 것은 대단히 어려운 일이다. 게다가 작은 나라라면 또 다를지 모르지만, 인구가 10억이 넘는 나라가 그 정도의 성장률을 달성한다는 것은 더욱 어려운 일이다. 그래서 나도 요즘 인도 경제를 공부하고 있다.

그러나 인도는 이제 겨우 1인당 국민소득이 1,000달러를 막 넘긴 나라이다. 빈부 격차가 심한 나라인 만큼 엄청난 부자도 셀 수 없이 많다. 영화에서나 봤던 붉은 양탄자 깔고 걷는 모습, 나도 봤다. 하지만 1인당 국민소득이라는 개념이 그렇듯이 중산층이라는 개념도 공리주의적인 평균치에 불과하다. 인도에서 중산층이라고 하면 대개 평균 소득 3,000달러 정도를 의미한다. 그래도 인도 평균인 1인당 국민소득의 세 배인 셈이다. 하지만 우리나라의 중산층은 1인당 국민소득의 세 배가 아니라 꼭 그만큼만 계산해도 2만 달러는 되어야 한다. 말하자면 그 언론은 소득 2만 달러의 중산층을 향해 소득 3,000달러의 중산층을 배우고 따르라고 말하고 있는 것이다. 하지만 소득 3,000달러의 중산층 천만 명 만드는 것쯤은 누구나 할 수 있다. 지금 이명박 정부가 하고 있는 일이 바로 그것 아닌가?

공자님이 어느 지방의 제사에 참가하셨을 때의 일이다. 그 지방의 예법에 익숙하지 않았던 공자님, 세세한 것까지 그 지방 사람들에게 일일이 물어서 실행하셨다. 그 모습을 본 어느 잡놈이 말하기를 '공사라는 사람은 예법에 밝다디니 정작 보니 아무 것도 모른다' 고 하는 것이다. 그래서 공자님이 젊잖게 한 말씀 하셨다. 아랫사람에게 묻는 것을 부끄러워하지 말라고. 유식한 말로 불치하문(不恥下問)이다. 서양 사람 소크라테스도 비슷한 말씀을 하셨다. 악법도 법이라고? 어허, 아는 체하지 말라니까. 악법은 악이지⋯⋯. 소크라테스 말씀하시기를 '모르는 것은 모른다고 하는 것이 진정으로 아는 것이다' 그러셨다. 요컨대 인도가 우리보다 1인당 국민소득이 적으니까 무시하자는 것이 아니라는 말씀이다. 인도에서 배울 것은 배워야지. 하지만 정작 인도 사람들에게 물어보면 금세 알 수 있다. 그 사람들이 한국을 얼마나 부러워하는지.

앞서 이야기한 경우는 누가 봐도 고의적이지만 사실 전문가라는 분들 가운데는 무심코 비슷한 실수를 저지르는 경우도 많다. 다시 인도 이야기를 하자면 솔직히 우리나라에서 인도 전문가는 그다지 많지 않다. 그나마 철학이나 문학 분야는 좀 다르지만 경제 분야는 더 그렇다. 그 가운데 이름만 대면 아는 사람은 다 아는 한 분이 어느 강연에서 이렇게 말씀하셨다. 요즘 인도 경제를 선도하는 것은 정보통신산업, 즉 IT 분야인데, 이 분야의 인재들이 미국에 가서 번 돈을 다시 고국에 보내는 액수가 엄청나다는 것이다. 그러니 우리도 인재를 키워서 외국으로 보내야 한다는 것이 이 분의 강연 요지였다. 좋은 말씀이다. 그러나 우리나라는 이미 1960년대부터 독일에 간호사도 보내고 광부도 보냈다. 1970년대에는 저 뜨거운 중동에 건설 노동자도 보냈다. 그분들이 첨단산업의 인재들은 아니지 않느냐고? 그때는 건설이 첨단산업이었다. 첨단산업이 맞건 아니건 그 돈으로 우리 경제가 이만큼 성장했다. 물론 지금도 숱한 인재들이 해외에 나가 있다. 안타깝게도 그 중에 대부분은 돈을 부치기는커녕 부모 등골만 빼먹으니 문제지만 말이다.

　인도는 해외 거주 인도인들(Non-Resident Indians)이 송금하는 달러가 경제에서 차지하는 비중이 매우 크다. 요즘 이들의 주요 분야는 IT산업이다. 그러나 인도라고 처음부터 IT산업의 인재들이 해외로 나간 것이 아니다. 1970년대에는 인도에서도 해외 송금의 가장 큰 분야는 중동의 건설산업이었다. 건설이냐 IT냐의 문제가 중요한 차이는 아니라는 이야기다. 더 중요한 차이점은 요즘 한국 경제는 소득은 물론 특히 수출의 규모가 매우 커져서 그 정도의 달러 송금이 그다지 표 나지 않는데 반해 인도에서는 그것이 아직도 매우 중요한 비중을 차지할 수밖에 없다는 사실이다. 즉, 인도에서는 인재들이 달러를 송금해서 경제 성장률이 높으니 우리도 그것을 배워야 한다는 주장은 나무는 보지만 숲을 보지 못하는, 한국 경제의 성장과정과 지금의 문제에 대해 잘 알지 못하는 반풍수 전문가의 실수에서 나온 말씀이다. 불치하문은 미덕이고 아는 건 힘이지만, 어설프게 아는 걸로 자랑하려고 들면 망신 사기 십상이다.

불황은
왜 오는가

불황을 좋아하는 사람은 없다? 정말일까? 아니다. 불황을 좋아하는 사람도 있다. 어떤 조건, 어떤 상황에서건 손해를 보는 사람이 있으면 이익을 보는 사람도 있기 때문이다. 가령 평소에는 10억 가진 서민들 때문에 골프장에서 부킹하기 어려웠는데 불황이 되니 언제든 필드에 나갈 수 있어서 좋다는 사람도 있을 것이다. 벤츠 몰고 오랜만에 시내에 나갔더니 티코부터 그랜저까지 온갖 국산차 몰고 나온 서민들 때문에 영 운전하기 어려웠는데 불황이라 다들 버스 · 지하철 타고 다니니 얼마나 좋으냐는 사람도 있을 것이다. 또한 불황 탓에 강남 빌딩 가격이 반값으로 떨어진 김에 댓 채 샀다는 이들도 없지 않을 것이다. 그러나 이런 분들은 보통사람이 아니다. 대부분의 보통사람들은 불황을 좋아하지 않는다.

많은 사람들이 좋아하지도 않는데, 불황은 왜 오는 것일까? 불황이 있는 이유는 호황이 있기 때문이다. 농담이 아니다. 내가 한 말이 아니라 미첼(Wesley Clair Mitchell, 1874~1946)이라는 유명한 경제학자가 한 말이다. 누군지 궁금하다면 이 책 어딘가를 잘 찾아보라.

불황이란 재고 처리와 같은 것이다. 경기가 좋아서 물건이 잘 팔리면 기업은 공장을 더 짓고 기계를 더 들여오게 된다. 생산은 자꾸 늘어나고 판매도 늘어난다. 그러나 경기가 아무리 좋아도 사람들의 소비에는 일정한 한계가 있기 마련이다. 만드는 대로 물건이 나가고 마치 없어서 못 파는 것처럼 보이지만, 판매가 늘어나는 정도보다 생산이 늘어나는 정도가 더 빠르면 어느새 조금씩 재고가 쌓이게 된다. 단지 지금 당장 경기가 좋으니 아무도 그것을 눈치 채지 못하고 있을 뿐이다. 그러다 어느 순간 문득 창고 문을 열어보니 재고가 천장까지 쌓여 있다. 당연히 기업은 생산을 축소하고 재고 처리에 나선다. 하지만 그래도 재고는 줄어들지 않는다. 이제 기업은 아예 생산을 중단하고, 노동자들은 해고된다. 가격은 당연히 하락하고 재고가 완전히 정리될 때까지 폭탄 세일부터 시작해서 창고 대방출, 눈물의 땡 처리까지 온갖 수단이 동원된다.

불황이란 바로 이런 과정이 한 기업이 아니라 국민경제 전체에서 벌어지는 것이다. 호황기에 과다하게 투자된 생산능력이 수요를 초과하면 불황이 시작된다. 호황이 불황의 원인이라는 말은 이런 의미이다. 그렇다면 호황기에 적당히 투자하면 되지 않는가? 모든 자본가는 단지 자신이 무엇을 얼마나 투자하고 생산할 것인가 하는 문제만을 계획하고 결정할 수 있을 뿐이다. 시장의 무정부성 때문에 어떤 자본가도 시장 전체의 공급과 수요를 계산하고 조정할 수는 없다. 쉽게 말해서 모든 자본가는 하나라도 더 자기 물건을 팔아먹을 궁리만 하기 때문에 시장 전체적으로는 언제나 과잉공급이 일어나는 것이다.

불황이란 왜 나쁜 것일까? 이런 질문을 받으면 경제학을 전공하지 않는 사람일지라도 금방 실업자가 늘기 때문이라고 대답할 것이다. 실업과 기업의 도산은 불황의 가장 나쁜 효과이다. 그렇다면 불황의 좋은 점은 무엇일까? 불황에도 좋은 점이 있는가? 당연히 있다. 가격이 하락한다는 것이다. 물론 어떤 불황에는 가격이 상승하기도 한다. 요즘도 불황인데 물가는 왜 이렇게 오르느냐고 걱정하는 서민들이 많다. 대개의 경우 불황기에 가격이 하락하는 이유는 수요가 줄기 때문이다. 물건이 안 팔리니 가격은 떨어질 수밖에.

그러나 가격을 결정하는 요소는 수요만 있는 것이 아니라 공급도 있는 법이다. 아무리 수요가 줄어도 공급자들이 가격을 낮추기 어려운 경우도 있다. 비용이 올랐기 때문이다. 너무 물건이 안 팔릴 때는 원가 이하로 판매하는 경우도 있지만 아무래도 비용이 오른다면 물가는 오르게 마련이다. 특히 원유나 원자재 가격이 갑자기 폭등하는 경우에는 물가 상승을 막을 길이 없다. 1970년대 석유 파동이 그 대표적인 예이다. 요즘 경제가 어려운 이유도 여기에 있다. 최근 세계 경제는 극심한 불황이면서도 원유 가격, 곡물 가격 등은 가파를 정도로 오르고 있다. 경기는 불황인데 물가는 오히려 오르는 이유이다. 나쁜 일은 혼자 오지 않는다는 징크스는 여기에도 적용된다. 이러니 보통사람들이 불황을 싫어하는 것은 당연한 일이다.

계란 한 알
얼마요?

요즘은 계란 한 알 먹는 것이 그리 고민스럽지 않은 일이다. 냉장고를 열면 언제나 계란이 한 줄 넘게 들어 있기 때문이다. 바쁜 아침, 적당한 반찬이 없으면 마누라가 늘 하는 반찬이 계란프라이요 계란찜이다. 하지만 내가 초등학생일 때는 계란찜이란 게 귀하디귀한 반찬이었다. 한강의 기적을 이루었다는 고등학생 시절에도 계란프라이를 도시락에 넣어오는 친구는 한 학급에 한두 명이었다. 우리 마누라는 지금도 옛적에 장모님이 처남 밥그릇에만 몰래 계란을 넣어주던 이야기를 한다. 하지만 대한민국 딸들은 다 안다. 그렇게 아들에게만 몰래 계란 먹여봐야 별 볼 일 없다는 것을.

신문을 보니 짐바브웨라는 나라에서는 계란 한 알 값이 1억5,000만 달러까지 올랐다고 한다. 물론 여기서 달러라는 것은 그 나라의 화폐 단위를 말한다. 짐바브웨의 환율이 얼마나 되는지는 모르겠지만 계란 한 알에 억 소리가 난다면 이건 보통 심각한 일이 아니다. 도대체 계란 한 알 사기 위해 지폐를 몇 장이나 들고 가야 할까? 물론 1억5,000만 달러짜리 한 장이면 된다. 그런데 짐바브웨가 어디 있지?

불황의 나쁜 점은 실업이다. 그렇다면 호황의 나쁜 점은 무엇일까? 좋은 게 좋다고 경기만 좋으면 다 좋지, 경기가 좋은데 무슨 나쁜 점이 있냐고? 있다. 바로 인플레이션이다. 다들 아시겠지만 물가가 오르는 현상을 인플레이션이라고 한다. 물론 오늘도 실업의 공포에 떨고 있는 노동자들의 입장에서는 '물가가 좀 오른들 어떠랴 경기만 좀 좋아졌으면' 하고 바랄 것이다. 나도 그렇다. 그러나 대부분의 경제학자들은 실업보다 인플레이션을 더 나쁜 문제로 본다. 대학 교수는 철밥통이 있으니까 그럴까? 그런 점도 없지 않을는지 모르겠다. 그러나 경제학자들이 그렇게 생각하는 더 중요한 이유는, 실업은 당사자만의 고통이지만 인플레이션은 모든 경제 주체들에게 공통된 문제이기 때문이다.

경제학이란 게 좀 냉정한 학문이다. 한마디로 인정머리가 없다. 그런 점을 이해하고 듣자. 실업은 매우 큰 고통이다. 그러나 당사자만 고통스럽다. 그러나 인플레이션은 모든 소비자들의 구매력을 감소시키고, 자원 배분을 왜곡시키고, 소득 분배를 악화시킨다. 그러니 이게 더 심각한 문제라는 것이다. 내가 그런 게 아니다. 경제학 교과서에 그렇게 나와 있다. 물론 인플레이션이라고 모든 사람이 손해를 보는 것은 아니다. 당연히 이익을 보는 사람도 있다. 누가? 인플레이션이란 물가, 즉 물건의 가치는 오르고 돈의 가치는 떨어진다는 뜻이다. 따라서 인플레이션 때는 돈을 가진 사람이 손해를 보고 물건을 가진 사람이 이익을 본다. 돈 가진 사람? 누구? 이 아무개 회장님? 정 아무개 회장님? 아니다. 그분들은 물건 가진 사람들이다. 돈 가진 사람이란 바로 월급 받아 호구지책을 삼는 여러분들이다. 물가가 올랐다고 월급이 그만큼 오르던가? 절대 그렇지 않다. 그러니 월급쟁이들, 연금이나 저축으로 사는 은퇴자들, 일용직들, 생활보호 대상자들이 더 고통 받는 것이다. 반면에 기업들, 상인들, 부동산 가진 분들은 물가가 오를수록 앉아서 이익이다. 그래서 인플레이션이 소득 분배를 악화시킨다는 것이다. 그렇다면 인플레이션 때는 자원이 어디로 갈까? 당연히 부동산투기 같은 곳으로 몰리게 마련이다. 부동산으로 성이 안 차면 골동품이니 미술품이니 하는 곳으로 투기 바람이 분다. 인플레이션이 자원 배분을 악화시키고 국민경제의 효율성을 저하시키는 이유이다.

그런데 물가가 오르는 데도 다양한 이유가 있다. 우리가 흔히 인플레이션이라고 부르는 현상은 경기가 좋아서, 수요가 많아서, 서로 물건을 사려고 하니까 가격이 오르는 경우이다. 이런 인플레이션을 '수요 견인 인플레이션' 이라고 한다. 수요가 당겼다는 뜻이다. 반대로 앞에서도 이야기한 것처럼 불황인데도 물가는 오르는 경우가 있다. 비용이 늘어서 그렇다. 이런 현상을 '비용 압박 인플레이션'이라고 부른다. 비용이 밀었다는 뜻이다. 지금은 사라졌지만 한때 출근길 지하철에 없어서는 안 될 존재였던 푸시맨을 생각해보시라. 미는데 안 밀릴 재간이 있는가?

인플레이션의 원인이 중요한 것은 원인에 따라 대책도 달라져야 하기 때문이다. 수요 견인 인플레이션은 정부가 돈을 줄이는 정책을 쓴다. 그러나 비용 압박 인플레이션에 돈을 줄이면 불경기는 더 심해진다. 그렇다고 돈을 풀면 인플레이션을 잡을 수 없다. 반대로 생각하면 불황일 때는 대개 정부가 돈을 푸는 정책을 쓴다. 삽질이라도 안 하는 것보다는 낫다는 주장이다. 그러나 비용 때문에 물가가 함께 오르는 불황, 우리가 흔히 스태그플레이션이라고 부르는 현상일 때는 그냥 돈을 푸는 것으로는 안 된다. 자원을 효율적으로 배분하고 생산성을 높여서 비용을 낮추는 정책을 써야 한다. 이런 이치를 제대로 알았더라면 강만수 전 장관이 아직 그 자리에 있었을 텐데……. 경제정책을 맡은 분들로서는 이렇게 항변할 만도 하다. "케인스도 못 막은 문제를 나더러 어떡하라고?" 하지만 그걸 해결하라고 그 자리에 앉혀주는 것이다.

나쁜 일은
혼자 오지 않는다

인플레이션과 실업에 대해서 좀더 이야기해보자. 오쿤(Arthur Melvin Okun, 1928~1980)이라는 별로 유명하지 않은 경제학자가 있다. 별로 유명하지 않다면서 왜 그 이름을 꺼내느냐고? 이 양반이 역사에 길이 남을 발명을 했기 때문이다. 바로 고통지수(misery index)라는 것이다. 기상청에서 예보하는 불쾌지수와 같은 원리이다. 그냥 더운 날보다 습도가 높고 더운 날이 더 불쾌한 것처럼, 물가 상승률과 실업률을 합해서 국민들이 피부로 느끼는 경제적 고통을 수치로 나타낸 것이 바로 고통지수이다. 원래는 여기에 성장률을 빼서 계산하는 것이 옳지만 요즘은 대개 그냥 한다. 중요한 것은 고통이니까.

인플레이션과 실업 가운데 어느 것이 더 고통스러운가 하는 질문에 정답은 없다. 그러나 '자라 보고 놀란 가슴 솥뚜껑 보고도 놀란다'

는 식으로, 대개 경제적 고통을 얼마나 심각하게 느끼는가는 그 나라 경제의 경험에 따르는 경우가 많다. 1960~70년대 우리나라는 고도성장을 해온 덕분에 실업문제가 심각했던 적은 별로 없다. 반면 이 시대에는 물가 상승률이 매우 높았기 때문에 우리 국민들은 인플레이션에 대해서는 항상 경계심을 가져왔다. 이러한 인식이 역전된 것은 바로 외환위기 때부터이다. 정리해고니 명예퇴직이니 하는 현상이 대규모로 일어나고, 평생직장 개념이 사라지면서 우리 국민들은 인플레이션보다 실업이 더 고통스럽다고 생각하기 시작한 것이다. 물론 이 문제에 정답은 없다.

과거의 경기 변동은 그나마 편했던 것 같다. 한 가지 나쁜 일이 생기면 다른 한 가지는 좋은 일이 일어났으니 말이다. 인플레이션이 올 때는 호황이 함께 왔고 실업, 즉 불황이 올 때는 물가나마 떨어졌다. 거꾸로 보면 실업과 물가를 동시에 잡을 수는 없다는 의미도 된다. 그래서 경제학자들이 자주 쓰는 말이 두 마리 토끼를 동시에 잡을 수는 없다는 것이다. 여기에 국제 수지를 넣어 세 마리 토끼라고 말하기도 한다. 그런데 요즘에는 불황과 인플레이션이 함께 온다. 이런 현상이 본격적으로 나타나기 시작한 것은 바로 석유 파동 때부터이다. 앞에서 이야기한 비용 압박 인플레이션은 스태그플레이션의 가장 주요한 원인이다. 비용이 오르니 가격이 오르면서 생산은 감소하기 때문이다. 그러나 두 가지는 같은 의미가 아니다. 스태그플레이션의 다른 원인으로는 시장에서 독점기업들의 지배력이 더욱 커진 것도 있다. 경쟁시장에서는 수요가 감소하면 당연히 가격이 하락하기 마련이지만, 독점기업들은 불황에서도 가격을 인하하지 않기 때문이다. 정부의 일상적인 경제 개입으로 불황의 순기능이 작용하지 않은 이유도 있겠다. 내가 '지연된 공황'이라고 부르는 현상이다. 불황, 그 중에서도 가장 심각한 공황에 순기능이 있다고? 땡 처리는 고통스럽지만 그렇게 해서라도 과잉된 투자를 정리함으로써 다시 호황을 향해 나아가게 해주는 것이 공황의 순기능이다. 좀 거칠게 표현하면 과식을 했을 때는 한 방에 토해 버리면 시원할 텐데, 소화제만 먹어대니 속은 안 내려가고 계속 더부룩하기만 한 것이다.

케인스는 당연히 스태그플레이션에 대해서 몰랐다. 그때는 이런 현상이 없었으니까. 그렇다면 오늘날의 경제학자들은 이런 현상을 해결하지 못하고 무엇을 하고 있을까? 이미 삼십수 년 전에 로빈슨(Joan Violet Robinson, 1903~1983) 여사는 '경제학 제2의 위기'라는 강연에서 경제학자들의 무능함을 비판한 적 있다. 경제학 제1의 위기, 즉 기존의 경제학이 해결하지 못한 대공황과 같은 사태는 케인스가 새로운 경제학을 제시함으로써 해결했는데, 그렇다면 그 이후 나타난 새로운 문제들은 도대체 누가 해결할 것이냐는 이야기이다.

절망과
희망 사이

황당한 일이다. 요즘 경제가 어려워서 실업자가 늘어나고 있다는 사실은 모르는 이가 없는데, 신문을 보니 통계상의 실업자는 오히려 줄었단다. 어떻게 이런 일이? 틀림없이 청와대가 통계를 조작했을 것이라고 믿는 독자들도 많이 계실 것이다. 요즘 청와대가 하는 꼴을 보면 그런 정도의 일은 눈 하나 깜짝 않고 할 수 있을 것 같기도 하다. 그러나 아니다. 청와대가 직접 하지는 않았지만 당연히 그 밑에 있는 누군가가 했을 것이라고? 역시 아니다. 이것은 통계의 조작이 아니라 통계의 기술에 관련된 문제이다.

보통사람들이 생각하는 실업자란 한마디로 백수를 의미한다. 그러나 통계적으로 실업자로 분류되는 사람들은 좀더 엄격한 자격을 필요로 한다. 실업자가 되는 데도 자격이 필요하다니 이상한가? 미안하지만 많이 필요하다. 우선 실업자가 되려면 경제활동 인구에 포함되어야 한다. 어린이와 노인은 당연히 아니다. 주부와 학생도 빠진다. 교도소에 계신 형님들, 전방에서 뺑뺑이 도는 군인 아저씨들도 제외다. 그런데 만약 우리 어머니가 마트에 취업을 하시면? 당연히 취업자 통계에는 포함된다. 실업률을 낮추는데 기여하시는 것이다. 그러다 다시 실직하시면? 통계에서 빠지는 것이다. 실업자 수가 낮아졌다는 이야기의 이면에는 비경제활동 인구가 1,600만 명이 넘는다는 현실이 숨어 있다.

두 번째 자격은 더욱 까다롭다. 실업자 통계에 포함되려면 자발적 실업자여서는 안 되고 비자발적 실업자여야 한다. 자발적으로 실업자가 되는 미친놈도 있느냐고? 미친놈은 아니지만 한가한 놈은 많다. 야타족, 오렌지족 이런 분들 말이다. 물론 룸살롱 가기 바빠서 취업 못 하시는 분들만 자발적 실업자인 것은 아니다. 다른 일을 준비하려고 취업을 미룬 분들도 자발적 실업자이다. 그렇다면 자발적인지 아닌지 구분하는 방법은 무엇인가? 간단히 설명하면 구직활동, 즉 일자리를 구하러 다녔는가 아닌가로 구분한다. 이력서를 넣는다거나 면접을 본다거나 이런 활동을 한 사람은 일할 의사가 있지만 취업하지 못한 사람으로 본다. 그러나 일정한 기간 동안 구직활동을 하지 않았다면 취업할 의사가 없는 사람으로 본다. 그래서 실업자 통계에서 빠지는 것이다. 이 일정한 기간이 국제노동기구(ILO) 기준은 1주이고, OECD에서는 4주이다. 예전에 우리나라는 ILO 기준으로 실업 통계를 작성했으나 2005년부터는 OECD 기준을 채택하고 있다. 믿기지는 않지만.

아무튼 문제는 여기서 일어난다. 지난 일주일 혹은 한 달 동안 전혀 구직활동을 하지 않은 사람들은 모두 취업할 의사가 없었을까? 실은 이들의 대부분은 분명 취업할 의사는 있지만 아예 구직활동조차도 포기한 사람들이다. 아무리 이력서 넣어봐야 가방끈이 짧아서, 혹은 지방 대학 출신이어서, 혹은 여자라서, 혹은 장애인이라서 취업이 안 되다보니 아예 포기한 사람들 말이다. 경제학에서는 이들을 '실망 실업자' 라고 부른다. 한 서른 군데 이력서 넣고도 안 되면 누구나 포기한다. 이런 사람이 설마 그렇게 많겠냐고? 신문을 보니 대학생 절반이 취업을 포기했단다. 이력서 한 번 넣어보기도 전에 벌써 말이다.

아는 척 한 번 하자. 덴마크의 실존주의 철학자 키르케고르(Søren Aabye Kierkegaard, 1813~1855)는 『죽음에 이르는 병』이라는 책에서 인간의 가장 실존적인 문제는 자살이며 인간을 자살, 즉 죽음에 이르게 하는 병은 바로 절망이라고 말했다. 그렇다. 인간을 자살에 이르게 하는 것은 바로 절망이다. 경제가 어렵다는 사실도, 신용 불량자라는 사실도, 내가 처한 환경이 너무나 빈곤하다는 사실도 그것이 사람을 절망케 하지 않는다면 그들은 자살이라는 극단적인 방법을 선택하지는 않을 것이다. 노숙자문제가 매우 심각했던 외환위기 당시 어느 TV 프로그램에서 한 가족의 이야기를 보았다. 이 가족은 가장의 실직으로 집을 잃고 서울의 어느 공원에서 텐트를 치고 구호 단체에서 주는 무료 급식으로 생활하고 있었다. 마침 그날은 아버지가 막노동으로 얼마의 돈을 벌어와 돼지고기를 구워 먹는데, 이제 겨우 초등학교에 들어갈 나이인 아이가 이렇게 말하는 것이다. "아빠, 내일은 ○○공원 가? ○○공원 가면 밥 줘?"

말로 표현할 수 없을 만큼 가슴 아픈 장면이었다. 어떤 이유에서건 어린 아이들을 굶긴다는 것은, 그들이 받아야 할 적절한 보호를 해주지 못한다는 것은 죄악이다. 한편으로는 참으로 가슴 아팠지만 다른 한편으로 그 아이의 천진한 목소리에서 나는 희망을 느꼈다. 그토록 어려운 환경 속에서도 아이는 절망하고 있지 않았기 때문이다. 단순히 아직 절망을 모를 어린 나이였기 때문일까? 그래서 내일 밥을 먹을 수 있다는 사실만으로도 아이는 행복할 수 있었던 것일까? 아니다. 그런 환경 속에서도 아이가 행복할 수 있었던 것은 내일 밥을 먹을 수 있다는 사실이 아니라 오늘 가족과 함께 있다는 사실 때문일 것이다.

위장의
시대

초등학교로 바뀐 지 꽤 오래 되었건만 아직도 나에게는 국민학교라는 이름이 더 익숙하다. 아마 내 또래들은 대부분 그럴 것이다. 한 시대에는 그 시대의 언어가 있어서, 세대가 다른 사람들은 알아듣기 힘든 경우가 종종 있다. 나이 든 사람들에게 새로운 언어가 낯선 것처럼 젊고 어린 사람들에게는 아마도 오래되어 지금은 잘 쓰이지 않는 단어들이 낯설 것이다. 초등학교의 경우와는 다르지만 1980년대 중후반 우리 사회에서 자주 쓰인 말 가운데는 위장 취업이라는 말이 있다. 학력을 속이고 취업한다는 이야기다. '아하, 신 아무개 이야기구나' 하실 분도 계시겠지만, 그 반대다. 학력을 높여서 좋은 곳에 취업한다는 말이 아니라 대학생들이 학력을 속여서 생산직에 취업한다는 이야기다. 아무튼 그것이 위장 어쩌고 하는 간첩단사건에나 나올 법한 무시무시한 이름을 붙여야 할 만큼 큰 잘못인지는 모르겠다. 형법상으로는 '사문서 위조죄'란다. 이력서를 가짜로 적었다는 죄다.

그런데 위장 취업자만 있는 것이 아니라 위장 실업자도 있다. 이건 또 무슨 무시무시한 이야기냐고? 실업자 통계가 우리가 피부로 느끼는 것과 왜 다른가를 설명하려는 것이다. 요즘 책에는 잠재 실업자라는 말이 더 자주 쓰인다. 옛날, 지금보다 우리나라가 훨씬 더 가난하고 산업화가 아직 덜 되었던 시절에 우리 국민들의 대부분은 농촌에 살았다. 그런데 가난한 농민이 땅이 있다고 해봐야 얼마나 있었겠는가? 겨우 열 평 남짓한 자갈밭에 식구는 여덟이나 된다. 입 하나 줄여보자고 아직 어린 딸아이를 버스 차장으로, 식모로 보내던 시절이었다. 그런데 취업조사를 하면 여덟 식구가 모두 취업자이다. 직업란에 모두 '농업'이라고 적기 때문이다. 밭 열 평에 마늘 농사짓는 데는 노동력이 한 명이면 족하다. 하지만 그렇다고 다른 식구들은 모두 놀 수는 없지 않은가? 그래서 여덟 식구가 모두 일한다. 일곱 명은 사실상 실업자나 다름없지만 통계에는 모두 농업 취업자인 것이다.

이런 착시현상은 도시의 공장에서는 거의 일어나지 않는다. 기업에도 사실상 불필요한 노동력이 전혀 없지는 않겠지만, 대개의 경우 기업이라면 불필요한 인원은 해고시킬 것이다. 도시에서는 자영업에서 이런 착시현상이 자주 나타난다. 두 평 남짓한 구멍가게에 취직 안 되는 큰 아들, 작은 딸이 하릴없이 앉아 있는데, 통계청에서 조사를 나왔다. "직업이 뭡니까?" "자영업이오." 모두 위장 취업, 아니 위장 실업자들이다.

위장 실업자와는 또 다르지만, 자발적 실업자 가운데도 실은 위장된 자발이 많다. 가령 도서관에 앉아서 공무원 시험공부를 하는 학생들 가운데는 취업이 쉽게 된다면 굳이 공무원 시험공부 같은 것은 안 하고 싶은 학생도 많을 것이다. 그러나 취업이 안 되다보니 팔자에 없는 공무원 시험에 목을 매게 된 것이다. 대학원에 오는 학생들 가운데도 이런 학생들이 적지 않다. 대학원은 학문을 직업으로 하겠다는 사람들이 가는 곳 아니냐고 물으면 아마추어 소리 듣는다. 요즘 대학원은 취업 대기소이다. 공무원 시험보다는 대학원이 더 폼 나기는 한다. 가령 명절 때 모인 친척들이 너는 뭐 하느냐고 물었을 때 말이다. 다만 별 것 아닌 장점에 비해 단점이 심각하다는 것이 문제라면 문제겠다. 단점이 뭐냐고? 돈이 더 든다는 것. 그리고 졸업해봐야 별 볼 일 없다는 것.

왜 나라마다
실업률이 다른가

우리나라의 실업자 수가 백만 명을 넘는다고 한다. 대단한 숫자다. 실업률은 4퍼센트에 이르고 특히 청년 실업률은 9퍼센트에 달한다고 한다. 그렇다면 미국의 실업률은 얼마나 될까? 대충 8퍼센트 정도이다. 우리나라의 두 배나 되는 숫자이다. 역시 큰 나라는 실업률도 높다. 그런데 미국이든 한국이든 요즘 세계 경제가 워낙 어렵다보니 실업률이 이처럼 높아질 수밖에 없다는 점을 감안할 필요가 있다. 보통의 경우라면 두 나라의 실업률은 얼마나 될까? 우리나라는 2~3퍼센트 정도이고 미국의 경우는 아주 호경기에도 4~5퍼센트는 넘는 것이 보통이다. 역시 우리나라의 두 배는 된다는 이야기이다. 의문은 여기서부터 시작된다. 하나는 왜 미국의 실업률은 한국보다 높은가 하는 것이고, 다른 하나는 그렇다면 과연 미국의 실업문제는 한국보다 두 배나 심각할까 하는 것이다.

케인스의 시대 이후 뒤 다음 세대 경제학자들 가운데서 가장 유명한 사람은 누구일까? 프리드먼(Milton Friedman, 1912~2006)이라는 분이다. 어디서 들어본 것 같다고? 요즘 이름 같은 다른 분이 책 좀 팔고 계시다. 그분은 토머스고, 지금 이야기하는 분은 밀턴이다. 실은 이 양반이 진짜 유명한 분이다. 케인스의 경제학을 비판하면서 프리드먼은 통화주의라는 새로운 경제학의 조류를 만들어냈다. 새 고전파 경제학이라고도 부른다. 아무튼 프리드먼의 주요한 이론 가운데 하나가 바로 '자연 실업률 가설' 이다.

흔히 완전고용이라고 하면 실업률이 0퍼센트라는 의미로 이해하기 쉽다. 그러나 완전고용상태라고 해서 정말 우리나라의 모든 노동자가 완전히 고용되어 실업자가 하나도 없는 상태인 것은 아니다. 아무리 경제 상황이 좋다고 해도 실업률이 0퍼센트로 떨어지는 것은 불가능하다. 왜냐하면 어떤 경제 상황에서건 마찰적 실업자는 항상 존재하기 때문이다. 좋은 일자리를 찾거나 직장을 바꾸는 과정에서 일시적으로 실업상태에 처해 있는 사람들 말이다. 쉽게 말하면 자연 실업률은 바로 마찰적 실업자만 있는 상태라고 이해할 수 있다. 더 정확하게 설명하자면 취업자에서 마찰적 실업자가 되는 사람의 수와 마찰적 실업자에서 다시 취업자가 되는 사람의 수가 같은 상태의 실업률이다. 자연 실업률 상태에서는 임금 상승률이 0이다. 임금 대신 물가를 넣어서 설명하기도 한다. 인플레이션 압박이 없는 수준의 실업률이라는 말이다. 자연 실업률 수준에서는 취업자에서 마찰적 실업자가 되는 사람의 수와 마찰적 실업자에서 다시 취업자가 되는 사람의 수가 같기 때문에 임금 상승이 일어나지 않는다. 그러나 자연 실업률 이하의 수준으로 실업자를 줄이기 위해서는 추가적인 고용이 필요하고 따라서 임금 상승이 필요하다.

그렇다면 자연 실업률의 의미는 무엇인가? 자연 실업률이란 사실상의 완전고용상태이다. 따라서 실업문제의 심각성을 이야기할 때는 실업률 그 자체가 아니라 거기서 자연 실업률을 뺀 숫자를 이야기해야 한다. 가령 자연 실업률이 4퍼센트인 나라의 실업률이 5퍼센트라면, 정말 심각하게 고민해야 하는 실업자의 비율은 1퍼센트에 불과하다. 그러나 자연 실업률이 2퍼센트인 나라의 실업률이 5퍼센트라면 심각한 실업자의 비율은 3퍼센트가 된다. 나라마다 실업률이 다르고, 실업문제의 심각성이 다른 이유이다.

자연 실업률을 결정하는 것은 마찰적 실업자가 얼마나 되느냐, 즉 노동자들이 얼마나 자주 직장을 옮겨 다니는가이다. 당연히 나라마다 자연 실업률은 다르다. 노동자들이 직장을 자주 옮기는 사회일수록 자연 실업률은 높아지고, 그렇지 않은 나라에서는 당연히 낮아진다. 미국처럼 석 달에 한 번씩 직장을 옮기면 능력 있는 사람으로 대우받는 나라에서는 높고, 우리처럼 성실하지 못한 사람 취급을 받는 나라에서는 낮다는 이야기다. 과거 우리나라의 자연 실업률은 2퍼센트 정도였고, 미국의 경우는 4퍼센트 정도라는 연구가 있다. 미국의 실업률이 호황일 때도 언제나 우리보다 높은 이유도 여기에 있고, 겉으로 보기에 실업률이 똑같다 하더라도 우리나라의 경우가 훨씬 실업문제가 심각하게 다가오는 이유도 여기에 있다. 하지만 요즘은 우리나라의 자연 실업률도 상당히 높아졌을 것으로 짐작된다. 외환위기 이후로 우리나라에서도 이미 평생직장이라는 개념은 사라졌으니 말이다.

그렇다면 자연 실업률을 낮추는 방법은 무엇일까? 노동자들의 이직률을 낮추는 것이 한 방법이다. 솔직히 지금 우리나라의 '삼팔선' '사오정' '오륙도' 노동자들이 직장을 나가고 싶어서 나가는가? 싫어도 나가라니 나갈 수밖에. 노동시장의 유연화를 위해서는 어쩔 수 없다고 주장하는 이들도 있다. 그렇다면 두 번째 방법이 있다. 진짜 노동시장을 유연화시키는 것이다. 노동자들의 이직률을 낮출 수 없다면 노동자들의 재취업률을 높이면 된다. 그런데 정부나 기업주나 그럴 생각은 별로 없어 보인다. 해고의 유연화는 주장하면서 취업의 유연화는 모른 척하는 것이 어떻게 노동시장의 유연화란 말인가? 그래서 옛말에도 반풍수가 집안을 망친다고 했다. 내가 꼭 누구를 두고 하는 말은 아니다.

위기의
추억

경제가 위기라고 한다. 솔직히 경제가 무슨 위기인가? 사람이 위기지. 경제가 어렵다는 말도 마찬가지다. 경제가 어떻게 어렵나? 사람이 어렵지. 너무 화내지는 마시라. 나도 요즘 힘들다보니 괜한 말장난 한 번 해봤다. 많은 분들이 경제위기라는 말을 금융위기라는 말과 비슷한 의미로 생각한다. 최근의 세계 경제위기를 가져온 것은 미국의 서브프라임 모기지론 사태와 리먼 브라더스 사태이다. 10년 전 우리나라를 춥게 만들었던 외환위기도 일종의 금융위기이다. 좀더 멀리 보면 1929년 미국의 대공황도 월 스트리트에서의 주가 폭락에서부터 시작되었다. 그러니 많은 사람들이 경제위기를 금융위기와 비슷한 의미로 이해하는 것도 당연하다. 이 금융위기가 실물 부문으로 파급되니까 실물 부문에서도 위기가 일어난다는 것이 보통 사람들의 생각이고, 신문이나 TV에서 자주 듣는 말이다. 당장 우리나라의 아무 신문이나 찾아보시라. "금융위기가 실물 부문에까지 파급되어……"라고 쓰지 않은 신문이 없다.

하지만 사실은 그 반대이다. 진짜 순수하게 금융 부문의 문제로 경제위기가 일어나는 경우는 거의 없다. 대부분의 경제위기는 실물 부문의 문제 때문에 일어난다. 내가 '땡 처리'라고 부르는 실물 부문의 위기 때문에 주가는 떨어지고 환율은 오르고 채권은 부도난다. 물론 실물 부문이 좋아도 주가는 떨어질 수 있다. 하지만 그런 경우에는 경제위기라고 부를 만큼 심각한 문제는 거의 일어나지 않는다. 실물 경제가 주가나 환율을 받쳐주지 못하니까 주가는 폭락하고 환율은 폭등하고 경제는 위기에 빠지는 것이다. 다만 보통 사람들은 신문이나 TV를 통해 오늘의 주가는 알지만 기업의 회계 장부는 본 적도 없고 봐도 모른다. 그래서 주가가 폭락할 때쯤 되어서야 위기인 줄 알게 되는 것이다. 물론 보통사람만 그런 것은 아니다. 경제학자도 그럴 때가 많다.

경제위기는 실물의 위기냐 금융의 위기냐 하는 식으로 구분하기보다 수요 부문에서 온 위기냐 공급 부문에서 온 위기냐 하고 묻는 것이 더 정확하고 위기의 본질을 이해하는 데에도 도움이 된다. 경제학에서는 이것을 각각 수요 충격, 공급 충격이라고 부른다. 수요가 부족해서 위기가 왔느냐 공급이 부족해서 위기가 왔느냐는 것이다. 대개의 경우 수요가 부족하다는 말은 공급이 과잉이라는 말과 같은 의미이지만, 공급이 부족하다는 말이 반드시 수요가 과잉이라는 의미는 아니다. 1929년 대공황과 같은 경우는 수요가 부족해서 일어난 위기이다. 그래서 케인스라는 사람이 정부가 나서서 수요를 늘이면 위기를 극복할 수 있다고 주장했고, 루스벨트 대통령의 뉴딜정책도 같은 이유에서 나온 것이다. 물론 엄밀히 말하면 미국 경제가 이때의 위기를 극복할 수 있었던 진정한 이유는 뉴딜정책이 아니라 제2차 세계대전이었지만 말이다.

1929년 대공황뿐 아니라 석유 파동 이전의 위기들은 대부분 이러한 수요 충격이었다. 그런데 석유 파동에서 촉발된 1974년 대공황(조금 더 길게 잡으면 이때부터 2차 석유 파동으로 인한 1980년대 초반 세계 경제의 위기까지를 포함하여 '위기의 10년' 이라고 부르기도 한다.)은 지금까지의 위기와는 전혀 다른 성격의 위기였다. 한마디로 그것은 공급 충격이었고, 그 직접적인 원인은 석유 파동으로 인한 에너지비용의 상승이었다. 비용이 올라 수지가 안 맞으니 기업들은 생산을 줄이고, 생산이 줄어드니 가격은 상승하는 것이다. 그러나 석유 가격만이 이 충격의 원인은 아니었다. 오히려 더 중요한 문제는 1960년대 후반 이후 나타난 생산성의 정체였다. 1950~60년대 세계 경제의 호황은 높은 생산성이 가져다 준 것이었다. 그러나 이 생산성의 향상이 한계에 부닥치자 공급능력이 급속히 위축되어 갔던 것이다.

그렇다면 최근 세계 경제의 위기는 어떤 성격의 것인가? 공급 충격이다. 그리고 더 정확하게 말하면 이 위기는 새로 일어난 것이 아니라 1970~80년대의 위기로부터 이어진 것이다.

1980년대 중반 이후 세계 경제는 서서히 다시 회복되기 시작한다. 그러나 이때의 회복은 위기의 근본 원인을 근원적으로 치유한 것은 아니었다. 다만 컴퓨터, 휴대전화, 디지털 카메라와 같은 새로운 산업이 호황을 누리면서 표면적으로만 호황인 듯이 보이게 해준 것뿐이다. 이것은 1980년대 세계 경제가 부분적, 지역적으로는 호황을 누린 적이 있지만 과거와 같은 모든 부문, 모든 국가에서의 동시적인 번영은 결코 누려본 적이 없다는 사실에서 확인된다. 지난 30년 동안 위기는 지연되어 왔을 뿐이다. 그리고 이제 컴퓨터나 휴대전화의 호황도 시들해지고 그것들을 대신할 만한 새로운 산업이 나타나지 않자, 약발은 떨어지고 금단현상이 나타나기 시작한 것이다. 가장 심하게 마약에 취해 있던 미국에서부터 말이다.

지금이
투자할 때?

케인스의 경제학이 1970~80년대의 세계 경제위기를 해결하는 데 기여하지 못한 가장 중요한 이유는 이 위기의 본질은 공급 충격인데 케인스의 처방은 수요 측면에서만 작용하는 것이었기 때문이다. 그래서 많은 경제학자들이 공급 측면에 대해 새롭게 관심을 가지게 되었는데, 공급 중심 경제학(supply-side economics)도 그 가운데 하나이다. 공급주의 경제학은 흔히 레이거노믹스(Reaganomics)라는 말로 더 잘 알려져 있다. 물론 이 두 개념이 똑같은 의미는 아니지만 대체로 레이거노믹스의 핵심을 이루는 내용이 바로 공급주의 경제학이라고 생각하면 된다. 아무튼 이제 공급을 중시하자는 이들의 생각은 옳았다. 그러나 결과를 미리 말하면 이들의 정책은 모두 실패했다.

레이건(Ronald wilson Reagan, 1911~2004)이 어떤 사람이라는 것은 다

들 아실 터이다. 미국 국민들에게 대단히 인기 있는 대통령이었던 것은 틀림없는데, 솔직히 그 이유는 지금도 모르겠다. 대통령으로서 레이건이 이루어 놓은 업적이라는 것을 전혀 찾을 수 없기 때문이다. 레이건의 인기는 역설적으로 미국 국민들이 좋아할 상대를 애타게 찾고 있었다는 뜻이겠다. 사람들은 누구나 보이는 것을 보는 것이 아니라 보고 싶은 것을 보기 마련이니까.

레이건은 보수적인 인물로 유명했는데 보수성의 정도가 어느 정도냐 하면, 우리에게도 유명한 〈뉴욕 타임스〉나 〈워싱턴 포스트〉 같은 신문조차도 '좌빨'이라고 백악관에는 들여 놓지도 못하게 했다고 한다. 이 양반이 가장 좋아한 신문은 〈워싱턴 타임스〉인데, 아침에 눈을 떠 그대를 보면 행복하다, 뭐 그런 정도였다나? 아무튼 이 신문의 사장님과 래퍼(Arthur B. Laffer, 1940~)라는 별 볼 일 없는 경제학자가 밥을 먹다가 문제가 생긴다. 밥 먹다가 '필' 받은 래퍼가 냅킨에 아무렇게나 그린 곡선 하나가 레이건 경제정책의 핵심이 되어 버린 것이다.

레이건은 대통령에 당선되자 마자 빈곤층에 대한 복지예산을 대폭 축소하는 한편, 기업에는 세금을 대폭 인하해주는 정책을 추진하였다. 이때 기업 감세안의 이론적 근거가 되어준 것이 바로 래퍼 곡선이다. 래퍼 곡선의 주장은 이렇다. 세율이 0퍼센트일 때에는 당연히 세수도 0이 되지만 세율이 100퍼센트일 때에도 세수는 0이 된다. 모든 소득을 세금으로 내야 한다면 누구라도 소득을 얻기 위한 활동을 거부할 것이기 때문이다. 래퍼 곡선은 중간에 세수가 극대로 되는 점이 존재한다고 가정하고 이 점을 지난 상태에서는 세율을 인하하는 것이 경제활동을 늘이기 때문에 오히려 세수를 증대시킨다고 주장하였다. 레이건의 감세정책도 당시의 미국이 이미 래퍼 곡선의 극대점을 지난 상태에 있다는 가정에서 나온 것이다. 문제는 아무도 그것을 확인해본 적이 없다는 데 있었다. 한 나라의 정책을 좌우한 그 곡선은 그냥 밥 먹다가 생각났을 뿐이다.

사실 레이건만 그런 것이 아니다. 많은 정책 담당자들은 세금을 깎아 주면 기업이 투자를 늘이고 생산과 고용을 늘일 것이라고 생각한다. 물론 같은 조건에서 세금이 적다면 기업의 입장에서는 투자를 늘

투 자 를   유 인 하 는   방 법

미국까지 가서 지금 주식을 사면 1년 안에 부자가 된다는 한국 대통령도 있고, 지금 우리에게 필요한 것은 신뢰(confidence)와 신념(creed)이라고 국민들에게 호소하는 미국 대통령도 있다. 어느 쪽이 더 많은 투자를 부르냐고? 너무 당연한 질문 아닌가. 국민들에게 신뢰와 신념을 주는 일은 세금 깎아주는 것보다 더 확실한 투자 유인책이다.

일 것이다. 그러나 조건이 다르다면? 당연히 얘기는 달라진다.

레이거노믹스에 대해서는 장기적으로 미국 기업들의 수익성을 회복시키는 데 기여했다는 평가도 있다. 부분적으로 보면 클린턴 시대의 호황은 레이건이 오랫동안 세금도 깎아주고 했던 데 힘입은 바가 크다는 것이다. 그러나 직접적인 결과만 놓고 본다면 레이거노믹스가 실패했다는 것은 분명하다. 기업들은 거의 투자를 늘이지 않았기 때문이다. 그렇다면 세금도 깎아줬는데 왜 기업들은 투자를 확대하지 않았을까? 기업들이 투자를 늘이느냐 줄이느냐를 결정하는 데에는 세금이나 이자율과 같은 요인들도 매우 중요하지만, 더 중요한 것은 바로 미래에 대한 기대이기 때문이다. 아하, 기대! 또 나왔다. 경기 회복에 대한 기대가 없는데 어느 미친놈이 투자를 하겠는가. 그런데 투자가 없으니 또 경기는 회복될 기미도 없고……. 경제, 어렵긴 어렵다.

황의
법칙

경제학에는 법칙이 많다. 수요 공급의 법칙, 한계효용체감의 법칙, 누구의 법칙, 누구의 법칙 등. 한국 사람의 이름을 딴 법칙도 있다. 다만 이것을 경제학이라고 부르기는 좀 '거시기' 하다. 반도체 메모리의 용량이 1년마다 2배씩 증가한다는 이론인데, 반도체 메모리 분야에서 세계 1위를 달성한 삼성전자의 황창규 사장이 발표했다고 해서 그의 성을 따서 '황의 법칙' 이라고 한다. 1960년대에 반도체 시대가 시작되면서 인텔의 공동 설립자인 고든 무어(Gordon Earle Moore, 1929~)는 마이크로칩에 저장할 수 있는 데이터 용량이 18개월마다 2배씩 증가한다는 '무어의 법칙' 을 제시하였다. 황의 법칙은 반도체산업의 눈부신 발전으로 반도체의 집적도가 2배로 증가하는 시간이 1년으로 단축되었다는 주장이다. 알고 보니 뭐 그렇게 대단한 발견은 아니다. 그냥 반도

체산업이 잘나간다는 이야기이다. 그런데 다시 또 생각해보니 반도체 산업이 잘나간다는 것은 과연 무슨 의미일까 궁금하다. 반도체가 많이 팔린다는 이야기일까? 그렇다면 반도체는 왜 잘 팔릴까?

공급주의 경제학이 실패한 이유를 좀더 생각해보자. 공급에 주목해야 한다는 이들의 생각은 옳았다. 그러나 공급을 늘인다는 것이 무엇을 의미하는가에 대해 이들은 전혀 새로운 아이디어를 가지고 있지 못했다. 생산조건은 전혀 변하지 않았는데도, 단지 세금 인하나 이자율 하락을 유도해 더 많이 생산하도록 하기만 하면 그것이 곧 공급 확대라고 생각했던 것이다. 보통의 경제 상황에서는 물론 그것도 맞는 이야기다. 하지만 지금처럼 50년 만의 위기에 직면해 있는 상황에서는 그것만으로는 부족하다. 지금의 위기는 세금이나 이자율이 아니라 생산요소의 부족이 문제이기 때문이다. 더 많은 생산을 위해서는 더 많은 생산요소를 투입하여야 한다. 그러나 석유 파동, 에너지와 원자재 가격의 폭등, 생산요소의 부족이라는 사태를 해결하기 위해서는 더 많은 생산요소를 투입해서 생산을 늘리려 할 것이 아니라, 더 적은 요소만 투입하고서도 더 많은 산출이 가능한 방법을 찾아야 한다는 이야기이다.

클린턴 행정부 시절의 미국 경제를 일컬어 흔히 '신경제(New Economy)'라고 부른다. 그냥 경기가 좋다는 것이 아니라 새로운 경제라는 것이다. 그런데 뭐가 새로울까? 국내 어느 신문을 보니 경제학 교과서에 나오지 않는 새로운 현상이라고도 썼다. 도대체 뭐가? 호황에는 인플레이션이 동반되기 마련인데, 미국 경제가 경기는 호황인데 물가는 오르지 않았다는 것이다. 좋은 현상이다. 하지만 경제학 교과서에 나오지 않는다는 소리는 몰라서 하는 말이다. 경제학 교과서 읽어본 사람은 그런 말 안 한다. 수요가 당기는 인플레이션은 호황과 함께 오고, 비용이 미는 인플레이션은 불황과 함께 온다고 내가 그랬잖은가? 석유 파동이 가져온 1970~80년대의 전 세계적인 경제위기가 바로 그것이었는데, 미국의 신경제는 바로 그 반대 방향의 현상을 의미할 뿐이다.

1990년대의 미국 경제가 정말 신경제인가, 신경제라면 그것은 어디로부터 왔는가 등은 한동안 경제학계의 주요한 논쟁이었다. 지금 와서는 대체로 그렇게 떠들 만한 일은 아니었다는 분위기인데, 그래도 그 당시에는 대단한 이슈였던 것이 사실이다. 베트남전쟁 이후로 미국 경제가 좋아졌다는 이야기가 처음 나왔으니 말이다. 미국 경제가 좋았다는 것은 여러 가지 지표들에서 확인된다. 논쟁의 초점은 그런 사실들이 아니라 그 사실들의 해석이다. 1990년대 미국 경제의 호황을 가져온 가장 중요한 요인이 IT산업이라는 점도 대부분의 경제학자들이 동의한다. 문제는 그 의미에 있다. 하나의 상품으로서 컴퓨터가 많이 팔리고 휴대전화가 많이 팔린다는 것은 자동차가 많이 팔리고 라디오가 많이 팔린다는 것과 같은 의미이다. 그저 이런 산업들에서 수요가 확대되었을 뿐이다. 그리고 이런 종류의 호황에는 인플레이션이 따르게 마련이다.

미국 경제의 호황이 새로운 현상이라는 주장은 그것을 공급 측의 변화로 분석한다는 의미이다. 단순히 컴퓨터가 많이 팔린다는 문제가 아니라 컴퓨터가 생산에 도입됨으로써 생산성의 비약적인 향상을 가져왔다는 것이다. 이른바 컴퓨터가 지원하는 생산(Computer Aided Manufacturing), 나아가 컴퓨터가 통합하는 생산(Computer Integrated Manufacturing)이 바로 그것이다. 신경제라는 말 속에는 컴퓨터의 도입으로 인해 생산의 효율성이 증대하고 더 적은 비용으로 더 많은 산출이 가능해짐에 따라 석유 파동 이후의 공급 위기를 극복하게 되었다는 평가가 들어 있다. 그렇다면 미국의 신경제는 단순히 컴퓨터가 많이 팔린 것일까, 아니면 컴퓨터가 산업에 도입되면서 생산성이 향상된 것일까? 둘 다 맞다. 기본적으로는 컴퓨터가 많이 팔린 것이고, 부분적으로는 컴퓨터의 도입으로 생산성이 향상된 것이라는 분석도 옳다. 다만 모든 산업에서 생산성이 향상된 것은 아니며 어떤 산업들에서는 그랬다는 이야기다. 다른 산업들에서는 생산성의 향상이 없거나 오히려 퇴보하기도 하였다. 컴퓨터가 도입되었는데 왜 생산성은 오히려 후퇴했을까?

예를 들어 생각해보자. 컴퓨터와 인터넷의 도입은 종이 사용을 줄여야 옳다. 그러나 내가 강의하는 학교에서 보면 개인이나 조직이나 종이의 사용은 오히려 엄청나게 늘어났다. 예전에 손으로 글을 쓸 때는 오자가 나오면 줄을 긋고 여백에 덧붙여 쓰거나 오자가 많을 경우에는 아예 다시 쓰지 않으면 안 되었다. 그러니 오자가 나오지 않도록 조심할 수밖에 없었고. 그런데 컴퓨터가 도입되니 참으로 편해졌다. 아무런 부담 없이 출력해서 확인해보고, 한두 글자 틀렸으면 고쳐서 또 출력해보고, 재미삼아 글자체도 이렇게 저렇게 고쳐보고. 이러니 효율성은 떨어질 수밖에 없다. 물론 일과시간에 몰래 야동이나 보는 한심한 직원들 때문에도 효율성은 떨어진다.

정작 중요한 것은 종이 몇 장을 더 쓰고 덜 쓰고의 문제가 아니다. 컴퓨터가 들어오고 기술이 진보하면 할수록 행정 업무는 더욱 복잡해진다. 예전에는 그런 기술이 없어서 요구하지 않던 불필요한 행정 업무들이 기술이 개발되면서 새로 생기고 있다. 가령 예전에는 연구비로 책을 샀을 때 그 영수증을 제출하면 충분했는데, 이제는 100여 권의 책 제목과 저자와 출판사와 출판 일자와 구입 일자와 정가를 일일이 따로 입력해야 한다. 바코드가 있는데 왜 이런 짓을 해야 하는지는 모른다. 그저 하라고 시키니 할 수밖에.

만 불이
뭐기에

우리나라 어머니들은 모두 교육 전문가시다. 교육에 관한 지식과 소견이 교육부 장관 못지않다. 탑골 공원의 어르신들은 정치 전문가들이신데, 식견 못지않게 혈기도 높으셔서 눈치 없이 그 앞에서 "○○당 지지하는데……" 했다가는 자칫 사고나기 십상이다. 대학생들 중에는 문화 전문가가 많다. 예술적이고 비주얼한 동영상작품들에 대한 정보에 매우 해박하다. 각각의 분야에서 전문가로 활동하고 있는 우리 국민들을 일제히 경제 전문가로 만든 사건이 있다. 바로 1997년의 외환위기이다. 물론 경제학자라는 사람들은 모두 '코 쌌다.' 무슨 뜻이냐고? 망신을 당했다는 뜻이다.

확실히 외환위기 이후로 우리나라 국민들이 특히 환율이나 외채에 많은 관심을 가지게 된 것은 분명하다. 최근의 경제위기에도 빠지지 않고 나오는 지표가 바로 주가와 환율이다. 그런데 실은 외환위기라고 해서 모두 같은 성격의 위기는 아니다. 가령 1980년대 남아메리카 국가들이 겪었던 외환위기는 '외채위기'였다. 빚이 많아서 위기가 왔다는 것이다. 이런 위기는 금융의 문제가 아니라 실물의 문제이다. 생산이니 물가니 하는 경제의 기본 지표들이 악화되니 외채들 빌려와 그것을 메우려 들고, 그로 인해 경제는 더 악화되고 그러다 부도나는 것이 외채위기이다. 그에 반해 우리나라의 외환위기는 펀더멘털이 그다지 나쁘지 않았는데도 일어났다는 점에서 차이가 있다. 외채도 그다지 많지 않았고 외환 보유고나 대외 채권의 규모를 비교해 볼 때도 충분히 상환능력이 되는 수준이었다. 그런데 왜? 현찰이 부족해서였다. '유동성위기'라는 것이다. 외채의 절대 규모가 갚지 못할 수준은 아니지만 당장 오늘 갚아야 할 현찰이 부족했던 것이다.

외환위기 당시 경제 부총리로 있다가 교도소까지 다녀온 분은 당시 교도소로 가시면서 "6·25 이후로 누적되어온 한국 경제의 문제점을 나더러 어떻게 해결하라는 말이냐"라는 명언을 남겼다. 그렇다. 저렇게 미련한 자가 경제 부총리에 앉은 것도 모두 단군 할아버지가 곰에게서 태어날 때부터 예정된 문제점인데 그것을 어떻게 할 것인가? 그러나 바로 그런 문제점을 해결하라고 그 자리에 오른 것 아닌가? 능력이 없으면 처음부터 그 자리에 앉지나 말든가. 그런데 이 양반, 감옥에서 나오더니 더 기막힌 얘기를 했다. 외환위기의 원인을 감옥에 갈 때까지 몰랐는데, 감옥에 가서 웬 일본 사람이 쓴 책을 읽고서 알았다는 것이다. 그렇다면 그 일본 사람을 경제 부총리에 앉혔어야 했는가?

외환위기 당시 우리나라의 현찰(물론 이 경우는 세종대왕이 아니라 벤자민 프랭클린 되시겠다. 세종대왕은 우리나라 안에서만 유동성을 가지니까.)이 갑자기 부족해진 이유는 무엇일까? 당시 우리 금융기관들이 가지고 있던 해외 채권은 대부분 30년짜리였다. 반면에 우리가 갚아야 할 외채는 대부분 1년짜리였다. 이자란 결국 미래의 불확실성에 대한 대가이므로 불확실성이 더 큰 장기 채권일수록 비싸기 마련이다. 말하자면 우리 금융기관들은 장기 채권과 단기 채무 사이의 이자율에서 발생한 차익을 먹으려 했던 것이다. 사실 이것은 별 문제가 아니다. 외국 채권자들이 1년짜리 외채를 30번 거듭 빌려주기만 하면 말이다. 유식한 말로 '롤 오버(roll over)' 라고 한다.

그런데 그 전까지 잘만 빌려주던 이 채권자들이 바로 그 1997년에 갑자기 '이제는 갚으라' 고 요구한 것이다. 감옥에 갔다온 그 양반은 그 이유를 감옥에서야 알았다는 이야기이다. 당시 급작스런 채무상환 요구가 돌아온 이유에 대해서는 지금도 논란이 많다. 몇 가지 이유들이 있는데, 그 가운데 어느 것이 가장 심각한 문제였는가에 대해서는 전문가들 사이에서도 의견이 나뉘고 있다. 아무튼 어느 것이 가장 중요한 문제였든 간에 그 이유가 '학실이' 그 양반과 관련된 것만은 틀림없다. 가령 어떤 전문가는 이 양반이 역사문제 등을 놓고 "내가 일본에 가서 버르장머리를 고쳐 놓겠다”고 말한 것 때문에 일본 정부가 괘씸죄로 채권의 자동 연장을 거부한 탓이라고 이야기한다. 그런지 아닌지 모르겠지만 아무튼 버르장머리 운운은 국가 원수가 할 만한 이야기는 아니다. ‘싸가지’ 정도가 적당하지 않았을까?

다른 전문가는 역시 이 양반이 OECD 가입을 서두르느라고 우리 경제 수준에 맞지 않게 성급한 자본 자유화를 추진한 데서 외환위기가 왔다고 주장하기도 한다. 얼핏 그럴듯하게 들리기는 하지만 과연 우리나라의 OECD 가입이 정말 성급한 것이었는지, 그 당시 우리나라의 자본 자유화 조치가 지나친 것이었는지는 잘 모르겠다. 흔히 샴페인을 너무 일찍 터뜨렸다는 이야기로 비유되곤 하는데, 나는 소주만 먹기 때문에 모르겠다. 그러나 나는 우리나라의 OECD 가입이 할 만하니까 했다고 생각한다. 그 당시 한국의 경제규모는 세계 11위였다. 그다지 실속은 없었지만 그런 정도의 경제력이라면 ‘일진’에 가입할 만했던 것 아닐까? 그런 덩치가 함께 어울리지 않고 늘 밖에서만 노는 것도 옳지는 않다.

냉정히 말한다면 자본 자유화가 문제가 아니라 자유화에 대한 이해가 없었던 것이 더 큰 문제가 아니었나 싶다. 교육 자율화가 학생들에게 자율을 주자는 것, 그래서 내 머리 길이 정도는 내가 스스로 결정하도록 하자는 것이지, 학생들이 마약을 하고 총기를 들고 다녀도 그냥 내버려 두자는 것은 아니지 않은가? 그런데 당시 김영삼 정부는 자본 자유화니 금융 국제화니 하는 명분 아래 금융기관이나 기업들이 외국으로부터 얼마나 빚을 졌는지, 그 가운데서 지금 갚아야 할 빚은 또 얼마나 되는지를 전혀 모르고 있었다. 그러다 외환위기가 터지니까 그제야 그 난리 법석을 떨었던 것이다. 하기야 그 양반에게 무얼 얼마나 기대하겠는가? 정신을 놓고 사는 분인데.

그런데 내가 생각하는 가장 그럴듯한 이야기는 바로 이것이다. 경제는 기대에 따라 움직인다. 외환시장도 물론이다. 아니 외환시장과 같은 금융시장일수록 더욱 그렇다. 위기 직전 우리나라의 환율은 1달러=800원 정도였다. 이 수준이면 기업들의 수출에 상당한 부담이 된다. 그래서 환율 상승을 유도하기는 해야겠는데, 언제 얼마까지로 하느냐는 문제가 남는다. 기업들은 1달러=900원 정도는 되어야 한다고 요구했지만 정부는 1달러=850원 정도가 적당하다고 보았다. 이러한 의견 차이를 조정하느라고 한국 정부가 뭉그적거리고 있는 동안 외국 투자자들은 당연히 한국의 외환시장에서 환율이 오르겠구나 하는 기대를 가지게 된 것이다.

환율이 오른다는 것은 한국 원화의 가치가 하락하고 달러화의 가치가 오른다는 뜻이다. 당연히 투자자들은 일제히 원화를 팔고 달러화를 사기 시작했으며, 한 순간에 환율은 900원이 아니라 1,000원 이상으로 올라 버렸다. 그러자 놀란 한국 정부는 이번에는 환율을 다시 1,000원 아래로 내리기 위해 가지고 있던 외환 보유고를 모두 외환시장에

털어 넣었고, 그 결과 한 달도 못 가 빈털터리가 되어 버렸다. 바로 그 때 외국 채무자들 특히 일본의 금융기관들이 빚 갚으라고 요구하자 외환위기로 이어진 것이다. 집도 있고 땅도 있지만 일수 돈 갚을 현찰이 없어서 길거리에 나앉은 꼴이다.

대체 얼마나 중요한 문제였기에 한국 정부는 그토록 뭉그적대다가 길거리에 나앉게 되었을까? 1달러=900원이면 1인당 국민 소득이 1만 달러 밑으로 떨어지고 1달러=850원이면 1만 달러 수준을 유지한다. 1997년은 김영삼 대통령의 임기 마지막 해였다. 그리고 국민소득 1만 달러 달성은 이 양반의 마지막 자존심이었다. 빈대 잡자고 초가삼간 태운다더니 1만 달러 국민소득을 위해, 대통령의 마지막 자존심을 위해 대한민국 경제는 환란을 맞은 것이다. 대체 '만 불'이 뭐라고.

돈에도
값이 있다

말이 나온 김에 환율에 대해서 좀더 이야기해보자. 요즘 경제가 어렵다고 하니 많은 국민들이 환율문제에 관심을 가진다. 환율이란 무엇인지, 다른 나라도 모두 어렵다는데 왜 우리나라 환율이 유독 문제가 되는지 등. 그런데 관심을 가진다고 해서 쉽게 환율문제를 파악할 수 있는 것도 아니다. 솔직히 환율은 경제학 교과서에서도 가장 어려운 부분이다. 그래서 시원하게 알려주는 사람이 많지 않은 것이다.

환율이란 돈의 값이다. 좀더 자세히 말하면 돈을 교환하는 비율이다. 우리나라가 외국으로부터 재화나 서비스를 수입할 때 우리나라 돈으로 직접 결제하는 경우는 거의 없다. 세계적으로 자유롭게 사용되는 국제 통화는 달러, 유로, 파운드, 엔 등이며, 중국 경제가 부상함에 따라 동남아시아에서는 위안화도 일부 사용된다. 그러나 우리나라 원화는 외국에서 거의 사용되지 않고 있다. 따라서 우리가 외국으로부터 상품을 수입하고 그 대가를 지불하려면 상대국의 수출업자가 받아들일 수 있는 돈으로 교환해야 한다. 그 **교환 비율**이 바로 환율이다. 가령 환율이 1달러에 1,000원이라는 말은 말 그대로 우리나라 돈 1,000원과 미국 돈 1달러가 교환된다는 의미이다. 그런데 우스운 일은 1달러=1,000원이고 100엔=1,000원이면 당연히 1달러=100엔이어야 하는데 현실에서는 그렇지 않다. 그래서 환율이 어렵다는 것이다.

뜻으로 보면 환율은 우리나라 돈의 가치이다. 그러나 환율을 표시할 때 대개는 미국 달러화를 기준으로 나타낸다. 즉 '1원=1,000분의 1달러'와 같이 표시하는 것이 아니라 '1달러=1,000원'과 같이 외국 통화 1단위와 교환할 수 있는 우리나라 통화의 단위 수를 표시하는 것이 일반적이다. 그래서 환율이 올랐다고 하면 우리나라 돈의 가치가 올랐다는 것이 아니라 반대로 미국 달러의 가치가 올랐다는 의미다. 신문의 외환 관련 기사를 볼 때마다 헷갈리는 이유도 이 때문이다. 물론 미국 사람들은 안 헷갈린다. 우리만 헷갈리는데, 미국 경제학 교과서를 가지고 공부하면 더 헷갈린다.

환율에 대해 보통 사람들이 궁금해 하는 것은 대체로 두 가지이다. 환율은 어떻게 결정되는가 하는 문제와, 환율 변동이 경제에 미치는 효과는 무엇인가 하는 것이다. 첫 번째 궁금증부터 풀어보자. 환율은 우리나라 돈과 다른 나라 돈의 교환 비율이다. 그런데 돈의 가치는 거꾸로 말하면 물건, 즉 상품의 가치를 의미하기도 한다. 물가가 올랐다는 말은 물건의 가치가 올랐다는 의미인 동시에 돈의 가치는 떨어졌다는 의미도 된다. 그래서 환율의 경우도 두 나라 돈의 교환 비율을 의미하는 동시에 두 나라 물건의 교환 비율을 의미하기도 한다. 두 가지 의미를 동시에 표현하고 있다고 해도 좋다. 한국에서 1,000만 원 하는 자동차가 미국에서는 1만 달러라고 하자. 그렇다면 1,000만 원=1만 달러라는 관계가 성립한다. 1달러=1,000원이라는 이야기다. 물론 특정 상품 한두 가지를 비교해서 환율을 결정할 수는 없다. 그래서 여러 상품 가격의 평균인 물가를 사용한다. 즉, 환율이란 두 나라 물가의 비율이다.

그런데 변동 환율제하에서는 환율의 결정이 정부가 아니라 외환 시장에 의해 결정된다. 당연히 시장에서는 돈에 대한 수요와 공급에 의해 환율, 즉 돈의 값이 결정된다. 그렇다면 돈의 수요와 공급에 영향을 미칠 수 있는 요인들에는 어떤 것들이 있을까? 너무 어려워하지 말자. 찬찬히 생각해보면 누구나 알 수 있다. 우리나라 외환시장에서 달러를 필요로 하는 사람들은 누구일까? 외국 여행을 갈 사람들, 외국에 유학 갈 사람들, 그리고 외국에서 물건을 살 사람들. 그렇다. 우리나라 기업들이 외국에 판매한 상품보다 외국에서 구매한 상품이 더 많으면 대금 지불을 위하여 기업들은 달러를 필요로 한다. 기업들이 달러는 사고 원화는 파니 달러의 값은 오른다. 환율 상승이다. 반대로 우리나라 기업들이 해외에서 벌어온 돈이 해외에서 지불한 돈보다 많으면 기업들은 당연히 남은 달러를 외환시장에서 팔게 된다. 달러의 값, 즉 환율은 내린다. 환율을 결정하는 두 번째 요인은 국제 수지라는 이야기다.

그런데 우리나라 기업들이 달러를 필요로 하는 것이 외국에서 상품을 사기 위해서만은 아니다. 외국에 투자를 할 경우에도 달러가 필요하다. 외국에 투자하려는 국내 기업이 늘어나면 달러의 값은 오른다. 반대로 외국 투자자들이 우리나라에 더 많이 투자하게 될 경우에는 외환시장에서 더 많은 원화를 사고자 할 것이다. 달러의 값은 내린다. 환율 하락이다. 그렇다면 투자자들이 한국에 투자할 것인가 외국에 투자할 것인가를 결정하는 데 영향을 미치는 가장 기본적인 요인은 무엇일까? 이자율이다. 물론 여기서 이자율이란 은행에 넣어 뒀더니 이자가 얼마나 붙었더라는 의미가 아니라 금융투자의 평균적인 수익률을 가리킨다. 그러므로 한국의 이자율이 미국보다 높다면 투자자들은 미국에 투자한 돈을 빼서 한국에 투자할 것이다. 우리나라 돈의 가치는 오르고 환율, 즉 미국 돈의 가치는 내린다.

그런데 여기서도 중요한 문제가 있다. 벌써 눈치 채셨나? 그렇다. 내가 중요하다고 말하면 모두 기대의 문제이다. 투자자들이 투자를 결정하는 데에는 지금의 이자율도 중요하지만 미래의 수익에 대한 기대가 더 중요하다. 이 이야기는 앞에서 이미 했다. 세계 경제도 위기고 한국 경제도 위기라고 한다. 그런데 이 위기의 근원지는 바로 미국이다. 그런데 왜 미국 달러화에 대해 우리나라 원화의 가치가 오히려 더 하락하는가? 중국 위안화의 환율이 상승하는 것은 중국 경제가 요즘 하도 좋다보니 그렇다고 치자. 그런데 미국 다음으로 죽 쑤고 있는 것이 일본 경제인데, 우리나라 돈의 가치는 일본 엔화에 대해서도 갈 데까지 떨어지고 있는 실정이다. 도대체 왜? 한마디로 외국 투자자들이 볼 때 한국 경제의 내일이 미국 경제보다 더 암담한 탓이다. 미국 경제가 나쁘다고 하지만 더 나빠질 것 같지는 않은데, 반대로 세종대왕은 고이 모셔봐야 더 떨어질 것이 뻔하다는 이야기다. 이러니 누가 우리 돈을 사려 할 것인가? 어서 못 팔아 난리지. 대체 한국 경제가 어쩌다 이 모양이 되었는가?

재주는
곰이 넘고

물가, 국제 수지, 이자율과 같은 경제지표들이 환율을 결정하기도 하지만 반대로 환율이 이런 경제지표들에 영향을 주기도 한다. 우선 환율은 두 나라 물가의 비율이라고 했다. 두 나라 상품들의 교환 비율이 곧 환율이라는 말이다. 그러므로 환율이 변하면 거꾸로 두 나라 상품의 교환 비율도 변한다. 환율은 때로 물건을 더 싸게 만들기도 하고 비싸게 만들기도 한다. 환율은 외국에서 우리 물건이 얼마에 팔릴 것인지, 또 외국의 상품이 우리나라에서 얼마에 팔릴 것인지를 결정하기 때문이다.

내가 타는 자동차의 가격이 우리나라에서 900만 원이라고 가정하자. 환율이 1달러=900원일 때는 이 물건이 미국에서 9,000달러에 팔리게 된다. 그러나 환율이 1달러=1,000원이 되면 같은 물건이 미국 시장에서 1만 달러에 팔리게 된다. 물건 값이 떨어지면 그만큼 많이 팔릴 것은 당연하므로 우리나라의 수출은 늘어나게 된다. 반대로 지금까지 우리나라에서 900원에 팔리던 미국 상품은 1,000원이 되고 그만큼 수입은 줄어들게 된다. 여러 나라 정부가 서로 자국의 통화가치를 낮게 평가하려고 외환시장에 개입하는 이유도 여기에 있다. 때로는 이 때문에 국가들 간에 심각한 경제·외교적 마찰이 일어나기도 한다. 1980년대 미국은 일본, 한국, 대만을 환율 조작국으로 부르면서 심각한 통상 마찰을 벌였다. 1990년대 이후에는 중국이 대표적인 환율 조작국으로 지목되고 있다. 몇 해 전 있었던 위안화의 평가절상도 그런 이유에서 일어났다.

물론 환율 상승으로 가격이 하락하는 경우 더 많은 수량이 팔리기는 하겠지만 반드시 총수출액이 늘어난다는 보장은 없다. 다시 말해 환율 상승으로 인한 수출 가격이 10퍼센트 하락했을 때 수출량이 10퍼센트 이상 증가해야 총수출액도 증가한다. 그런데 일반적으로 국제 시장에서 공산품은 경쟁적이고 가격에 대해 탄력적이라고 가정할 수 있으므로 환율 상승은 수출 가격 인하, 수출 물량 증가, 총수출액의 증가를 가져온다고 본다. 농산물이나 석유 등 자원의 경우는 반대다. 이런 상품들은 비탄력적이어서 가격 하락으로 인한 판매 증가보다는 가격 상승이 공급자에게 더 유리하다. 석유수출국기구(OPEC)가 석유 가격 인상을 위해 노력하는 이유도 이 때문이다.

한편 우리나라 돈의 가치가 높아지면 수출과 수입에서는 불리해지지만 해외 송금, 해외 여행, 유학, 해외 자산 취득 등에는 유리한 측면도 있다. 반대로 우리 돈의 가치가 떨어지면, 즉 환율이 상승하면 기러기 아빠들은 미칠 지경이 된다. 외환위기 때도 그랬고 요즘도 그렇고, 돈 때문에 귀국하는 유학생들을 주변에서 많이 본다. 유학을 가든 오든 그것이 인생의 목표를 실현하기 위한 선택이 되어야지 돈 때문이어서야 옳은가 생각해보면 씁쓸하다.

우리나라 돈의 가치가 오를 때 가장 좋은 점은 무엇일까? 유학보다 여행보다 더 좋은 점은 물가가 하락한다는 점이다. 가령 우리나라는 외국으로부터 수입하지 않을 수 없는 상품들이 많다. 그런데 우리나라 돈의 가치가 높아지면 이 상품들의 수입 가격은 당연히 낮아진다. 반대로 우리나라 돈의 가치가 낮아지면 그만큼 수입상품들의 가격은 높아지고 물가는 오른다. 요즘 우리나라가 불황이면서도 물가는 계속 오르는 가장 큰 이유도 환율 때문에 수입상품들, 특히 석유와 원자재 등의 가격이 크게 상승했기 때문이다.

요컨대 환율의 변화는 경제에 긍정적인 효과도 있고 부정적인 효과도 있다. 변동 환율제하에서는 정부가 환율을 결정하지는 않지만 그래도 어느 정도는 시장에 영향을 미칠 수 있다. 특히 우리나라 같은 경우는 영향을 많이 미친다. 다만 정부가 어떤 정책 방향을 선택하느냐 하는 것은 경제상황과 경제정책의 목표에 따라 달라질 수 있다. 많은 전문가들은 최근 우리나라의 환율문제가 심각해진 이유를 이명박 정부, 특히 강만수 전 장관의 정책 실패에서 찾는다. 전문가들이 환율이 너무 빠르게 상승해서 위험하다는 경고를 계속했음에도 수출 확대를 위해 우리 정부가 그러한 경고를 묵살하다가 정책 개입의 시기를 놓쳤다는 것이다. 정부로서는 나름 국제 수지 개선이라는 목표를 추구한 것이겠지만 환율 상승으로 인한 반작용을 전혀 고려하지 못한 정책 실패였던 셈이다.

많으면 많을수록
좋을까?

계절이 바뀌어 작년에 입다가 넣어 두었던 옷을 다시 꺼낼 때 동전이라도 한 닢 발견하게 되면 매우 행복하다. 책갈피 속에 넣어 두고 잊어버렸던 지폐 두어 장을 우연히 발견했을 때 더욱 행복하다. 그런데 이런 경우들과는 조금 다르지만 역시 우리를 행복하게 하는 일이 있다. 해외 출장 갔다 몇 푼 남은 외화를 책상 서랍 속에 넣어 둔 채 잊고 있었는데 환율이 폭등한단다. 그래서 온 집안을 뒤졌더니 달러화, 위안화, 엔화는 물론이고 태국의 바트화도 두 장, 인도의 루피화도 제법, 러시아의 루블화도 몇 장 있다. 도대체 이 돈들이 언제 내 주머니 속에 들어간 것일까? 그런데 다시 생각해보니 마냥 기쁜 일만은 아니다. 달러화와 엔화가 몇 장 나오기는 했지만 이것들을 가지고 미국이나 일본에 갈 만큼은 전혀 못되기 때문이다. 그랬다간 배보다 배꼽이 더 커질

판이다. 그래도 마치 내가 부자라도 된 양 마음만은 흐뭇하다. 기러기 아빠들에게는 미안한 얘기지만.

1997년 우리 경제가 겪은 외환위기란 한마디로 외환 보유고가 부족해 외국에서 빌린 돈을 갚지 못하거나 수입 대금을 지불하지 못해 생긴 사건이다. 기업으로 치면 파산이나 부도와 유사하고, 가계로 치면 신용 불량자가 되고 만 셈이다. 이 때문에 우리나라 외환 보유고가 얼마인가 하는 문제는 모든 국민의 관심 사항 가운데 하나가 되었다. 외환 보유고란 좁은 의미에서는 한 나라의 정부나 중앙은행, 즉 우리나라의 경우에는 한국은행이 보유하고 있는 외환의 규모를 말하며, 넓은 의미로는 그 나라가 보유하고 있는 외환의 규모 전체를 의미하기도 한다. 일반적으로 외환 보유는 금이나 국제통화기금(IMF)이 발행하는 특별 인출권(SDR), 외국 특히 OECD 국가의 은행 등 예금이 보호되는 기관에 예치한 현금, OECD 국가의 국공채 및 정부 보증채 등 안전하고 언제든지 팔아서 현금화를 할 수 있는 유동성이 있는 자산으로 구성된다. 그러나 외환을 보유할 때 전부를 현찰의 형태로 보유하는 것은 아니므로 필요할 때 즉시 사용할 수 있는 외환의 규모를 따로 가용 외환 보유고라고 부르기도 한다.

외환 보유고는 정부나 한국은행이 경상수지 흑자 등으로 늘어난 시중의 외환을 매입함으로써 늘어나며 외환시장의 충격에 대해 안전판 역할을 한다. 따라서 외환 보유액이 넉넉하다는 사실은 국가 신인도를 높여준다. 그렇다면 외환 보유액은 반드시 많을수록 좋은 것일까? 그렇지는 않다. 왜냐하면 외환 보유에도 기회비용이 따르기 때문이다. 내가 이미 이야기했잖은가? 세상에 공짜 점심은 없다고. 아직 안 했다고? 그럼 지금 하자. 세상에 공짜는 없다. 높은 외환 보유로 외환시장의 안정을 유지하고자 한다면 그 대가로 무언가를 지불해야 한다. 한국은행을 비롯한 각국의 중앙은행들은 외환을 지하금고 같은 곳에 마냥 보관하고 있기만 하는 것이 아니라 나름대로 국제 금융시장에서 운용한다. 외국에 투기를 한다는 이야기다. 그러나 한국은행은 안정성 중심으로 자금을 운용하기 때문에 그 수익률은 매우 낮은 편이다. 아마 일반 기업이나 투자자들이 그렇게 자금을 운용한다면 얼마 못 가서 문 닫아야 할지도 모른다. 외환 보유의 기회비용이다.

한편 외환시장에 개입하는 과정에서 정부와 한국은행은 외국환평형기금채권이나 통화안정증권 등을 발행하는데, 이 채권들에 지급하는 이자도 외환 보유의 기회비용이다. 한국은행이 시중의 남는 외화를 구매할 때는 당연히 원화를 지불하게 된다. 그런데 이 과정에서 찍어낸 원화가 너무 많으면 물가가 상승할 것이기 때문에 한국은행은 통화안정증권을 발행하여 통화량을 다시 흡수하게 되는데, 그 대신 지불해야 하는 이자가 바로 외환 보유의 기회비용이 되는 것이다. 한국은행이 원화를 찍어낸다고 말한 것은 실은 올바르지 않다. 돈은 한국은행이 아니라 조폐공사가 찍어낸다. 다만 언제 얼마를 찍어낼 것인가를 결정하는 것은 한국은행 맞다.

이처럼 적절한 규모의 외환 보유고를 유지하는 데 따른 비용과 편익을 따지는 일은 그리 쉽지 않다. 특히 국가 신인도의 제고와 같은 보유의 편익을 객관적으로 계산하기는 더욱 어렵다. 따라서 어느 정도의 외환 보유가 적정한가라는 질문에도 정답은 없다. IMF조차 외환 보유액의 적정 수준을 결정하는 데는 각국의 특수한 사정을 고려해야 한다고 강조하고 있을 뿐이다. 일반적으로 각국은 무역규모, 단기 외채규모, 만기가 얼마 남지 않은 장기 외채규모와 함께 위기 발생 때 유출 가능한 외화규모 등을 감안하여 적정 외환 보유액을 산출하고 있다. 그러나 경제 여건이 비슷하다 하더라도 그 나라의 정치적 군사적 위험도 등에 따라서도 그 규모는 달라질 것이다. 어쩌면 적절한 외환 보유의 정답은 오히려 적절한 외채 관리에 있는 것은 아닐까 싶기도 하다. 빚이 없으면 빚을 갚느라 저금할 필요도 없기 때문이다. 물론 외채가 없어도 다른 목적에 사용하기 위한 외환 보유고는 반드시 필요하다. 그리고 자본주의 사회에서 빚 없이 살기란 그리 쉽지도 않을뿐더러 실은 반드시 좋은 일도 아니다. 그래서 적절한 외채 관리가 필요하다는 말이다.

꼬리가
개를 흔들면

강아지는 기분이 좋으면 꼬리를 흔든다. 왜냐고 묻지 말라. 그것이 강아지의 본능인 것을 어떻게 하랴? 반대로 두려운 상대를 만나면 강아지는 꼬리를 가랑이 사이로 감춘다. 한마디로 꼬리는 강아지의 상태를 보여주는 오늘의 날씨 현황판 같은 것이다. 그런데 만약 강아지가 꼬리를 흔드는 대신 꼬리가 강아지를 흔들면 어떻게 될까? 강아지로서는 엄청 어지럽지 않을까? 그러다가 꼬리가 기분 나빠져서 강아지를 패대기라도 친다면? 끔찍한 일이 될 것이다. 그런 일이 설마 있을까 하고 생각하는 사람들도 많을 것이다. 혹시나 해서 얘기하는데 그런 일, 실제로 있다.

닉슨 쇼크(Nixon Shock)는 전후 세계 경제의 역사에서 가장 중요한 사건이라고 해도 결코 과장이 아니다. 이 조치의 진정한 의미는 실물 부문(금)과 화폐 부문(달러)을 묶고 있던 고리를 끊어 버렸다는 것이다. 경제는 실물과 화폐 부문으로 구성되어 있다. 실물 부문이 가치를 생산하는 부문이라면, 화폐 부문은 직접 가치를 생산하지는 못하지만 실물 부문이 원활하게 움직일 수 있도록 도와주는 역할을 한다. 가령 화폐가 없어서 모든 거래를 물물교환으로 해야 한다면 경제는 거의 성장할 수 없다. 거래의 양의 제한되기 때문이다. 그런데 반대로 화폐 부문이 지나치게 확대되면, 간단히 말해서 실물 부문의 필요성보다 더 많은 화폐가 돌아다니면 경제가 불안정해진다. 가장 쉬운 예가 인플레이션이다.

그래서 자본주의의 초기부터 대부분의 나라들은 실물과 화폐 부문을 긴밀하게 묶어 두고자 했다. 그것이 바로 금 본위제도이다. 금 본위제도란 화폐 발행 당국이 보유한 금의 가치만큼만 화폐를 발행한다는 뜻이다. 하지만 금의 가치 합계와 화폐의 가치 합계가 일치하는지 아닌지 어떻게 알 수 있을까? 문제없다. 이들은 금으로 화폐를 만들었기 때문에 금과 화폐의 가치는 언제나 일치했기 때문이다. 이로써 인플레이션의 가능성은 해결되었다. 다만 금이 부족할 경우 디플레이션이 일어날 가능성은 여전히 남아 있었다. 자본주의의 초기에 많은 유럽 국가들이 신대륙에서의 금 약탈에 혈안이 되었던 이유 가운데는 물론 금 그 자체가 부를 의미한다는 것도 포함되어 있었지만, 자본주의적 경제질서의 수립을 위해서 금이 필요하다는 요구도 있었다.

자본주의가 더욱 발달하고 확대되어 갈수록 화폐의 부족이라는 문제는 더욱 심각해졌다. 각국 정부들은 더 이상 금으로 화폐를 만들 수 없다는 것을 깨달았다. 그래서 그들은 종이로 화폐를 만들기 시작했다. 그러나 화폐의 가치는 정부에 의해 엄격히 통제되었다. 이것이 바로 관리통화제도로, 오늘날 대부분의 자본주의 국가들이 채택하고 있는 통화제도이다. 한국은행이 함부로 돈을 찍도록 결정하지는 않는다는 뜻이다. 그런데 국제 경제에서는 누가 화폐의 가치를 보장할 것인가 하는 문제가 여전히 남는다. 그래서 미국 정부가 총대를 메고 나선 것이다. '내가 보장하마.' 어떻게? 달러의 가치를 금 1온스=35달러로 고정시켜 놓으면 될 것 아니냐는 말이다.

자유당 때 유명했던 어느 깡패 분(도대체 어떻게 불러야 하나?)이 쓴 책을 보니 이런 말이 있다. 자기가 세력을 빨리 확장할 수 있었던 이유는 돈과 여자문제를 공평하게 다뤘기 때문이란다. 그다지 좋은 예는 아닌 듯하지만 아무튼 골목대장이라고 아무나 하는 것이 아니라는 말이다. 때로는 힘으로 누를 줄도 알아야 하지만, 때로는 돈도 나눠주고 술도 사면서 적당히 어를 줄도 알아야 한다. 2차 대전 이후 세계 자본주의 경제에서 미국이 한 일이 바로 그것이다. 미국이 군사력으로 누르기만 했다면 팍스 아메리카나가 지금까지 유지될 수는 없었을 것이다. 솔직히 그동안 미국 형님이 돈도 많이 풀었다. 그러나 요즘은 아니다. 동네 초딩들 코 묻은 돈까지 뺏는다. 그래서 팍스 아메리카나가 요즘 마구 흔들리는 것이다.

아무튼 이제 미국이 무엇을 했는지 들여다보자. 대외 적자의 누적과 냉전 체제를 유지하는 비용으로 달러화의 가치는 자꾸 떨어져 갔다. 한때 런던의 외환시장에서는 금 1온스 당 45달러까지 그 가치가 하락한 적도 있다. 상황이 이렇게 되면 미국은 금을 싸게 파는 대신 달러를 비싸게 사 들임으로써 달러 가치를 유지한다. 이른바 환율 방어라는 것으로 1997년에 대한민국 정부가 함부로 하다가 나라 말아먹었던 바로 그 일이다. 아무튼 이런 식으로 금 1온스마다 10달러씩 손해 보면서 고정 환율제를 유지한다는 것은 역시 미국이나 되니까 하는 일이다.

브레튼우즈 체제가 유지되는 동안 미국은 누구든 35달러를 가져오면 금 1온스와 바꿔주었다. 물론 말이 그렇다는 것이지 아무나 간다고 바꿔주는 것은 아니다. 35달러 들고 포트 녹스 가봐야 군인 아저씨들한테 안 맞으면 다행이다. 드골(Charles A. M. Joseph De Gaulle, 1890~1970)이라고 성질 조금 더러운 분이 계셨는데, 이 양반은 미국을 대단히 싫어하셨단다. 근본도 없는 놈들이라는 것이다. 그 중에서도 특히 케네디(John F. Kennedy, 1917~1963)라는 뺀질뺀질한 젊은 친구를 유난히 싫어했는데, 그래서 이 양반 가끔 달러뭉치를 들고 가서 금과 바꾸기도 했단다. 미국 입장에서는 환장할 노릇이었을 것이다.

그러나 이것은 아주 예외적인 경우이지, 실제로 금과 달러를 바꾸는 일이 자주 있지는 않았다. 미국의 금 보유가 해외 달러의 절반도 안 되었으니 만약 그런 일이 정말 자주 있었다면 아마 그 전에 이미 미국 경제는 무너지고 세계 경제도 박살났을 것이다. 그러나 결국 누가 실제로 금과 화폐를 바꾸러 오든 아니든 미국의 입장에서는 달러의 가치를 유지하는 것도 더 이상 감당하지 못하게 되었고 그래서 두 손 두 발 모두 들었던 것이 바로 닉슨 쇼크이다. 이것은 닉슨의 판단 착오나 정치적 실수에서 기인한 것이 아니라 더 이상 브레튼우즈 체제를 유지하는 일이 불가능해졌기 때문에 생긴 일일 뿐이다. 닉슨은 고정 환율제도 손들고 베트남전쟁도 손들고 중국에도 갔다. 참으로 대단한 실용주의자이다. 정치가로서는 도저히 하고 싶지 않은 일들을 과감하게 했지 않은가?

닉슨 쇼크로 인해 이때부터 실물 부문과 화폐 부문의 고리는 결정적으로 끊어지고 말았다. 이제 화폐, 즉 금융 부문이 실물 부문의 고리를 벗어나 놀게 된 것이다. 그 결과는? 물론 이런저런 일들이 이때 처음 일어난 것은 아니다. 다만 이때부터 결정적으로 본격화되기는 했다. 우선 금융 부문에서의 독자적인 투기활동이 가능해졌다. 가령 외환 관리의 문제가 있다고 해서 곧바로 외환위기가 일어나는 것은 아니다. 우리나라의 외환위기를 비롯해 그보다 훨씬 먼저 일어난 영국의 외환위기, 동남아시아의 외환위기, 남아메리카의 외환위기까지 사태를 심각하게 만든 것은 바로 국제 투기자본들이다. 그런데 이들의 환 투기가 가능한 것은 바로 고정 환율제가 붕괴되었기 때문이다. 앞에서도 이야기했듯이 투기란 서로 기대가 다르기 때문에 일어나는 것이다. 그러나 환율이 고정되어 있는데 무슨 기대가 있겠는가? 환투기뿐이 아니다. 오늘날 범람하는 국제적 금융투기들은 모두 브레튼우즈 체제의 붕괴로부터 가능해진 현상들이다. 더 나아가서 보면 오늘날 세계화를 선도하는 것은 경제, 그 가운데서도 금융 부문이다. 아마 브레튼우즈 체제의 붕괴가 없었다면 세계화도 없었을지 모른다. 물론 반대로 생각하면 브레튼우즈 체제가 붕괴되었기 때문에 그 충격을 해결하고

닉슨 쇼크

닉슨(Richard Milhous Nixon, 1913~1994) 미국 대통령이 1971년 8월 15일 발표한 달러 방어정책으로 인해 발생한 충격을 말한다. 대외 채무의 증가, 국제 수지의 악화에 시달리던 닉슨은 신경제정책 '제1단계' 라고 불리는 달러 방어조치를 가동함으로써 달러와 금의 교환을 정지시키고 10퍼센트의 수입과징금제도를 만들었다. 이는 사실상의 국가부도로, 새로운 질서를 만들자는 파격적인 제안이기도 했다. 이 같은 조치는 대미 수출 의존도가 높은 한국과 일본, 남아메리카 등에 큰 충격을 주었고 금 본위제로 대표되는 브레튼우즈 체제는 붕괴되어 고정 환율제에서 변동 환율제로 바뀌는 전환점이 되었다.

자 세계화가 일어난 것이라고도 할 수 있다. 꼬리가 너무 커진 셈이다. 문제는 꼬리가 너무 커져서 마구 흔들어대니 강아지가 어지러움을 느낀다는 것이다.

1929년의 위기는 확실히 단지 주식시장에서의 주가 폭락에서 드러났을 뿐 그 위기의 본질은 실물 부문에 있었다. 그렇다면 2009년의 위기는? 물론 위기의 가장 깊은 본질은 여전히 실물 부문에 있다. 그러나 금융 부문의 역할이 1929년과는 다르다. 1929년에는 일어나야 할 위기를 금융 부문에서 폭로했을 뿐이라면 1997년의 한국 경제나 2009년의 세계 경제에서는 일어나지 않았을 수도 있을, 또는 조금은 덜 심각했을 위기를 그놈의 꼬리가 마구 흔들어대는 바람에 난장판이 된 것이기 때문이다.

Chapter 04

경제개방과 세계화의
진실과 거짓

세계화
때문에

외국 사람이 쓴 괜찮은 책 가운데 『세계화의 두 얼굴』이라는 책이 있다. 이 책을 보면 저자가 세계화에 관심을 가진 이유가 인도의 빈민들 때문이라고 한다. 인도에 가봤더니 엄청나게 빈곤한 사람들이 무지 많더라는 이야기다. 맞는 이야기다. 인도에 가보면 누구나 느낀다. 도대체 가진 자들이 떠벌이는 이야기 가운데 믿을 이야기가 무엇인가 하고 말이다. 다만 궁금한 것이 있다. 인도 사람들이 가난한 이유나 인도의 빈부 격차가 심한 이유가 정말 세계화 때문일까? 인도 사람들이 가난하더라거나 인도의 빈부 격차가 심하다는 이야기는 모두 맞다. 하지만 그것이 세계화 때문이라고 말하는 것은 전혀 다른 문제이다. 물론 세계화 때문이라는 말에는 두 가지 의미가 있을 수 있다. 세계화를 해서 더 가난해졌는가, 아니면 세계화를 안 해서 더 가난해졌는가. 흔히 세계화를 비판하는 분들은 세계화를 해서 더 가난해졌다고 주장한다. 두 번째 문제는 세계화를 해서 인도 내부의 불평등이 더 심해졌는가 하는 것과 인도와 다른 나라와의 빈부 격차가 더 심해졌는가 하는 것이다. 세계화를 비판하는 사람들의 주장 속에는 이런 문제들이 마구 뒤섞여 있다. 그래서 어렵다.

첫 번째 질문부터 이야기해보자. 인도나 다른 개발도상국들은 과연 세계화를 해서 더 가난해졌는가, 아니면 세계화를 안 해서 더 가난해졌는가? 결론부터 말하자면 정답은 아무도 모른다. 절대적으로 더 가난해지는 나라도 가끔 있지만 대부분 나라의 경우에는 절대적으로 성장한다. 가끔 절대적인 마이너스 성장을 기록하는 나라들도 있는데 그런 경우는 대개 내전을 겪고 있거나 농업국가인데 100년에 한 번 올까 말까 한 가뭄이 온 경우이다. 요즘 한국 경제도 마이너스 성장이라고 하더라마는, 이런 경우를 놓고 섣부르게 일반화시킬 수는 없는 것이다.

그렇다면 두 번째 질문으로 가보자. 세계화를 해서 인도 내부의 불평등이 더 심해졌는가, 아니면 인도와 다른 나라와의 빈부 격차가 더 심해졌는가? 정답은 역시 모른다. 인도 내부의 소득 격차가 더 심해졌다는 증거만큼 아니라는 증거도 많다. 마찬가지로 인도와 다른 나라 사이의 격차가 더 심해졌다는 증거만큼 아니라는 증거도 많다. 이런 증거도 많고 저런 증거도 많다니 도대체 무슨 소리냐고? 그것이 현실이다. 일찍이 레닌(Nikolai Lenin, 1870~1924)이 말하지 않았던가. 현실에는 이런 증거도 저런 증거도 많으니 그것으로 자기 논리의 정당함을 주장하지 말라고. 요컨대 온갖 증거가 많지만 그 증거들을 찬성이든 반대든 세계화와 관련지을 만한 그럴 듯한 논리는 아무 것도 없다는 이야기다. 그냥 자기가 주장하고 싶은 대로 증거들을 가져다 붙일 뿐이다.

진실을 이야기해보자. 인도의 가난한 사람들은 세계화라는 말도 모르고 그런 데 관심도 없다. 단지 오늘 저녁의 먹을거리를 구할 뿐이다. 반면 인도의 전문직 노동자들은 세계화를 통해 미국의 일자리를 구하려고 노력한다. 미국까지 갈 기회가 없으면 미국 기업들의 일거리라도 얻으려고 한다. 이렇게 보면 세계화는 인도의 빈부 격차를 확대시킨다. 하루에 한 끼를 먹을까 말까 한 빈곤층에는 겨우 밥 한 그릇을 더 줄 뿐이지만, 고소득의 전문직에게는 벤츠 자동차를 주지 않는가? 하지만 밥 한 그릇의 행복과 벤츠 자동차의 행복 가운데 어느 것이 더 크고 작다는 이야기는 아무나 함부로 할 수 없다. 그렇지 않은가?

그래서 세계화를
생각한다

미국의 경제학자 조셉 스티글리츠(Joseph E. Stiglitz, 1943~)는 앞에서 이야기한 '정보의 비대칭성' 문제를 어떻게 해결하는가에 대한 연구로 노벨상을 받았다. 그런데 스티글리츠의 이름은 교과서에서보다 세계은행(IBRD) 수석 부총재로서 더 익숙하다. 이 양반의 주장은 주류 경제학자들과는 조금 거리가 있어서, 세계은행 시절부터 신자유주의나 지금 벌어지고 있는 세계화에 대해 직설적인 비판을 자주 했다. 세계은행도 실은 그냥 제 발로 나간 것이 아니라 쫓겨났다고 해야 옳다.

스티글리츠가 쓴 『인간의 얼굴을 한 세계화』라는 책을 보면 이 양반이 무조건 세계화를 반대하는 것은 아니라는 것을 볼 수 있다. 문제는 세계화 자체에 있는 것이 아니라 지금까지 세계화가 진행되어온 방식에 있다는 것이다. 이는 다음과 같은 질문들을 던져보면 쉽게 알 수 있다. 누가 세계화를 주도하는가? 무엇을 위한 세계화인가? 그리고 어떤 규칙에 의해 세계화가 진행되고 있는가? 실은 모두 한 가지 질문을 다르게 표현해본 것뿐이다.

조선 시대 선비들은 공맹의 사상을 무엇으로 공부했을까? 물론 책으로 공부했다. 그럼 그 책들은 어느 출판사에서 나왔을까? 농담이다. 그 시절의 책들은 대부분 필사본이었다. 한 10년 쯤 스승 밑에서 밥도 하고 나무도 하면 책 한 권 주신다. 그럼 며칠 밤을 꼬박 새워 그 책을 베껴서 자기 책 한 권 만드는 것이다. 그래서 조선 시대의 선비들은 학식을 비교할 때 책은 몇 권이나 베꼈냐고 물었다. 조선 시대에도 물론 인쇄술이 있었다. 그렇다면 문제는 기술에 있는 것일까? 아니다. 지금 내가 하고자 하는 이야기는 정보에 관한 것이다.

내가 대학생일 때는 모든 리포트를 손으로 썼다. 대학의 기말고사 시험지도 필경사라는 분들이 손으로 새겨서 등사기로 밀던 시절이다. 그러던 어느 날 한 교수님이 아주 획기적인 요구를 하셨다. 리포트를 타자기로 쳐서 가져오라는 것이다. 지금도 그분이 무슨 생각으로 그런 과제를 내셨는지 모르겠다. 내 주변에는 타자기를 가진 학생이 차라리 아무도 없었으니 말이다. 그런데 요즘 학생들은 어떤가. 나는 차라리 '짜깁기는 봐줄 테니 다운은 받지 말라' 고 당부한다. 짜깁기는 그래도 제법 노력이 들어가기 때문이다. 그러나 대부분의 요즘 학생들은 남의 리포트를 통째로 다운로드 받아온다. 심지어 누군가의 박사

논문을 다운받아온 학생도 있었다. 그러다보니 리포트를 사고파는 인터넷시장이 제법 크단다. 리포트를 파는 한 학생의 이야기로는 용돈 정도는 된단다. 인터넷이 일구어낸 성과(?)다. 학생들이 리포트를 베껴오는 일은 당연히 환영할 일이 아니지만, 아무튼 나도 요즘 책이나 논문을 쓸 때는 인터넷의 도움을 톡톡히 받는다. 예전에는 나도 다른 분의 책을 인용하기 위해 거의 조선 시대 선비들 마냥 책 한 권을 통째로 노트에 베낀 일이 적지 않았다.

요컨대 인터넷은 세계화가 정보의 공유라는 방향으로 진행될 때 우리에게 얼마나 좋은 것인가를 보여준다. 그러나 많은 경우에 세계화는 사용자들을 위한 공유가 아니라 이윤의 창출을 목적으로 진행된다. 선진국의 대기업들은 정보를 공유하기보다는 독점하려 하고, 그러한 방법을 통해 새로운 이윤 창출의 기회를 만들고자 한다. 세계화가 어떻게 진행되어야 하는가 하는 규칙을 정하는 것도 바로 이러한 대기업들과 미국을 비롯한 선진국 정부들이다.

세계화 때문에 가난한 나라의 국민들은 더욱 가난해진다고 주장하는 분들도 많다. 그러나 동시에 중국 노동자들이 미국 노동자들의 고용을 위협하고 있다고 주장하는 이들도 많다. 그렇다면 과연 세계화는 가난한 중국 노동자들을 더욱 가난하게 만드는가 아니면 그들에게 새로운 고용과 복지의 기회를 제공하는가? 조금 진부한 비유이기는 하지만 같은 물이더라도 소가 마시면 우유가 되고 뱀이 마시면 독이 된다고 했다. 주부가 칼을 쥐면 가족을 위한 음식을 만들지만 강도가 칼을 쥐면 사람을 해친다. 나는 세계화가, 굳이 비유하자면 부엌칼과 같은 것이라고 생각한다. 강도가 쥐고 있으니 흉기가 되는 것이지, 칼에 무슨 죄가 있는 것은 아니지 않은가?

커피 한 잔의
가치

매일 아침 직장에 나가기 전에 우리는 중국의 농부들이 재배한 차나 남아메리카의 농부들이 수확한 커피, 또는 서아프리카의 농부들이 수확한 코코아를 마신다. 아침 일을 시작하기도 전에 이미 우리는 전 세계의 절반이 넘는 이들에게 신세를 지는 것이다. 이 이야기를 한 사람은 누구일까? 바로 마틴 루터 킹(Martin Luther King. Jr., 1929~1968) 목사이다. '나에게는 꿈이 있다' 던 바로 그분 말이다. 그렇다면 그 커피 한 잔의 가치는 얼마일까? 커피의 종류도 천차만별이니 한마디로 말할 수는 없겠지만, 스타벅스의 커피라고 치면 대개 한 잔에 4,000원 정도이다. 그렇다면 그 4,000원 가운데 커피농장에서 일하는 농부들의 몫은 얼마일까? 40원도 되지 않는다. 세계화가 우리를 더욱 가난하게 만든다는 주장의 근거도 바로 여기에 있다.

감자는 신대륙의 발견 이후 아메리카에서 유럽으로 건너갔다. 감자를 처음 본 유럽인들은 그것을 '악마의 음식' 이라고 불렀다. 식물이란 땅 속에 뿌리가 있고 열매는 땅 위에 있어야 정상인데, 감자는 땅 속의 것을 먹으니 악마의 음식이라는 것이다. 유럽인들은 아마 악마가 땅 속에 산다고 생각했던 모양이다. 당연한 이야기지만 감자를 먹은 것은 악마만이 아니었다. 감자가 없었다면 빵을 사 먹을 형편이 안 되는 유럽의 숱한 빈민들은 굶어 죽었을지도 모른다. 감자는 '농민의 음식' 이었고, 때로는 '아일랜드인의 음식' 으로 불리기도 하였다. 그 당시 유럽에서 가장 가난한 사람들이 바로 아일랜드의 농민들이었기 때문이다. 물론 이런 이름은 아일랜드를 지배했던 영국인들이 아일랜드 사람들을 낮춰 보는 의미로 붙인 이름이다.

19세기 중반 아일랜드에서는 대기근이 일어나 100만 명에 가까운 사람들이 굶어 죽는 끔찍한 사태가 벌어졌다. 사실 기근이라고는 해도 아일랜드의 감자 수확이 그만큼 줄어든 것은 아니었다. 문제는 식량 부족이 아일랜드에서만 일어난 것이 아니라는 점이었다. 영국에서도 일어났고, 영국의 감자 가격이 등귀하자 아일랜드의 농장주들은 감자를 영국으로 수출해 버렸다. 농장주들은 큰돈을 벌었지만 그 대신 아일랜드의 농민들은 굶어 죽어야 했다. 많은 이들은 이 사건을 무역이, 교환이, 시장이 사람들을 행복하게 하는 것이 아니라 반대로 사람들에게 재앙을 가져다 준다는 증거로 삼는다. 요즘 식으로 표현하면 세계화가 아일랜드의 농민들을 굶어 죽게 만들었다는 이야기다. 그러나 거꾸로 생각해보자. 세계화가 없었더라면, 즉 콜럼버스의 항해가 없었더라면 아일랜드의 농민들은 영원히 감자를 보지도 못했을 것이 아닌가? 아일랜드의 농민들을 굶어 죽게 만든 것은 무역이 아니라 농장주들의 탐욕이고, 토지에 대한 독점적 소유였다고 해야 옳다.

콜롬비아의 농민들은 종일 커피농장에서 일하지만 겨우 1달러(UN이 정한 최저 생계의 가이드라인)도 못 되는 돈을 번다. 그나마 커피 가격이 떨어지면 그 일조차 잃고 산 속으로 쫓겨 가야 하는 농민들도 많다. 직접 커피를 생산하는 농민들에게 돌아가는 몫이 1퍼센트밖에 안 된다면 나머지 99퍼센트는 누가 가져갈까? 그 커피를 마시는 선진국의 소비자들일까? 물론 아니다. 바로 농장주들과 원두의 중간상인들, 곡물 메이저로 불리는 다국적기업들, 그리고 커피산업의 자본가들이다. 그렇다면 우리는 착취당하는 농민들을 위하여 더 이상 커피를 마시지 말아야 할까? 역시 아니다. 농민들을 위해서라면 더 많은 커피를 마셔 한 푼이라도 농민들에게 더 돌아갈 수 있도록 하는 편이 차라리 옳을 것이다. 그러나 우리가 아무리 밤잠을 못 잘 만큼 커피를 마셔도 농민들에게 얼마나 더 많은 몫이 돌아갈지는 모르겠다.

착취당하는 농민들을 위해 진정으로 필요한 일은 커피무역을 금지하는 일이 아니라 커피농장에 대한 독점적 소유를 금지하고 농민들에게 정당한 임금과 배당을 지불하도록 제도를 개선하는 일이다. 또한 국제적 협력을 통해 커피의 유통과정을 장악하고 생산자에게 낮은 가격을 지불하는 다국적기업들의 횡포를 막는 일이다. 매우 어려운 일이지만 현실에서 이미 이러한 일들을 실천하고 있는 사람들이 있다. 공정무역을 위한 운동이 바로 그것이다. 공정한 무역이란 간단히 말하면 커피(를 포함한 모든 농산물과 수제품들)에 정당한 가격을 지불하자는 것이다. 커피 가격은 이미 충분히 비싼데 무슨 말이냐고? 여기서 정당한 가격을 지불한다는 것은 농민들에게 그 몫이 돌아가도록 한다는 의미이다. 즉 농민들에게 정당한 몫을 지불하고 생산한 상품, 또는 농민들이 직접 만들고 직접 판매하는 상품들을 구매하자는 것이다. 별다른 노력을 기울이지 않더라도 이왕이면 친환경 마크가 붙은 상품을 사용하는 것만으로 환경을 보호하는 데 기여할 수 있듯이, 이런 상품들에 공정무역 마크를 붙이고 소비자가 그것들을 구매해주기만 하면 공정한 무역에 일조하는 것이다. 참 쉽지 않은가?

일용할
양식

소설가 양귀자의 연작 단편집 『원미동 사람들』에는 「일용할 양식」
이라는 작품이 실려 있다. 이런 이야기다. 동네 슈퍼가 신장개업을 하
면서 쌀을 갖다 놓았다. 그러자 이번에는 동네 쌀집이 잡화를 갖다 놓
고 슈퍼로 전환하였다. 두 집은 두루마리 휴지 한 통을 사도 플라스틱
바가지를 선물로 주는 무한 경쟁에 들어갔다. 소비자들로서는 좋은 일
이지만 한 동네에서 매일 서로 얼굴 보고 사는 처지이다보니 그것도
마음이 편치만은 않다. 이 집에 가려니 저 집이 눈치 보이고, 저 집에
가려니 이 집이 눈치 보였다. 그러던 어느 날 비어 있던 자리에 과일가
게가 새로 생겼다. 그러자 누구 한 집이 두 손 들 때까지 싸울 것 같던
두 집이 언제 그랬냐는 듯이 동시에 과일 값을 깎아 팔기 시작했다. 결
국 새로 생긴 과일가게는 얼마 버티지 못하고 동네를 떠났다. 두 집은

언제 우리가 싸웠느냐는 듯이 다시 형님 아우님 사이가 되었고, 쌀집은 쌀집으로 슈퍼는 슈퍼로 돌아갔다. 이 작품의 제목이 왜 '일용할 양식'일까? 일용할 양식이 위협 받으면 누구나 이렇게 된다는 뜻이다. 그래서 개도 먹을 때는 건드리지 말라는 것 아닐까?

신문에서 참으로 치사한 사건에 관한 기사를 읽었다. 신학기가 되면 많은 학부모들이 학생들의 교복 때문에 고민한다. 중학생 교복 한 벌의 가격이 웬만한 어른들 정장 가격보다 비싸다. 그래서 몇몇 학교에서는 학부모들이 교복 공동구매를 한다는데, 그러자 교복 만드는 대기업들이 담합하여 그 학교들에 교복을 덤핑 판매해서 공동구매를 못하게 만들었단다. 참으로 치사한 대기업들이다. 더 기막힌 것은 학교 당국의 태도이다. 교복 공동구매는 학부모들이 자발적으로 한 일이니 학교와는 상관없다는 것이다. 시장에서 일어난 일이니 나는 모른다는 이명박 정부와 똑같지 않은가?

많은 기업들이 일용할 양식을 지키기 위해서 더러는 경쟁하고 더러는 담합하기도 한다. 특히 시장이 소수의 공급자들에게 장악되어 있을 때에는 공급자들 간의 담합행위가 더욱 빈번히 일어난다. 바로 카르텔(Kartel)이라는 것이다. 물론 대부분의 나라에서 카르텔은 법적으로 금지되어 있다. 그러나 암묵적으로 이런 일은 매우 자주 일어난다. 특히 국경을 넘어 활동하기 때문에 정부의 규제가 잘 먹히지 않는 국제 시장에서는 더욱 그렇다. 그 대표적 사례가 '칠공주(Seven Sisters)'다.

칠공주라고 하면 무슨 여학교의 폭력 서클 이름인가 싶지만, 실은 국제 석유시장의 거대 다국적기업들을 지칭하는 말이다. 엑슨이니 모바일이니 하는 회사들 말이다. 이들처럼 석유나 원자재, 곡물산업 등에서 활동하는 거대 배급회사들을 메이저(major)라고 한다. 영화산업에서도 그렇게 부른다. 이 산업들의 공통된 특징은 생산자와 소비자가 모두 매우 다수이며 전 세계에 흩어져 있다는 것이다. 그래서 여러 생산자들로부터 상품을 모수집해서 다시 여러 소비자들에게 유통시키는 과정이 필요한데 바로 이런 과정을 통제하는 회사들이 메이저인 것이다. 이들은 직접 생산을 하지는 않지만, 유통과정을 장악함으로써 사실상 그 산업을 지배한다. 칠공주라는 별명에서 알 수 있듯이 석유산업은 일곱 개의 대기업이 장악하고 있다. 곡물산업의 경우는 미국의 카길과 컨티넨탈 등 다섯 개의 메이저기업들이 전 세계 유통의 85퍼센트를 차지하고 있다.

국제 무역에서 제3세계의 생산자들이 정당한 자기 몫을 못 받는 가장 큰 이유는 바로 이 메이저들이 그 산업을 지배하고 있기 때문이다. 이들은 한편으로는 서로 경쟁하지만 다른 한편으로는 서로 담합하여 노동자들에게는 저임금만을 지불하고 농민들에게는 최저 가격만 주고 그들의 생산물을 빼앗는다. 물론 시장에서는 모든 사람이 자유롭다. 그러니 팔기 싫은 농민은 안 팔면 그만이고, 일하기 싫은 노동자는 일하지 않으면 된다. 그러나 메이저들이 그 산업을 장악하고 있는 이상 농민들은 메이저가 아니면 다른 곳에 생산물을 팔 수가 없다. 노동자들은 메이저 소유의 농장이 아니면 일할 곳이 없다.

　메이저는 생산자와 소비자 모두에게 손해를 끼친다. 생산자는 정당한 가격을 받지 못하고 소비자는 정당하지 못한 가격으로 그 상품을 구매해야 한다. 하지만 그렇다고 우리가 메이저를 해체시킬 수는 없다. 가능한 방법은 이들을 배제시키는 것이다. 다시 말해 소비자 단체 등이 제3세계의 농민들과 직거래를 통해 구입한다면 농민들에게 더 많은 몫을 지불하고도 상품 가격은 더 싸질 수 있다. 물론 어떤 경우에는 공정무역으로 인해 우리가 지불하는 가격이 조금더 비싸질지도 모른다. 농민들에게 지불하는 정당한 가격만큼 말이다. 그래도 그 상품들을 구입하고 소비함으로써 농민들이 더 이상 착취당하지 않을 수 있다면 충분히 좋은 일 아닌가?

미국에는
나이키가 없다

나이키가 가장 비싼 운동화인지 아니면 더 비싼 운동화도 있는지는 잘 모르겠다. 하지만 나이키가 비싼 신발의 아이콘이라는 점은 누구나 동의할 것이다. "누가 나이키를 신는가?" 라는 다소 격한 억양의 성우 목소리로 시작되던 이 브랜드의 광고는 단순한 광고를 넘어 1980년대 한국 사회의 문화 가운데 하나였다. 물론 그 반대편의 문화도 있었다. 갑자기 밀려들어오기 시작한 다국적기업 제품들에 저항하는 표현으로 많은 대학생들은 고무신에 나이키의 로고를 그려 신고 다니기도 했다. 우리는 그것을 '사이키' 라고 불렀다.

그런데 여러분은 혹시 아시는가? 그 당시 나이키를 가장 많이 생산한 기업은 정작 나이키가 아니라 한국의 신발공장들이었다는 사실을. 그 신발공장의 여성 노동자들은 나이키 신발 가격의 몇 퍼센트를 받았을까? 당시 우리나라의 하청업체들은 최근의 베트남처럼 나이키나 리복 같은 세계적 브랜드 제품의 대부분을 생산했었다. 지금 베트남에서 나이키를 만들고 있는 여성 노동자들은 과연 몇 퍼센트나 받고 있을까?

공정무역은 농산물이나 농산물 가공산업에만 적용되는 이야기가 아니다. 당연히 더 많은 공산품들에서도 공정무역은 적용될 수 있고, 또 적용되어야 한다. 그리고 공정한 무역은 이제 공정한 생산으로 나아가야 한다. 물론 그것이 쉬운 일은 아닐 것이다. 그 중에서도 많은 분들이 가장 걱정하는 문제는 고용에 관한 것이다. 나이키가 미국에서 생산하지 않고 베트남에서 생산하는 이유는 당연히 저임금 노동력을 이용하기 위해서이다. 그러므로 베트남 노동자들에게 공정한 임금을 지불하라고 강제한다면 나이키는 더 임금이 싼 네팔이나 스리랑카 등으로 이전해 버릴지도 모르겠다. 당연히 어느 정부도, 어느 하청기업도 그러한 위험을 감수하고 싶지 않을 것임은 분명하다.

그러나 공정한 무역, 공정한 생산이란 최저 임금제와 같은 것이다. 경제학자들 가운데는 최저 임금제가 고용을 축소시키는 나쁜 제도라고 주장하는 분들이 적지 않다. 가격이 오르면 수요는 줄어든다는 것이 경제학의 가장 초보적인 원리이기 때문이다. 그래서 이분들은 편의점에서 아르바이트하는 청소년들을 위하는 길은 알바의 시급을 올리는 일이 아니라 반대로 알바의 시급을 내림으로써 더 많은 알바를 고용하도록 하는 것이라고 주장한다. 그러나 시급을 내리면 정말 알바의 고용이 늘어날까? 아니다. 알바의 시급을 내리면 알바의 시급만 내려갈 뿐이다. 경제학은 흔히 생각하는 것보다 현명하고도 공정한 학문이다.

시장에 맡기는 것이 최선이라는 주장은 시장에서 서로 대항하는 힘들이 대등할 때만 맞는 이야기다. 운전자와 보행자가 똑같이 부주의해서 사고가 났을 때 법은 당연히 운전자에게 더 큰 죄를 묻는다. 사람이 차에 미칠 수 있는 피해보다 차가 사람에게 미칠 수 있는 피해가 더 크기 때문이다. 그런데도 만약 차와 사람을 똑같이 놓고 시장에 맡긴다면 그것은 결코 공정한 일이라고 할 수 없다. 직장에서 상사가 자신의 권력을 이용하여 부하 직원을 성희롱하는 일, 별로 적절한 비유는 아닌 것 같지만 가령 교수가 자신의 권력을 이용하여 여학생을 유혹하는 일 등을 생각해보자. 이럴 때 피해자에게 "바보야, 너는 왜 싫다고 말하지 못했어?" 하고 꾸짖는 것은 옳지 않다. 힘이 대등하지 않기 때문이다. 최저 임금제는 그러한 불균형을 조금이라도 바로 잡아서 오히려 시장이 제대로 작동하도록 하자는 것이다.

문제는 국민국가라는 영역 안에서만 정부가 그러한 역할을 어느 정도 할 수 있다는 데 있다. 국민국가의 영역을 넘어선 세계 시장에서 누가 다국적기업들의 독점적 권력을 제한할 수 있을 것인가. IMF가? WTO가? 아니면 평화유지군이? 국제 사회의 연대가 아마 바로 그 답일 것이다.

앞에서도 잠시 언급했던 미국의 경제학자 갤브레이스는 현대 경제의 가장 큰 문제를 바로 독점으로 파악하면서, 이러한 독점의 지배로부터 시장을 지키기 위해서는 적절한 길항력(拮抗力)이 필요하다고 주장하였다. 길항이란 병균이 우리 몸에 들어왔을 때 백혈구가 그것을 물리치는 작용을 말한다. 그렇다면 독점이라는 병균이 시장에 들어왔을 때 그것을 길항할 수 있는 힘은 무엇일까? 갤브레이스는 정부보다 노동조합이나 시민 단체가 바로 그런 길항력이라고 보았다. 갤브레이스의 혜안은 국제 사회에서 더 중요한 의미를 가진다. 왜냐하면 국제

아 이 들 을   착 취 하 는   월 드 컵 ?

우리가 열광했던 월드컵에 사용되는 축구공을 만드는 것은 파키스탄, 인도, 네팔의 겨우 10살 남짓한 어린이들이다. 그렇다면 가난한 농민들을 위하여 그들의 농산물을 더 많이 구매하듯이, 착취당하는 어린이들을 위해서는 그들이 만든 상품들을 더 많이 구매할 것인가? 아니다. 아동 노동은 지금 당장, 무조건 금지되어야 한다.

사회에서는 그나마 정부가 할 수 있는 일정한 역할마저도 기대하기 어렵기 때문이다. 그래서 시민사회에 속하는 여러 기구와 단체, 그리고 물론 개인들의 국제적인 연대가 더욱 중요하다는 것이다.

동정이 아닌
정의를 원한다

아마 50년은 더 되었을 옛날 영화 가운데 〈차와 동정〉이라는 작품이 있다. 이 영화에는 독선적이고 심하게 가부장적인 사고방식을 가진 교사가 나오는데, 이 교사는 가혹할 정도로 엄격하고 냉정한 태도로 학생들을 대하는 대신 오후의 쉬는 시간에는 학생들을 자기 집으로 초대해 차를 대접한다. 이 교사는 차 한 잔으로 자신의 독선을 위장하고자 했던 것이다. 그러나 학생들이 진정으로 원한 것은 동정이 아니라 존중이라는 사실을 그는 결코 이해하지 못했다. 결과가 어떻게 되느냐고? 차 마시던 학생과 교사의 마누라가 사랑에 빠진다.

후천성 면역 결핍증, 즉 에이즈(AIDS) 치료제 푸제온을 발명한 다국적 제약회사 로슈가 한국에서 '동정적 접근 프로그램(compassionate access programme)' 을 시작한다고 통보했다. 푸제온을 무상으로 주겠다는 것이다. 그런데 정작 에이즈 환자들의 모임이나 관련 시민 단체 등은 로슈의 제안을 반기지 않는 분위기이다. 왜 그럴까? 로슈는 한국에서 푸제온의 시판을 허용받은 지 4년이 넘도록 한국에 이 약을 공급하지 않아왔다. 그 이유는 한국 정부가 제시한 가격이 너무 싸다는 것이다. 그런데 갑자기 공짜로 주겠단다. 싸게는 못 팔지만 공짜로는 줄 수 있다? 이런 예는 로슈가 처음이 아니다. 백혈병 치료제 글리벡을 생산하는 노바티스도 같은 방식으로 글리벡을 무상 공급한 적이 있다. 물론 글리벡의 가격을 인하하라는 여론의 압박에 대응하기 위한 전략이었다.

초등학교 때 본 한 장의 사진은 어린 나에게 상당히 큰 충격이었다. 미국의 축산업자들이 수백 마리의 소를 땅에 묻고 있는 장면이었다. 그때 내가 생각한 것은 이런 의문이었다. 소를 산 채로 땅에 묻느니 차라리 싸게 팔면 되지 않는가? 초등학생 치고는 제법 똑똑했던 모양이다. 그러나 나는 너무 순진했다. 자본주의가 무엇인지 몰랐던 것이다. 미리 분명히 이야기해 두자. 자본주의가 좋은 것이냐 나쁜 것이냐 하는 이야기는 지금 여기서 아무런 의미도 없다. 좋든 싫든 우리는 자본주의 체제하에 살고 있고, 이 체제를 전복시키겠다는 뜻을 품은 혁명가가 아닌 다음에야 이 질서에 적응하면서 살아야 한다. 그러니 무책임한 어느 분처럼 "자본주의, 그거 나쁜 거예요" 하는 말로 자기는 원죄를 벗은 듯이 굴지는 말자. 다만 자본주의라는 질서 속에서도 할 말은 있다는 것이다.

로슈나 노바티스는 세계 곳곳에서 제품의 가격을 인하하라는 압력을 받아왔다. 환자들이나 시민 단체들만이 아니다. 어떤 정부는 의약품의 가격을 강제로 인하시키거나 복제 약품의 제조와 수입을 허가함으로써 이들의 독점적 지위를 무력화시키는 정책을 실시하기도 했다. 한 예로 태국 정부는 노바티스가 글리벡의 가격을 인하하지 않자 복제 약품의 수입을 허가했다. 그러자 노바티스는 가격 인하 대신 동정적 접근방식을 통해 무상으로 글리벡을 공급했다. 한 나라에서의 가격 인하는 다른 나라들에서의 연쇄적인 가격 인하 압력으로 나타날 것이기 때문에 차라리 공짜로 나눠주는 대신 가격을 유지하는 것이 더 이윤이 크다고 판단한 것이다. 환자 단체들이 로슈나 노바티스의 무상 공급을 환영하지 않는 이유는 바로 여기에 있다. 더 나쁜 것은 다국적 제약회사들은 그들이 원할 때 얼마든지 이 프로그램을 중단할 수 있다는 사실이다. 이들은 자신들의 목적인 가격 유지 또는 가격 인상이 관철되면 곧바로 무상 공급을 중단한다. 때로는 무상 공급을 통해 잠재적 경쟁 제품의 접근을 봉쇄한 다음 공급을 중단함으로써 환자들이 어쩔 수 없이 비싼 가격에 해당 약품을 구매하도록 만들기도 한다. 그러나 일방적인 공급 중단으로 환자들의 생명은 심각하게 위협 받을 수도 있다.

그렇다면 이 제약회사들의 이야기도 들어보자. 그들의 항변에도 일리는 있다. 한마디로 그 정도의 이윤을 보장해주지 않는다면 누가 돈 들이고 시간 들여서 신약을 개발하겠느냐는 것이다. 애덤 스미스도 말했지 않은가? 우리가 내일 아침 굶을 것을 걱정하지 않는 것은 빵집 주인의 자비심 때문이 아니라 그의 이기심 때문이라고. 제약회사들만이 아니다. 빌 게이츠(Willam H. Gates, 1955~)가 세계 제일의 부자가 된 것은 컴퓨터 프로그램을 발명했기 때문이다. 그래서 오늘도 제2의 빌 게이츠를 꿈꾸는 많은 이들이 밥 먹듯이 밤을 새가며 연구와 개발에 몰두하고 있다. 나도 빌 게이츠가 될 수 있다는 희망이 없다면 누가 그런 고

매 직 존 슨

1991년 에이즈 감염 사실을 알리고 코트를 떠났던 NBA의 전설적인 스타 매직 존슨(Earvin Johnson, Jr., 1959~)은 18년이 지난 지금도 살아 있을 뿐 아니라 왕성한 사회활동을 계속하고 있다. 흔히 가지는 오해와는 달리 에이즈 양성 반응자도 지속적으로 약물을 복용하기만 하면 생명을 연장할 수 있는 것은 물론, 사회활동에도 지장을 받지 않는다. 더 중요한 사실은 에이즈 환자들은 단지 환자일 뿐 결코 죄인이 아니라는 점이다.

생을 감수할 것인가?

물론 세상에는 단지 재미로 새로운 발명품을 만드는 사람도 많다. 하지만 이런 분들의 발명품은 〈세상에 이런 일이?〉 정도의 TV프로그램에는 어울릴지 몰라도 백혈병 환자의 생명을 구하지는 못한다. 신약이나 새로운 컴퓨터 프로그램의 개발에는 그런 개인들이 지출할 수 있는 것보다 훨씬 더 많은 비용이 들기 때문이다. 그러므로 앞서 전제한 것처럼 우리가 자본주의라는 질서 속에 살고 있는 이상 그런 비용에 대한 보상은 반드시 있어야 한다. 보상이 없다면 아무도 비용을 지불하려 하지 않을 것이고, 백혈병 환자들은 아예 더 좋은 약품을 만나지 못할 것이기 때문이다. "사람의 생명이 달린 일인데!" 하고 흥분하는 것은 전혀 문제의 해결에 도움이 되지 않는다. 솔직히 이야기하자. 사람의 생명이 달린 일인데, 그래서 당신은 아프리카의 굶는 어린이들을 위하여 얼마를 내 놓으실 것인가? 나도 못하는 일을 남에게 요구하지는 말자.

우리가 제기할 수 있고 또 제기해야 할 문제는 그 보상이 과연 적절한가 하는 것이다. 글리벡 한 알의 순수 원가는 760원이라고 한다. 그러나 이 약을 개발하는 데 들어간 개발비용을 고려하지 않으면 안 된다. 글리벡의 개발 원가는 8억 달러 정도이다. 그런데 노바티스는 이 약이 출시된 지 1년 8개월 만에 이미 이 원가를 모두 회수했다. 물론 원가를 회수하는 정도에 그친다면 누가 애써 신약을 개발하겠는가. 이

점도 고려해주자. 노바티스가 좀 더 벌어도 좋다고 우리 모두 인정해주고 칭찬해주자는 말이다. 그런데 얼마나? 2008년 한 해 글리벡이 달성한 매출액은 37억 달러란다. 자, 그렇다면 이젠 벌 만큼 번 것 아닌가?

공정한
성장

성장이 자원의 고갈, 환경의 파괴 등과 같은 부작용을 가져온다고 주장하는 사람들은 예전에도 있었고 지금도 많이 있다. 가령 경제학자들 중에는 경제성장이 오히려 환경을 보호한다고 주장하는 이들도 있다. 그 주장이 옳은가 그른가를 따지는 목소리도 높다. 하지만 지금 내가 하고 싶은 이야기는 그러한 주장이 옳은가 그른가가 아니다. 과연 공정한가 하는 것이다.

냉장고에 사용되던 프레온가스는 오존층을 파괴한다고 해서 지금은 사용하지 않는다. 꼬리에 꼬리를 무는 쟁점이지만, 누군가의 글을 읽으니 과연 오존층을 너희가 봤느냐고 되묻는다. 남극 하늘에 구멍이 뻥 뚫린 사진을 안 본 사람이 어디 있느냐고 의아해 했더니, 그게 다 '뻥'이란다. 그게 무슨 심각한 오존층 파괴의 현장이 아니라 그냥 구름 사진 아니냐다. 글세, 그게 구름인지 오존층인지 솔직히 나는 모른다. 설령 오존층이라고 하더라도 오존층에 구멍이 뚫리는 것이 얼마나 심각한 문제인지 역시 나는 모른다. 그렇다니 그런가보다 할 뿐이다. 아무튼 그 이야기의 요지는 환경문제가 아니라 프레온가스의 사용을 금지하자고 주장하는 사람들이 과연 누구인가 하는 것이다. 지금까지 프레온가스를 사용한 냉장고를 무지 만들어서 돈을 번 사람들은 누구인가? 선진국의 대기업들이다. 그렇다면 지금 프레온가스를 사용해서는 안 된다고 주장하는 것은 또 누구인가? 역시 선진국의 대기업들, 이름만 대면 누구나 아는 다국적기업들이다. 왜? 그래야 자기들이 만든 신기술 냉장고를 팔아먹을 것 아닌가? 하지만 지금까지 아이스박스나 겨우 만들다가 이제 비로소 냉장고 시장에 진입하려는 후진국들 입장에서는 황당하고도 억울한 이야기가 아닐 수 없다.

환경문제는 선진국, 후진국을 떠나 모든 인류의 현안이자 의무이다. 하지만 그런 주장이 공정해지려면 적어도 선진국의 다국적기업들이 지금까지 프레온가스 냉장고 팔아 먹은 데 대해 사죄하고, 냉장고 팔아서 번 이익의 전부는 아닐지라도 절반쯤은 환경보호를 위해 기부하고, 새로운 냉매제 기술을 모든 후진국 기업들이 무료로 사용하도록 제공해 주어야 하지 않겠는가?

브라질 정부가 아마존 유역의 천연 우림을 개발하겠다는 계획을 발표하자 세계가 난리가 났다. '아마존은 지구의 허파인데, 그걸 개발하면 어쩌는가? 우리는 어떻게 숨 쉬라고? 하지만 브라질 정부의 대답도 일리가 있다. '그럼 너희가 돈 내라. 지금까지 남의 허파로 숨 쉰 것만 해도 감지덕지한 노릇이니 이제부터라도 숨 쉬려면 돈은 내야 하지 않겠는가? 세계가 마땅한 비용을 지불하면 아마존은 개발하지 않겠다.' 나는 이 주장이 옳다고 생각한다. 미국 국민들만이 아니라, 영국 국민들만이 아니라, 일본 국민들만이 아니라, 한국 국민들만이 아니라 중국 국민들도 국민 소득 1만 달러를 누릴 권리가 있고, 브라질 국민들도 국민 소득 2만 달러를 누릴 권리가 있다. 그것을 자신들만의 기득권인 양 나만 계속 누리겠다고 주장하는 것은 참으로 염치없는 짓이다. 어쩌면 (우리 자신을 포함해서) 그런 주장을 하는 사람들은 알게 모르게 인류가 일등 국민들과 이등, 삼등 국민들로 나누어져 있다고 생각하는 것은 아닌가?

하지만 모든 국가가 다 개발에 나선다면 과연 그 부작용은 없을 것인가? 인류는 자원의 고갈이라는 문제에 대응할 수 있을까? 환경문제는 또 어떻게 할 것인가? 간단하다. 공정한 성장은 이산화탄소 배출권 거래제와 같은 방식으로 해결할 수 있다. 지금까지 세계 각국은 온실가스 배출을 줄여야 한다느니 무얼 어떻게 하자느니 하고 이야기해 왔지만 모두 노력하자는 말뿐이었다. 기후 변화에 관한 국제 협약인 「교토(京都)의정서」 제17조에 규정된 탄소 배출권 거래제는 말 그대로 이산화탄소의 배출 권한을 시장에서 매매할 수 있는 기회를 부여함으로써 효율적으로 감축 목표를 달성하자는 것이다. 간단히 설명하면 미국은 많은 탄소를 배출하고 네팔은 적은 탄소를 배출한다. 따라서 미국은 네팔에 돈을 주고 탄소 배출권을 사면 된다. 그러면 미국의 탄소 배출산업에는 더 많은 비용이 들 것이고 따라서 배출도 줄어들 것이다. 반대로 네팔은 그 돈을 경제개발과 사회복지에 사용할 수 있다. 어린아이들을 채석장이 아니라 학교에 보낼 수 있는 것이다. 이 좋은 방식이 지금까지 실행되지 않았던 이유는? 미국이 반대했기 때문이다.

공정한 성장은 이러한 방식을 이산화탄소뿐 아니라 모든 경제성장에 적용하자는 이야기이다. 가령 각 나라마다 자동차 보유권을 배정한다고 생각해보자. 자동차는 많은데 자동차 보유권이 부족한 나라는 가난한 나라로부터 보유권을 사면 된다. 물론 그 비용은 자동차의 가격에 포함될 테니 자연히 선진국에서는 자동차 수요가 줄어들 것이고 환경도 보호될 것이다. 반면 가난한 나라는 그 돈으로 학교도 짓고 병원도 지을 수 있다. 환경 친화적으로 경제개발을 하자. 얼마나 공정한가? 물론 나도 지금 세계 경제의 현실에서 이런 방법이 가능할 것이라고는 생각하지 않는다. 미국이 배 째라는데 감히 누가 그 배를 쨀 것인가? 역시 평화유지군은 이라크가 아니라 미국으로 보내야 할 것 같다.

나는
회색인이다

나는 회색인이다. 옛 이야기에 나오는 박쥐처럼 이리 붙었다 저리 붙었다 한다. 무슨 말이냐고? 내 마음 나도 모른다는 이야기다. 그런데 인생이라는 것이 살다보면 칼로 두부 자르듯이 딱 부러지게 '나는 누구 편이다' 하고 말하기 어려울 때가 많다. 경제도 마찬가지다. 흔히 선진국들은 자유무역을 주장하고 후진국들은 보호무역을 주장한다는 것이 일반적인 생각이다. 그런데 어떤 사람들은 과연 선진국이 자유무역을 한 적이 있느냐고 말하기도 한다. 가령 애덤 스미스가 자유방임주의를 주장했지만 그 시대의 영국 정부가 자유방임적이기만 했던 것은 아니다. 더구나 그 시대의 영국에서 자유주의가 기본적인 사고방식이 아니었던 것도 아니다. 마찬가지로 세계의 공장으로 성장하는 과정에서 영국이 자유무역만을 실천했던 것처럼 생각한다면 그것은 착각이다. 그렇다고 영국이 자유무역을 하지 않았다고 주장하는 것 또한 내가 보기에 반드시 옳지는 않다.

시장이냐 정부냐? 자유무역이냐 보호무역이냐? 엄마가 좋으냐 아빠가 좋으냐? 사람들은 이것이냐 저것이냐 구분하고 어느 한쪽으로 단정 짓기를 원한다. 그럴 수만 있다면 세상이 얼마나 단순해지겠는가? 하지만 세상은 그렇게 단순할 수 없다는 것이 문제이다. 세상의 여성들이여, 친구 좋아하는 애인에게 '내가 좋아 친구가 좋아?'라고 물으며 하나만 선택하라고 강요하지 말라. 쓰라린 가슴만 안고 돌아서는 수가 있다. 친구는 그래도 낫다. '내가 좋아, 담배가 좋아' 하고 따지다가 담배꽁초 취급 받고 돌아서는 경우도 있다. 물론 그런 애인이라면 진작 헤어지는 편이 낫기는 하다. 요컨대 영국이 자유무역을 했느냐 보호무역을 했느냐는 질문은 어리석다는 말이다. 당연히 영국은 자유무역도 했고 보호무역도 했다. 영국뿐 아니다. 모든 나라는 자유무역도 하고 보호무역도 한다. 따라서 이 나라는 자유무역 국가, 저 나라는 보호무역국가 하는 식으로는 구분 지을 수는 없다. 다만 이 나라보다 저 나라가 보호무역을 더 많이 한다거나, 이런 분야에서는 자유무역을 더 많이 하고 저런 분야에서는 보호무역을 더 많이 한다고 말할 수 있을 뿐이다.

선진국들이 자신들이 경제성장을 할 때는 보호무역을 해 놓고 이제 와서는 후진국들에게 자유무역을 강요한다고 비판하는 사람도 많다. 이런 주장 역시 옳기도 하고 아니기도 하다. 가령 미국의 남북전쟁은 자유무역을 주장하는 남부의 농업자본가들에 대해 보호무역을 주장한 북부의 산업자본가들이 일으킨 전쟁이다. 그런데 이런 점도 생각해보자. 미국이 산업화를 추진하던 그때는 보호무역이든 자유무역이든 한국과 무역한 적이 없다는 것을 말이다. 가령 영국이 자기들은 보호무역을 해 놓고 후진국에게는 자유무역을 강요한다고 주장하는 분들도 있지만, 영국이 산업혁명을 할 때 언제 우간다나 소말리아와 보호무역을 했단 것일까? 보호무역이든 자유무역이든 그때는 선진국들끼리의 문제였다. 선진국과 후진국들이 서로 자유무역을 할 것인가 보호무역을 할 것인가의 문제는 후진국들이 경제개발을 시작하면서부터 나타난 문제이다. 그러니 질문을 제대로 해보자. 경제개발을 시작하던 1970~80년대의 한국은 자유무역을 했을까 보호무역을 했을까? 이미 말했듯이 그런 식으로 딱 부러지게 구분 지을 수는 없다. 뿐만 아니라 자유무역이냐 보호무역이냐 하는 질문은 문제의 핵심을 매우 좁혀 놓고 있어서 그다지 적절한 질문도 아니다. 조금 더 관점을 넓혀서 개발독재 시절의 한국 경제는 어느 정도 개방적이었는가 하고 물어보자. 당시의 한국 경제는 우리가 흔히 생각하는 것보다 개방적이었다. 물론 이때 비교의 대상은 미국이나 영국이 아니라 브라질이나 인도, 소말리아 같은 나라들이다.

한국의 고도성장을 가능하게 한 요인들 가운데는 세계 경제환경이 한국의 수출 주도적인 성장전략에 매우 유리했다는 점을 빼 놓을 수 없다. 그 당시 UN은 1960년대를 '개발의 10년'으로 선포하고 선진국과 국제 사회가 후진국들의 경제개발을 지원하도록 촉구하였다. 특히 UN무역개발위원회(UNCTAD)는 구체적으로 후진국의 수출품에 특혜 관세를 적용시켜줄 것, 후진국에 공적 개발자금을 지원할 것 등을 요구하였다. 물론 이러한 성과들이 공짜로 얻어진 것은 결코 아니며, 당연히 많은 후진국들의 노력이 있었기에 가능한 일이었다. 그런데 우습다고 할까 황당하다고 할까, 그 성과를 가장 많이 이용하고 가장 많은 혜택을 본 나라는 정작 그러한 노력에 전혀 보탬이 되어본 적이 없는 대한민국이었다.

우리나라의 고도성장이 성공한 것은 세계 경제에 통합되면서 그로부터 주어지는 기회를 적극적으로 활용했기 때문이다. 무역은 물론 자본과 기술을 포함해서 그렇다는 이야기다. 한국은 세계 시장을 적극적으로 활용했고, 외국 자본과 기술을 도입하기 위해 적극적으로 노력했다. 이만큼 개방적인 후진국도 별로 없었다. 물론 그렇지 않은 측면도 있다. 당시의 한국은 외국 자본을 받아들이되 차관을 선호하고 직접 투자는 반기지 않았다. 산업의 지배력이 외국 자본에게 넘어갈 것을 걱정했기 때문이다. 수출은 적극적으로 장려했지만 수입은 부분적으로 제한했다. 부분적이라는 말은 당연히 기계나 원자재, 에너지 등의 수입에는 개방적이었다는 뜻이다. 개방적일 수밖에 없었기 때문이다. 그 대신 과거의 한국 정부는 소비재에 대해서는 아주 엄격한 수입 제한 조치를 취했다. 달러가 부족했기 때문이다. 일례로 지금의 KT&G, 즉 담배인삼공사가 그때는 전매청이었는데, 전매청에는 양담배를 피우는 사람들을 잡으러 다니는 직원들이 따로 있었다. 수입이 금지되었는데 어디서 양담배가 나오느냐고? 우리에겐 미군부대가 있지 않은가.

한국 경제가 매우 폐쇄적이었을 것이라는 일반의 생각은 잘못된 것이다. 그러나 한국의 경제성장이 모두 시장 때문이고 개방 때문이라는 신자유주의자들의 주장도 틀렸다. 한국에서 시장은 언제나 정부의 통제 아래에 있었고, 한국에서의 개방은 '내가 원하는 것'에만 해당되는 얘기였기 때문이다. 그러므로 중요한 것은 '엄마가 좋으냐 아빠가 좋으냐'가 아니라 한국 경제가 수출 주도적으로 성장할 때 누가 그 상품들을 사주었는가 하는 것이다. 미국이다. 조금 극단적으로 말한다면 미국이 자유무역주의를 실천했기 때문에 한국의 경제성장이 가능했던 것이다. 하지만 그 시절 한국은 미국의 소비재 상품들에 대해 전혀 개방적이지 않았다. 따라서 그런 한국이 미국더러 너희는 보호무역해 놓고 우리에게는 왜 자유무역을 하라고 강요하느냐고 따지는 것은 조금 염치없는 일이다. 입은 비뚤어져도 말은 바로 하자. 한국이 더 많은 자유무역을 하는가, 미국이 더 많은 자유무역을 하는가? 솔직히 이야기하면 선진국들에 대한 후진국의 불만, 또는 미국에 대한 한국의 불만은 이것이다. 왜 예전에는 자유무역 하더니 이제는 예전처럼 물건을 사주지 않느냐는 것이다. 또 예전에는 우리가 보호무역해도 아무 말 않더니 이제는 왜 우리도 개방하라고 요구하느냐는 것이다. 미국은 선진국이니까 좀 봐줘야 한다고? 그런 말을 하니 염치없다는 이야기다. 미국이라고 그런 의무를 가지고 있지는 않다.

이론적 측면이나 역사적 측면을 떠나서 현실적 측면에서 이야기해보자. 선진국들도 보호무역했으니 후진국들도 보호무역해야 한다고 주장하는 분들은 바로 문제의 현실적 측면을 놓치고 있다. 지금 어느 개발도상국이 극단적인 보호무역을 한다고 가정해보자. 그 나라가 선택할 수 있는 길은? 극단적인 폐쇄 경제밖에 없다. 왜냐하면 자기는 보호무역을 하면서 미국에는 시장을 열라고 요구할 수는 없기 때문이다. 아니, 요구야 할 수 있겠지만 미국이 그걸 따라줄 리는 없지 않은가 말이다. 설마 소말리아 정부가 '미국 개방법' 따위를 제정한다고 해서 저절로 문제가 해결될 것으로 믿는 분은 아무도 안 계실 것이다. 윤리적인 측면에서도 이야기해보자. 과연 우리는 소말리아의 경제성장을 위해, 아니 소말리아의 굶는 어린이들을 위해 얼마만큼의 상품을 사줄 용의가 있는가?

밥 한 끼에도
도리가 있는데

친구들끼리 밥 한 끼 사는 것은 그다지 큰 문제가 아니다. 하지만 그 친구가 해가 가고 달이 가도록 자기는 사지 않고 얻어먹기만 한다면? 당연히 그런 친구와는 더 이상 상종을 않는 것이 상책이다. 나라와 나라 사이의 문제도 사람과 사람 사이의 문제와 크게 다르지만은 않다. 굳이 선진국을 위한 변명을 한마디하자면, 지금까지 많이 샀지 않느냐는 것이다. 그러니 '이제는 네가 사라' 는 이야기가 나오는 것도 당연하지 않은가. 굳이 미국을 위해서 이런 변명까지 하고 싶지는 않다. 개방 경제의 이익을 가장 많이 누린 나라이면서도 우리나라 사람들이 개방에 대해 매우 비판적인 이유는 무엇일까 하는 궁금증에서 하는 이야기다.

살다보면 종종 이런 사람들을 만나게 된다. 여럿이 만나 소주 한

잔 하기로 하면 꼭 자기가 아는 가게로 가자는 사람 말이다. 마누라 가게일 수도 있고 동생 가게일 수도 있고 사돈의 팔촌 가게일 수도 있다. 아무튼 그래서 가보면 가자고 했던 사람만 좋을 뿐 다른 일행들은 영 불편한 경우가 있다. 아는 집이라면 계산도 좀 깎아주고 서비스 안주도 한 접시씩 나오면 좋겠는데 도리어 그 반대이기 때문이다. 맛도 없고 서비스도 나쁜데 비싸기는 엄청 비싸다. 바가지라는 불쾌한 기분을 버릴 수 없지만 아는 안면에 또 내놓고 항의하지도 못한다. 다시는 가고 싶지 않은데, 이 사람은 만날 때마다 그 가게로 가잔다. 이런 일이 계속되면 결국 이렇게 염치없는 친구와는 상종을 하지 않게 된다.

세계화가 좋은 것이냐 나쁜 것이냐고 물을 것이 아니라 어떤 세계화냐를 생각해야 한다. 그런 관점에서 나는 한–미 FTA에 찬성한다는 이야기도 했었다. 같은 식으로 말하면 나는 FTA가 우리에게 좋은 것이냐 나쁜 것이냐가 아니라, 어떻게 우리에게 유리한 FTA로 만들 것인가가 더 중요한 문제라고 생각한다. 물론 쉬운 일은 아니다. 그러나 필요한 일이다. 아무튼 나는 한–미 FTA가 우리 경제에 미칠 부정적인 효과보다 긍정적인 효과가 더 크다고 생각하기 때문에 찬성한다. 그런데 반대하는 분들은 왜 반대할까? 당연하다. 그분들은 한국 경제에 유리한가가 아니라 나에게 유리한가를 생각해본 것이고 그 결과 아니라는 결론이 나왔기 때문이다. 그러고 보니 내가 한 말도 수정해야겠다. 나는 한–미 FTA가 나에게 줄 이익이 내가 지불해야 할 비용보다 더 크다고 생각하기 때문에 찬성한다.

한-미 FTA만이 아니라 모든 개방화가 그렇고, 더 나아가서는 모든 경제정책이, 또 더 나아가서는 정부가 입안하고 추진하는 모든 정책이 그렇다. 김태희가 아무리 예뻐도 싫어하는 사람이 있게 마련이고, 김연아가 아무리 예뻐도 안티 카페가 있다. 모든 사람에게 똑같이 이익이 되고 모든 사람이 똑같이 환영하는 정책은 없다는 이야기다. 정책의 효과는 누군가에게는 플러스(+)가 되지만 누군가에게는 마이너스(-)가 된다. 당연히 개별 경제 주체들은 그 정책이 나에게 플러스가 되는지 마이너스가 되는지를 계산한다. 그러나 정부는 그 플러스와 마이너스를 모두 계산해야 하고, 플러스가 더 크다면 그 정책을 추진할 수 있고 또 하는 것이 옳다. 중요한 문제는 정부의 역할이 거기서 그쳐서는 안 된다는 점이다. 정부는 그 플러스를 얻어 어떻게 마이너스에게 보상할 것인가를 함께 고민하고 그 방법을 마련하지 않으면 안 된다.

가령 미국산 농산물이 수입되면 소비자는 이익을 보고 농민은 손해를 본다. 그러니 농민들이 경운기를 끌고 고속도로로 나서는 것 아닌가? 정부가 할 일은 수입개방정책을 만드는 데만 있는 것이 아니다. 오히려 그것으로부터 일어날 사회적 갈등을 어떻게 해결하고 어떻게 보상할 것인가를 만드는 일이 더 중요하다. 다른 예를 들어보자. 재개발에 항의하는 세입자들의 시위를 정부가 무리하게 진압하다가 고귀

한 생명을 잃는 사건이 일어났다. 정부와 일부 언론은 자본주의사회에서 소유자에게만 권리가 있지 세입자가 무슨 권리가 있느냐고 주장한다. 참으로 무식하기 짝이 없는 소리이다. 재개발의 이익이 크다면 당연히 정부는 그 이익의 일부를 이용해 그 정책으로 손실을 입는 이들에게 어떻게 보상할 것인가를 고민해야 한다. 보상을 하고도 이익이 더 크기 때문에 재개발을 하는 것이 아닌가? 정부가 제 할 일을 소홀히 해 애꿎은 인명사고가 났으니 얼마나 답답하고 한심한 일인가?

한-미 FTA에 이어 유럽연합(EU)과의 FTA도 타결되었다. 아마 앞으로 한-일, 한-중 FTA도 추진될 것이다. 그런데 국민들에게 FTA의 당

전 술 적   반 대 ?

2005년 홍콩에서 WTO 각료회의가 열렸을 때 신자유주의적 개방화에 반대하는 시위대들이 전세계에서 모였다. 물론 우리나라의 시민 단체와 농민 단체에서도 참가했는데, 이분들이 어찌나 조직적인지 WTO와 다른 나라에서는 한국 정부가 협상에서 유리한 위치를 차지하기 위해서 시위대를 배후에서 조종하는 것 아니냐는 의심을 제기하기도 했다. 물론 터무니 없는 일이지만, 실은 정부가 외국과 협상할 때는 그런 전술도 가끔 필요하기는 하다.

위성을 홍보하는 정부의 모습을 보면 마치 성질 급한 교사가 어린이들을 가르치는 듯하다. 아니, 그보다도 못하다. 그저 이렇게 쉬운 것을 왜 모르느냐며 닦달만 한다. 그래서 어느 '초딩' 이 한마디했다. "그걸 알면 내가 선생 하지!" 국민들을 가르치려고 들지 말고 합리적이고 적절한 보상 체계를 어떻게 만들어 나갈 것인지를 고민할 일이다. 더 나아가 그런 보상 체계가 일회성으로 그칠 것이 아니라 항상적이고 항구적인 시스템으로 작동할 수 있도록 만들어야 할 것이다. 어떻게 해야 할지 모르겠거든 나 불러라.

밥상의 배려,
밥상의 공포

옛날 양반님네들은 맛있는 반찬이 밥상에 오르면 일부러 반쯤 남기고 식사를 끝냈다고 한다. 집에서 부리는 아랫사람들에게 맛이나마 보라는 배려이다. 물론 그런 양반도 있고 아닌 양반도 있었을 것이다. 여기서 양반이란 윗사람 또는 웃어른이라는 의미이지 굳이 양반, 상놈하는 신분 이야기를 하자는 것은 물론 아니다. 아무튼 양반, 상놈이라는 질서가 엄존하는 사회적 조건과 물자가 그다지 풍족하지 못한 경제적 조건을 전제하고 들으면, 이 이야기는 그다지 친근한 모습과는 멀어 보이는 우리 조상들에게서 뜻밖의 세심한 배려를 엿보게 한다. 입가에 흐뭇한 미소가 머무는 이야기이다.

사람들이 개방에 찬성하느냐 반대하느냐가 결국은 나에게 이익이 되느냐 손실이 되느냐 때문이라고 이야기했지만, 그것이 전부는 아니다. 농민이 아닌 많은 분들이 농산물 수입개방에 반대하는 이유가 그것이 자기에게 손해가 되기 때문만은 아니라는 사실, 나도 잘 안다. 사람은 이기심만으로 행동하지는 않기 **때문이다.** 그래서 애덤 스미스 할아버지도 사람에게 이기심보다 더 중요한 것은 **동정심**이라고 말씀하셨다. 여기서의 동정심이란 누군가를 불쌍히 여긴다는 소극적인 의미가 아니라 역지사지(易地思之), 내가 그 사람의 처지가 되어 생각해본다는 적극적인 의미이다.

2008년 미국산 쇠고기 수입문제로 온 나라가 시끄러웠다. 요즘은 좀 잠잠해졌다 했는데, 이번에는 캐나다가 왜 미국산은 수입하면서 자기들 것은 수입하지 않느냐고 WTO에 한국 정부를 제소했다. 하기야 그 말도 틀린 말은 아니다. 어차피 목숨 걸고 먹는데 미국산이면 어떻고 캐나다산이면 어떠랴? 그런데 솔직히 경제학자의 합리성(당연히 경제학자에게만 합리성이 있다는 의미가 아니라 합리성에도 여러 종류가 있다는 의미이다.)에서 본다면 광우병 파동은 조금 우습기도 하다. 왜냐하면 경제학자라는 사람들은 모든 것을 비용과 편익으로 분석하기 때문이다. 가령 환경을 보호하자는 주장은 어떤 분들에게는 절대 명제이다. 이분들은 환경과 관련된 문제만 나오면 "그럼 환경을 파괴하자는 말인가?" 하고 엄히 질타한다. 설마 일부러 환경을 파괴하자고 주장하겠는가? 다만 경제학자들의 사고방식이 환경을 보호함으로써 얻는 편익과 환경을 보호하는 데 드는 비용을 비교하는 일에 익숙할 뿐이다. 경제학자들은 비용과 편익이 균형을 이루는 점에서 의사 결정을 한다. 환경을 보호하되 3만5,000원어치만 보호하자고. 그것이 경제학자의 합리성이다. 다른 예로 도둑을 잡자는 것도 대부분의 사람들은 절대 명제로 받아들인다. 당연히 도둑은 잡아야지. 그러나 경제학자들의 합리성에서 보면 도둑을 잡는 데 드는 비용과 도둑을 잡음으로써 얻는 편익이 균형을 이루는 점에서 도둑을 잡는 것이 합리적이다. 도둑을 잡되 4만9,000원어치만 잡자는 식이다.

경제학자란 참 이상한 놈들이구나 하고 섣불리 단정하지는 말아주셨으면 싶다. 경제학자들이 그렇게 이상한 사람들인 것만은 아니다. 가령 경제학자들이 환경보호의 편익이라고 할 때는 단순히 경제적, 금전적, 물질적인 효용만을 이야기하는 것은 아니다. 경제학자들역시 환경보호가 가진 사회적인, 문화적인, 심리적인, 그리고 후손에게 물려주었을 때의 가치까지를 포함해야 한다고 생각한다. 경제학자들의 이야기는 그런 것들을 모두 무시하자는 것이 아니라 그 편익과 그 비용을 따져보자는 것이다. 도둑은 반드시 잡아야 한다고 생각하는 분들도 범죄에 대한 검거율을 높이기 위해 세금이 지금의 열 배가 되어야 한다면 정책적 지지에 앞서 아마 조금은 망설여질 것이다. 경제학자란 이상한 사람들이라고 생각하지만, 사실 알게 모르게 우리는 경제학적인 사고를 하고 있는 것이다.

아무튼 경제학자의 합리성에서 보면 1억 명 가운데 1명의 발병

가능성 때문에 불안하다는 것은 실감되어 와 닿지 않는 이야기이다. 국민의 건강과 생명을 담보로 확률 게임을 하지 말라는 분도 계시지만, 그런 논리라면 국민의 건강을 위협하는 술, 담배, 패스트푸드 따위는 모두 법으로 엄금해야 할 것이며, 배기가스를 내뿜는 자동차는 모두 때려 부수어야 할 것이다. 더구나 자동차로 인한 사고의 가능성은 광우병보다 수만 배는 높지 않은가? 그런데도 우리가 매일 자동차를 타는 것은 스스로 의식하든 못하든 평범한 사람들인 우리들 역시 확률적으로 사고하고 있다는 것을 의미한다. 어느 분은 광우병에 걸린 쇠고기로 만든 조미료를 넣어 요리한 미역국만 먹어도 광우병에 걸린다는 식의 이야기를 하기도 한다. 논리적으로 가능하기는 하지만 확률적으로 생각해보면 아담과 이브 이후에 한 번 있을까 말까 한 이야기이다. 이효리와 김태희, 전지현이 동시에 나에게 사랑을 고백할 확률보다 더 낮은 확률이라는 이야기이다. 어느 여성 연기자가 광우병 쇠고기가 들었을 가능성이 있을지도 모르는 음식을 먹느니 차라리 청산가리를 먹겠다고 했다는데, 그 진정성을 모르는 것은 아니지만 과연 그 연기자가 청산가리를 먹어나보고 하는 얘기인지 모르겠다. 아, 물론 비유는 비유일 뿐 거기에 토 달려는 것은 아니다. 그래도 청산가리는 좀 과했다. 그래서만은 아니겠으나 이분이 요즘 곤혹을 치르고 있다는 소식이다. 괜찮다. 자고로 세상에는 변아무개 같은 잡×도 있고 전아무개 같은 잡×도 있기 마련이다.

경제학자의 합리성에 대한 이야기를 이렇게 줄줄 늘어놓는 것은 이명박 정부가 왜 국민들이 촛불을 들고 나서는지를 이해하지 못하는가를 이야기하고 싶어서이다. 여기서 '왜' 는 '촛불을 드는지' 에 붙는 것이 아니라 '이해하지 못하는지' 에 붙는다. 즉, 왜 국민들은 촛불을 드는가를 이야기하자는 것이 아니라 왜 이명박 정부는 이해하지 못하는가를 말하는 것이다. 그 이유는 이명박 정부가 지나치게 경제학자의 합리성에 빠져 있기 때문이다. 이명박 정부가 표방하는 실용주의라는 것의 본질도 똑같다. 사람은 반드시 합리적이지만은 않다. 경제학자의 관점에서든 역사학자의 관점에서든 시인의 관점에서든 말이다. 누구나 내가 사랑하는 그 사람에게서는 남녀관계의 심리에 대한 합리적인 분석이 아니라 사랑한다는 말을 듣고 싶어 한다. 그러나 이명박 정부는 이렇게 말한다. "사랑이 밥 먹여주냐?"

경제학자의 합리성 자체가 지닌 문제는 아니지만, 경제학자의 합리성이 초래하기 쉬운 더 큰 위험은 남을 가르치려 한다는 것이다. 실은 나도 좀 그런 편인데, 나의 합리성으로 보면 너무나 단순 명료한 문제인데 다른 사람들이 그것을 이해하지 못하는 것을 보면 갑갑해서 미칠 때가 많다. 촛불을 보는 이명박 정부의 마음이 지금 아마 그럴 것이다. '도대체 값싸고 맛있는 쇠고기를 마음껏 먹게 해주겠다는데 왜? 저 나라의 대통령도 아닌 이 나라의 대통령이 미국 기업인들과의 모임에서 쇠고기 협상이 타결되었다는 소식을 듣고 환호하며 박수를 쳤다는 데 많은 분들이 분개하지만 나는 대통령의 순수한(?) 마음을 믿는다. 얼마나 좋았을까? '이밥에 쇠고기국' 한 번 먹는 것을 평생의 소원으로 알던 국민들에게 마음껏 쇠고기를 먹이게 되었으니 말이다. 쇠고기 협상은 우리가 미국에게 준 것이 아니라 미국이 우리에게 준 것이라는 농림수산식품부 장관의 '배째라' 식 소신도 충분히 이해가 된다. 어차피 이판사판 아닌가?

미국산 쇠고기문제를 보는 마음이 씁쓸한 것은 이명박 대통령이 먹다 일어난 밥상에 반쯤 남은 쇠고기 반찬을 보는 것 같아서이다. 지금 대한민국이 양반 상놈의 질서가 지배하던 그 시절은 아니지 않은가? 아무리 쇠고기 먹기가 어렵다 한들 '이밥에 쇠고기국'이 평생의 소원이던 시절은 이미 지나간 지 오래이다. 그 자상하신 마음이 고맙기는 하지만 국민들은 더 이상 양반이 먹다 남긴, 정부가 먹다 남긴, 대통령이 먹다 남긴 밥상의 쇠고기 반찬은 먹고 싶지 않다. 된장찌개 하나일지라도 내가 차린 밥상을 먹고 싶은 것이다.

"지옥으로 가는 길은 선의로 포장되어 있다." 전혀 엉뚱하지만 왠지 이명박 정부에게 어울릴 것 같은 말이다.

Chapter 05

한국 경제의 진실과 거짓

옛날엔
됐는데……

어느 바보 이야기다. 바보가 친구와 묵 한 판을 다 먹기로 내기를 했다. 그런데 이 바보, 내기 약속을 하더니 슬그머니 어딘지 나가 버렸다. 한참 만에 돌아온 바보는 자신 있게 내기를 시작했지만 반 판도 못 먹고 손을 내저었다. 그러고는 하는 말이, "이상하다, 부엌에서는 한 판 다 먹었는데……."

성장률은 얼마가 적당할까? 결론부터 말하면 높을수록 좋다. 7퍼센트 성장하겠다는 이명박 정부의 공약, 참 좋다. 적정 성장률? 그런 것은 학자들이나 따지면 된다. 할 수만 있다면 7퍼센트에 그칠 것 있나? 70퍼센트 성장한다면 더 좋다. 문제는 가능성이다. 성장의 부작용 같은 문제는 잠시 접어 두고, 과연 할 수는 있느냐는 말이다. "해봤어? 안 해봤으면 말을 말고." 이것이 대통령과 이 정부가 늘 하는 말이다.

그래, 한 1년 해보니까 어떠신가? 보통 사람은 똥인지 된장인지 굳이 찍어 먹어보지 않아도 안다. 엉터리 실용주의자만 굳이 찍어 먹어봐야만 안다고 고집이다.

나는 성장을 좋아한다. 그런데 나보다 더 성장을 좋아하는 분들도 계시다. 외국 대학에 계시는 어느 한국인 교수님이 쓴 책을 읽으니 옛날에는 7퍼센트 성장했는데 왜 못 하느냐는 말씀을 하신다. 다른 외국 대학에 계신 한국인 교수님은 신자유주의를 반대하다가 그만 박정희식의 개발독재가 해답이라는 결론에 이르신다. 이분들의 심정은 충분히 이해한다. 박근혜가 시장에 나타나면 손 한 번 잡지 못해 애태우면서 '어머니랑 똑같이 생겼다' 며 눈물을 글썽이는 할머니들의 심정과 똑같을 테다. 그저 세상이 고달프고 시절이 수상하니 옛날이 좋아 보이는 것이다. 그러나 미안하다. 한국 경제가 7퍼센트 성장하는 것은 한국 축구 팀이 브라질 축구팀을 이기는 것보다 어렵다. 물론 반드시 불가능하지는 않을 것이다. 그러나 역시 어렵다. 브라질 선수들이 집단으로 설사·복통·위경련에 걸리지 않는 한은 쉽지 않은 일이다.

옛날엔 됐는데 지금은 왜 못하느냐고? 옛날에 했기 때문에 지금은 못한다. 과거 우리나라는 10퍼센트가 넘는 성장을 30년이나 했고, 그 결과로 지금 국민 소득 2만 달러의 경제대국으로 성장했다. 경제대국 하니까 '설마' 하고 웃는 분들도 있지만 한국은 대국 맞다. 세계 10위권에 아슬아슬하게 못 드니 이만하면 대국 아닌가? 그런데 이만한 대국은 7퍼센트 성장 못한다. 중국은 9퍼센트씩 하고 있다고? 중국은 아직 국민 소득 2만 달러 아니다. 2,000달러다.

경제나 사람이나 마찬가지다. 성장은 성장의 조건을 스스로 변화시킨다. 남성들의 경우 중·고등학교 시절 1년에 10센티씩 자라본 분들도 많을 것이다. 한꺼번에 20~30센티미터씩 컸다는 이들도 있다. 그런데 나이 서른을 먹으면 왜 더 이상 키가 자라지 않을까? 다 컸기 때문이다. 나이가 마흔, 쉰을 넘어서도 매년 10센티씩 자란다고 해보자. 이건 성장이 아니라 악몽이다. 마누라가 거울을 볼 때마다 하는 말이 있다. "왜 옷이 작아졌을까?" 멀쩡한 옷이 왜 작아지겠는가? 다만 마누라가 살쪘을 뿐이지. 굳이 마누라가 아니더라도 자라는 아이들은 철따라 새 옷을 사줘야 한다. 너무 빨리 크기 때문이다. 엄마가 너무 큰 옷만 사주는 바람에 한 번도 내 몸에 맞는 옷을 입어본 적이 없다는 분들도 많다. 지금은 웃으면서 이야기하지만 어릴 때는 얼마나 섭섭했을까?

지금도 한국 경제의 7퍼센트 성장이 가능하다는 분들은 아직도 그 때의 섭섭함을 못 잊는 분들이다. 하지만 어쩌랴. '나도 내 몸에 맞는 새 옷 한 번 입어봤으면……' 하는 사이 어느새 어른이 되고 만 것을. 그때 못 입어봤다고 나이 잔뜩 먹은 뒤 골반 바지에 반짝이 자켓을 입는다고 그게 어울리겠나? 에이~, 그건 태진아에게나 어울리지.

자율적으로 내일까지
머리 깎고 와

가끔 학생들과 이야기하다보면 30년도 더 전에 내가 받았던 교육을 지금의 학생들도 그대로 받고 있다는 사실을 발견하고는 한다. 그 내용과 방법 모두에서 말이다. 가령 자율이란 무엇인가 하는 이야기를 해보면 대부분의 학생들이 똑같이 '자유는 누리되 지나치면 방종이 된다' 는 식으로 이야기한다. 그럴 때마다 나는 학생들에게 말한다. "너희가 방종을 걱정할 만큼 자유를 누려본 적이나 있냐?"

그다지 좋아하는 인물은 아니지만, 나는 전두환 전 대통령이 심야 통행금지를 없애고 중등학교의 교복 자율화를 실시하고 장발 단속을 중단한 것은 참으로 훌륭한 일이었다고 생각한다. 그 양반이 진정으로 자율의 의미를 알았던 아니면 단지 광주 학살범의 이미지를 위장하기 위한 의도를 가졌던 간에 말이다. 말은 좀 무식하게 했다. "요즘 젊은 사람들 중에는 머리 깎는 일을 죽기보다 싫어하는 사람들이 많아서……." 나도 그때부터 머리를 길렀다. 듣자니 요즘 중·고등학교에서는 다시 교복을 입는단다. 그런데 이름은 똑같이 교복 자율화이다. 이십수 년 전에 교복 자율화라는 이름으로 교복을 벗게 하더니 지금은 또 교복 자율화라는 이름으로 교복을 입고 있는 것이다. 이상한 일이다. 교복 자율화란 교복을 입을 것인지 말 것인지를 내가 결정하는 것 아닌가? 그러나 지금 우리 사회에서 교복 자율화란 내가 아니라 교장이, 그것도 입을 것인지 말 것인지가 아니라 어떤 디자인의 교복을 입힐 것인가를 결정하는 것이다. 입을 것인가와 입힐 것인가 사이에는 자유와 방종이 아니라 민주주의와 독재, 근대와 봉건, 문명과 야만 정도의 거리가 있다는 것을 대한민국의 교육 담당자들은 아직도 이해하지 못하고 있나보다. 참 신기한 노릇이다.

최근의 경제위기에 대해 한때 미국의 경제 대통령으로 불렸던 그린스펀(Alan Greenspan, 1926~) 전 FRB 의장이 자기 책임이라고 반성했다고 한다. FRB 의장으로 있으면서 너무 극단적으로 파생 금융상품 등에 대한 규제를 반대했기 때문에 지금과 같은 금융위기가 왔다는 것이다. 정책적 과오야 있더라도 그것을 인정할 줄 안다는 점에서 이 양반이 대단한 분임을 알 수 있다. 한국의 정치가나 관료들 가운데서 외환위기의 책임을 인정한 사람이 하나라도 있는가. 그때 장관 하던 양반은 "6·25 때부터 누적되어 온 문제……" 어쩌고저쩌고 하고, 그때 차관

하던 양반은 나라 경제를 또 한 번 말아 먹고는 "원 없이 돈 한 번 써봤다"고 자랑하며 다닌다.

　아무튼 최근의 경제위기로 금융 부문에 대한 적절한 규제가 필요하다고 주장하는 분들이 많다. 옳은 말씀이다. 자율적인 교육을 한다고 학생들이 마약을 하며 다녀도 내버려 둘 수는 없다. 이것이 자율과 방종의 차이다. 신자유주의 이후, 특히 투기적 금융자본에 대한 규제 완화는 자율이 아니라 방종을 조장하는 것이었다. 하지만 그런 이유에서 기업활동을 비롯해 모든 경제활동에 대한 정부 규제를 강화해야 한다는 주장에는 조금 조심스러워진다. 당연히 적절한 규제는 언제나 필요하다. 정부는 축구장의 심판처럼 반칙에 대해서는 언제든지 호루라기를 불 줄 알아야 한다. 하지만 지금 그런 주장을 펴는 분들 가운데는 호루라기를 부는 정도가 아니라 반칙 한 번 했다고 아예 선수를 패 죽여야 한다고 주장하는 분도 있다. 이분들의 주장은 결국 과거 한국 경제가 성공했던 것이 정부의 적극적인 개입 때문이므로 다시 정부가 그런 역할을 해야 한다는 것이다.

　그렇다면 한국 경제의 성장과정에서 정부의 역할이 컸던 이유는 무엇일까? 그것은 겨울밤이 긴 것과 같은 이유이다. 겨울에는 왜 밤이 길까? 당연히 낮이 짧기 때문이다. 이 긴 밤을 어떻게 보낼까 고민하다 국수도 말아 먹고 도토리묵도 쑤어 먹고 고도리도 치게 된다. 모두 낮이 짧기 때문인 것이다. 마찬가지로 한국 경제의 성장과정에서 정부의 역할이 컸던 이유는 그러한 역할을 담당할 만한 민간 부문의 역량이 부재했거나, 전혀 없지는 않았어도 부족했기 때문이다. 본격적으로 경제개발을 시작한 1960년대 초반의 한국 사회를 생각해보자. 민간 부문 특히 기업이 얼마만큼의 자본, 인재, 정보, 기술, 신용 등을 가지고 있었는지 말이다. 기업들을 폄하하고 싶지는 않지만, 솔직히 미국이 준 밀가루나 겨우 가공하고 찌그러진 미군 지프차나 펴주던 기업에 무슨 자원이 있었겠는가? 솔직히 그때는 돈을 가진 것도 사람을 가진 것도 정부였다. 외국에서 빌려오든 강제로 동원하든 자원을 이용할 수 있는 것은 정부뿐이었다. 그래서 정부의 역할이 컸던 것이다.

정경유착을 옹호하는 경제학자들도 있다. 정경유착이 아니라 정부와 기업 간의 적절한 역할 분담과 협력관계라고 에둘러 말하기도 한다. 그러나 결국 그 이야기가 그 이야기다. 협력을 넘어 정부가 다시 과거에 했던 역할을 적극적으로 나서서 맡아야 한다는 주장도 있다. 이 주장을 한 분이 기획재정부의 공무원이 아니라 외국 대학에 계시면서 좋은 글도 많이 쓰시는 분이라서 조금은 의외다. 그렇다면 정부가 과거처럼 나서면 한국 경제는 다시 7퍼센트 성장이 가능할까? 가능하다면 이명박 정부로서는 꽤 고무될 만한 일이다. 그러나 미안하다. 겨울에는 밤이 길지만 여름에는 밤이 짧다. 왜? 낮이 기니까! 이제는 과거와 상황이 다른 정도를 넘어 정반대가 되었다. 과연 자본, 인재, 정보, 기술, 신용 모든 점을 따져볼 때 지금 이런 자원들을 더 많이 가진 것은 정부인가 기업인가? 돈은 모르겠다만 인재는 확실히 의문이다. 과연 지금 우리 정부에 인재가 있기나 한가?

통 제 와   자 유

당연히 두발 자율화란 내가 내 머리를 어느 길이로 자를 것인지, 머리 모양은 어떻게 할 것인지, 머리 색깔은 어떤 색으로 할 것인지를 결정한다는 의미이다. 그런데 21세기의 한국에서는 지금도 선생들이 학생들의 머리를 자른다. 학생들에게 죄수복을 입혀 죄수 머리를 해 놓으면 죄수들처럼 통제하기 쉽다고 믿기 때문이다. 물론 통제는 잘될 것이다. 하지만 죄수들을 모아 놓고 무슨 교육을 어떻게 할 것인가? 통제와 억압에 눌려 사는 죄수들이 원하는 것은 자신이 속한 사회의 발전이나 자신의 미래에 대한 꼼꼼한 성찰과 준비가 아니다. 죄수가 가장 절실하게 원하는 것은 당장의 현실을 벗어나는 것, 즉 출소이다. 강제로 머리 모양을 결정당하고 교복입기를 강요받으면서 "대학만 가면!" 이라고 되뇌이는 우리의 아이들은 과연 학생인가 죄수인가?

박통이
돌아오면

　　『**삼국지**』**에는** "죽은 공명이 산 중달을 내쫓다"라는 이야기가 나온
다. 북벌에 애를 먹던 공명이 우장위안(五丈原)에서 죽은 후 중달은 소
식을 듣고 급히 공격을 감행한다. 그러나 들었던 이야기와는 달리 공
명은 수레에 앉아 군사를 지휘하고 있었고, 이 모습을 본 중달은 부리
나케 달아나고 만다. 수레의 공명은 진짜가 아니라 목각인형이었는데,
이 일로 죽은 공명이 산 중달을 내쫓았다는 이야기가 생긴 것이다. 그
런데 한국에서는 이것이 옛 이야기가 아니다. 죽은 '박통'이 산 'X통'
을 이기는 곳이 바로 한국이기 때문이다. X통이 누구냐고? 물통이든
깡통이든 누구든 무슨 상관인가, 어차피 아무도 못 이기는데. 박통이
다시 살아서 돌아오면 한국 경제가 좋아질 것이라고 생각하는 분들이
뜻밖에도 많은가보다. 오죽했으면 단지 박정희의 딸이라는 이유만으

로 '그녀' 만 나타나면 선거판이 뒤집어지겠는가. 그러나 박통이 살아 돌아온다고 해도 한국 경제가 살지나지는 않는다. 오히려 그와는 정반 대로 박통 식의 경제정책을 다시 실천한다면 그것은 한국 경제에 끔찍 한 악몽이 될 것이다. 지금은 겨울 밤이 아니라 여름 낮이기 때문이다.

박정희 정권의 공과를 어떻게 평가하는가의 문제는 어렵고 복잡 하다. 어떤 이들은 경제에는 성공한 공이 있으나 정치적으로는 독재를 한 과가 있다는 식으로 박정희를 설명하기도 한다. 세상일이 이렇게 쉽게 정리된다면 얼마나 좋을까마는 현실은 늘 그렇지 못하다는 데 문 제가 있다. 나는 일단 정치를 떠나 오직 경제적 관점에서만 평가하고 자 하는데, 박정희 정부의 경제정책이 결과적으로 성공적이었다는 것 은 인정하지 않을 수 없다. 그러나 박 정권의 경제정책이 성공했다는 사실이 박정희 개인이나 그 집단이 국가와 민족을 위해 어쩌고 하는 식으로 해석할 수 있는 근거는 되지 않는다. 양 자는 전혀 별개의 문제 이기 때문이다. 박 정권의 목적은 철두철미하게 박정희 개인과 그를 둘러싼 이익 집단의 권력 유지에 있었다. 다만 그 목적을 위해 선택된 정책이 성공했을 뿐이다.

목적이야 어쨌든 결과만 좋으면 다 좋은 것 아니냐고 하실 분도 있을 것이다. 그런데 정작 박정희 정권의 공과를 평가하는 데 있어 진 정한 어려움은 이것이다. 즉 의도야 어떻든 결과가 좋으면 다 좋은 것 인가가 아니라 그 결과가 과연 좋은 것인가 하는 것이다. 가령 노사문제를 예로 들어보자. 소득 수준, 종합적인 경제력 수준, 국민들의 의식 수준, 교육과 문화 수준 어느 것을 보더라도 한국의 노사문화는 비정상적일 만큼 후진적이다. 사용자들은 노조가 지나치게 폭력적이고 비타협적이어서 대화가 안 된다고 주장한다. 그러나 노동자들은 기업이나 정부가 언제 진심으로 대화에 나서본 적이 있느냐고 주장한다. 이러니 대화가 될 수가 없다. 노조는 노조대로 기업은 기업대로 협상에 나가 조금이라도 양보를 했다가는 당장 다른 노조나 기업들에게 배신자로 찍히기 일쑤다. 여기에 정부까지 한 몫 거든다. 지금 어느 한쪽을 편들고자 하는 것은 아니다. 한국의 노사문화가 왜 이렇게 되었는가를 이야기하는 것이다.

박정희 정권의 경제정책의 핵심은 비용 절감이다. 노동 탄압이나 지역 격차 같은 한국 사회의 고질적인 문제점들은 모두 그래서 나온 것이다. 후진국의 입장에서 경제개발에 필요한 비용을 다른 방법으로 절감한다는 것은 매우 중요한 일이다. 그러나 문제는 그 비용을 결국 언젠가는 누군가가 지불하지 않으면 안 된다는 점이다. 긴 안목에서 계산해본다면 과연 박 정권이 절감한 비용과 그 때문에 우리 사회가 장기적으로 지불해야 할 비용 가운데 어느 것이 더 클 것인가? 구체적 수치 정리는 미래의 전문가들에게 맡길 일이지만, 내 생각에 결과는 그다지 긍정적이지 않다. 솔직히 말하자면 나는 박 정권이 절감한 비용의 혜택을 더 많이 보고 그 대가는 적게 치르는 세대이다. 우리 부모님들은 그 성과를 이루기 위해 온갖 노고를 마다하지 않았지만 그 혜택은 그다지 누려보지 못한 세대이다. 반면 나보다 젊은이들은 얼핏 아무 노력 없이 온갖 혜택만 누리고 있는 것처럼 보이지만 실은 언젠가는 그 대가를 자신들이 직접 치러야 할, 어떤 의미에서는 이미 치르고 있는 세대이다. 그런데 젊은 세대들 가운데서도 막연히 '그때가 좋았다더라' 고 말하는 분들이 많다. 이건 박근혜의 손을 잡고 눈물을 흘리는 시장의 할머니들보다 더 황당한 일이다. 그 시절이 더 좋았다는 이야기는 모두 거짓말이다. 직접 그 시대를 살고도 그런 말을 하는 분들도 있지만, 실은 자기 자신을 속이고 있는 것뿐이다. 백주 대로에서 경찰관이 젊은이들의 머리카락을 자르고 여성들의 치마 길이를 재는 저 야만적인 사회가 어떻게 좋았단 말인가?

"대한민국에는 두 종류의 교사가 있는데 하나는 늙은 여우이고 다른 하나는 미친개다." 영화 〈여고괴담〉에 나오는 대사이다. 영화 〈친구〉에도 미친개라는 이름의 폭력 교사가 나온다. 〈여고괴담〉은 저 대사로 인해 한때 교원단체의 항의를 받은 일도 있지만, 학교를 다녀본 사람은 저 대사와 영화 속의 설정에 공감하지 않을 수 없을 것이다. 모든 교사가 그렇지는 않았지만, 그리고 지금은 정확히 어떤지 알 수 없지만, 내가 중·고등학교를 다니던 시절 대한민국의 학교에는 미친개와 늙은 여우가 살았었다. 폭력 말고는 해결방식을 모르는 교사들이 분명 존재했다. 그런데 이 영화를 어머니와 딸이 함께 보면 딸은 그런 폭력이 실제 현실이었다는 것을 이해하지 못하고 어머니는 그런 폭력 조차도 추억으로 회상한다고 한다. 그 어머니의 심정도 이해가 안 되는 것은 아니다. 그 나이가 되면 추억이라 이름이 붙은 것은 무엇이든 다 그리워지기 때문이다. 하지만 과연 그 어머니는 다시 그 시절로 돌아가서 살고 싶을까? 나이만 그 시절이 아니라 바로 진짜 그 시절 말이다. 아마 아닐 것이다. 그 어머니도 그 시절로 다시 돌아가기만 하면 낙엽을 밟으며 구르몽(Ramy de Gourmont, 1858~1915)의 시를 읊으며 그렇게 우아하고 로맨틱하게 살 수 있으리라고는 생각하지 않을 것이다.

어머니의 그 애틋한 추억까지는 이해하기로 하자. 내가 진정 궁금한 것은 어머니가 아니라 그 딸이다. 오늘의 젊은 세대가 폭력이 난무하고 인간이 억압받던 그 시절을 괜히 동경하는 것은 단지 장동건이 미남이기 때문일까? 사람은 두 가지를 그리워하고 동경한다. 하나는 자기가 잃어버린 것, 하나는 자기가 가져보지 못한 것.

멀쩡한 길바닥을
또 파 뒤집는 이유

시장에 대한 정부의 개입은 어느 정도가 적당한가? 당연히 정답은 없다. 굳이 정답이 있다면 아마 '필요한 만큼 한다' 일 것이다. 다만 한때는 입을 모아 규제 완화를 주장하던 언론이나 학자들이 경제가 위기라니까 하루아침에 얼굴을 바꾸고 정부의 역할을 강조하며 나서는 모양은 좀 우습다. 언제는 무조건 시장에 맡기라더니? 그렇다고 정부에 맡기면 과연 모든 일이 술술 잘 풀릴까? 별로 그렇지는 않다.

시장이 자원의 효율적인 배분에 실패할 때 그것을 '시장 실패(market failue)' 라고 부른다. 시장에 대해 비판적인 분들이 자기주장의 근거로 자주 인용하는 것이 이 시장 실패이다. 그러나 시장 실패는 경제학자들이 시장의 불완전성을 주장하기 위해서가 아니라 그 반대로 비록 불완전할지라도 시장이 가장 좋다는 것을 주장하기 위하여 만들어 낸 개념이다. 주류 경제학자들은 시장 실패가 있다고 해서 정부가 함부로 개입하면 그 대신 '정부 실패(government failure)'가 일어난다고 주장한다. 어느 쪽이 더 싸게 먹힐까? 그래도 역시 시장 실패가 싸다는 것이다. 물론 경제학자라는 사람들이 그다지 믿을 만하지 않다는 것도 이런 경제위기를 겪다보니 알겠더라마는 말이다.

솔직히 나는 오늘만 대충 수습하고 살자는 소신으로 사는 사람이기 때문에, 진지하게 내가 무슨 주의자라고 말할 주제는 못 된다. 그러나 굳이 케인스주의와 신자유주의 가운데 선택하라면 케인스주의에 더 가까운 생각을 가지고 있기는 하다. 케인스주의자라면 당연히 정부의 개입을 옹호해야 하는 것 아닌가? 아니다. 케인스주의자는 정부의 '적절한' 개입을 옹호한다. 그런데 정부는 언제나 그 적절한 수준을 넘어서고자 하는 욕구를 가진다. 독일의 역사학파 경제학자 가운데 한 사람인 아돌프 바그너(Adolph Wagner, 1835~1917)는 특히 재정학 분야에서 많은 업적을 남겼는데, 이분이 재미있는 이야기를 한 적이 있다. 흔히 '바그너의 법칙'으로 불리는데, 바로 공무원의 일은 필요와 무관하게 늘어난다는 것이다. 요즘은 공공 부문의 비중은 확대되는 경향이 있다는 식으로 해석한다. 아무튼 공공 부문의 확대가 공공 서비스의 증가나 향상을 의미하지는 않는다는 것이다.

모럴 해저드가 주주와 경영자 사이에서만 일어나는 문제가 아니라는 이야기는 이미 했다. 모럴 해저드의 본질은 내 돈과 네 돈의 문제이다. 모럴 해저드는 남의 돈으로 일하는 사람들이 있는 곳이라면 어디서건 일어난다. 기업의 모럴 해저드는 경영자가 자기 돈이 아니라 주주의 돈으로 장사하기 때문에 일어난다. 자기 돈으로 장사하는 사람들에게는 당연히 모럴 해저드가 없다. 왜? 자기 돈이기 때문이다. 그렇다면 남의 돈으로 일하는 사람의 대표는 누구인가? 바로 공무원들이다. 오해하지는 말자. 대한민국 공무원들 엄청 친절하다. 아니 친절해졌다. 박통 시대, 전통 시대를 살아본 사람의 경험에서 우러난 진실한 감동이다. 지금 이야기하는 것은 개개의 공무원들이 아니라 관료라는 직업의 본질에 관한 것이다.

자기 돈으로 일하는 사람은 남들이 나를 어떻게 볼까 걱정하지 않는다. 그러나 남의 돈으로 일하는 사람들은 당연히 그 '남'이 나를 어떻게 볼까 걱정한다. 경영자에게는 주주가, 관료들에게는 국민이 바로 그 남이다. 관료들은 당연히 국민들에게 열심히 일하는 듯이 보이고 싶어 한다. 그냥 열심히 정도로는 부족하다. 관료들이 없으면 나라가 절단나기라도 할 것처럼 보여야 한다. 그것이 관료들이 사는 방식인 것이다. 그래서 없는 일도 만들어낸다. 비오는 날 화단에 물 뿌리는 사람을 고용하고, 그 일을 감시할 사람을 또 고용하고, 비오는 날 이게 무슨 허튼짓이냐는 국민들의 항의를 접수할 사람을 고용하고, 이 모든 업무를 조직할 사람을 다시 고용하는 것이 바로 관료들이다. 한쪽에서는 멀쩡한 화단을 걷어내고 거기에 나무를 심고, 다른 한쪽에서는 잘

크고 있는 나무를 베고 거기에 꽃을 심는다. 정 할 일이 없으면 어제 팠던 보도블록이라도 또 걷어낸다. 참을 수 없는 삽질의 욕구가 바로 관료의 본능인 것이다.

여기서 돌발 퀴즈 하나. 공무원들이 보도블록을 가장 많이 뒤집는 달은 1년 중 언제일까? 정답은 12월이다. 왜냐하면 책정된 예산은 해가 바뀌기 전에 모두 써 버려야 하기 때문이다. 국민들의 피 같은 세금을 그렇게 낭비해도 되느냐고? 뭐 어떤가, 어차피 남의 돈인데. 어느 착한 사마리아인 출신 공무원이 세금을 아껴 반납하면 상을 받을까? 아니다. 내년의 예산이 줄어들 뿐이다. 그래서 공무원들은 차라리 멀쩡한 보도블록이라도 파고 또 파서 내년에는 더 많은 예산을 받아오는 길을 선택하는 것이다.

재벌들의
모험심

한국의 경제성장에서 정부의 역할이 눈에 띄지만 실은 기업들의 역할이 더 중요하다고 지적하는 학자들도 많다. 간단히 말해서 말을 물가까지 데리고 갈 수는 있지만 억지로 물을 먹일 수는 없다는 이야기이다. 말을 물가까지 데리고 가는 것이 정부정책의 역할이라면, 정작 물을 마시는 역할, 즉 투자하고 생산하고 수출하는 역할은 결국 기업들이 했다는 것이다. 맞는 말이다. 나도 한국 경제에서 기업들이 수행했던 긍정적이고 적극적인 역할을 높이 평가한다. '하면 된다' 는 기업들이 없다면 '하면 된다' 는 정부도 아무 일도 할 수 없다.

그런데 한국 경제에서 기업들의 역할을 논할 때 말하는 기업이란 일반적으로 재벌들을 가리킨다. 재벌이라는 말은 단어만으로도 듣는 이들에게 부정적인 이미지를 준다. 문벌, 족벌, 군벌 등과 마찬가지로 재벌 역시 처음부터 부정적인 의미를 담고 있기 때문이다. 그러나 우리나라의 경제성장과정에서, 그리고 지금도 여전히 재벌의 공과를 평가하는 일은 그리 단순하지 않다. 전경련이나 재벌기업들 산하의 연구기관에서 나오는 보고서들은 당연한 일이니 논외로 하더라도, 재벌의 역할을 긍정적으로 평가하는 학자들은 적지 않다. 실은 이런 방향의 연구를 먼저 시작한 것은 대체로 외국 학자들이었다. 한국 경제가 고도성장에 성공할 수 있었던 요인을 찾던 외국 학자들은 재벌이라는 특수한 기업 형태에 주목하기 시작하였다. 그들이 지적한 한국 재벌의 강점 가운데 가장 중요한 점은 바로 오너 체제이다. 오너 체제의 장점은 신속하고 과감한 결정이 가능하다는 데 있다. 이 이야기를 돌려서 한다면 한국의 재벌은 모험적인 투자를 할 때조차도 신속한 결정이 가능하다는 의미도 된다. 정상적인 의사 결정 체계를 갖춘 기업이라면 한순간에 할 수 없는 결정을 한국의 재벌들은 한다는 것이다. 어떻게? "밀어 붙여!"

재벌이 한 모든 일이 잘못되었다고는 결코 말할 수 없다. 재벌들은 한국 경제와 매우 닮았다. 솔직히 연평균 10퍼센트 정도의 성장을 30년이나 달성한 한국 경제도 정상은 아니다. 물론 여기서 정상적이지 않다는 말은 좋다 나쁘다 하는 의미가 아니라 경제학의 상식에서 본다면 그만한 성장률을 그렇게 오랫동안 지속한다는 것이 거의 불가능한 일이라는 뜻이다. 이런 비정상적인 성장을 가능하게 한 것이 바로 재

벌들의 비정상적인 투자였다. 한국 경제도 한국 재벌들도 솔직히 비정
상적인 모험투자 덕분에 이만큼 성공하였다. 세계은행의 보고서를 보
면 한국의 기업들에 대해 'jealous to investment' 라고 표현해 놓은 대목
이 있다. 점잖게 번역하면 투자에 열정적이라는 것이고, 문맥의 느낌
을 살려 번역하면 투자에 미친놈들이라는 말이다. 솔직히 말하자면 다
행히 그 결과가 성공하였기 때문에 점잖게 이야기하지만, 하마터면 한
국 경제를 말아먹을 뻔했던 것도 바로 재벌들의 모험심(!)이다.

재벌을 옹호하는 주장 가운데는 그다지 논리적으로나 현실적으
로나 수긍하기 어려운 내용이 많다. 가령 재벌이라는 것이 한국 경제
의 특수한 문제가 아니라고 이야기하는 이들이 있다. 이들의 주장은
우선 대기업 집단이나 가족 경영은 선진국들, 예컨대 미국에서도 흔한
형태라는 것이다. 물론이다. 솔직히 세계 경제에서 보면 한국의 재벌
들이 그리 큰 규모도 아니다. 미국에서도 가족 경영은 드물지 않다. 하
지만 그래서 어떻다는 것일까? 위기에 빠진 크라이슬러를 회생시켜
공화당의 대통령 후보 물망에까지 올랐던 아이아코카(Lee Iacocca, 1924~)
는 한때 포드의 CEO였다. 그런데 어느 날 오너인 포드 (포드자동차를 세
운 헨리 포드의 손자이다.)가 와서 "당신 마음에 안 드니 나가라"고 한 적이
있었다. 가족 경영 덕분에 가능한 일이었다. 이런 정도까지는 아니더
라도 휴렛패커드의 합병 문제가 창업자 가족들의 반대로 무산되기도
했다. 하지만 과연 이런 예들이 한국의 재벌을 옹호하는 근거가 될 수

있는가? 몇 해 전 엔론이라는 미국의 대기업이 회계부정사건으로 기업은 파산하고 경영자는 징역형을 받은 일이 있었다. 미국 기업들도 회계부정을 저지른다. 그렇다고 엔론사건이 한국 기업들이 회계부정을 저질러도 좋다는 주장의 근거가 될 수 있는가? 이야기가 너무 길어질 듯싶으니 간단히 한마디만 하자. 그래서 지금 포드가 저 모양 아닌가?

우리나라 재벌의 규모가 세계적인 대기업들에 비하면 작다는 주장도 그렇다. 한국에서 재벌의 문제는 경제적 권력의 집중에 있고, 특히 한국 재벌들은 산업 집중도보다 일반 집중도가 더 문제이다. 산업 집중도란 어떤 산업에서 기업들의 집중도를 말하며, 일반 집중도란 경제 전체에서 그 기업이 차지하는 비중을 말한다. 삼성이나 과거의 현대그룹과 같은 경우는 우리 경제 전체의 20퍼센트를 차지하기도 하였다. 조금 과장하면 재벌그룹 두 개가 망하면 한국 경제가 반 토막 나는 것이다. 그렇다면 한국의 재벌들과는 비교도 되지 않을 만큼 대규모인 GM이나 GE가 미국 경제에서 차지하는 비중은 얼마나 될까? 10퍼센트는커녕 5퍼센트도 안 된다. 최근에는 재벌들의 상호 출자에 대해서도 개인만 주식을 소유할 권리를 가지는 것이 아니라 법인도 그런 권리를 가진다는 주장을 하는 경우도 있었다. 모르고 한 얘기라면 전문가로서 부끄러운 일이고, 알고도 그런 얘기를 했다면 지식인으로서 부끄러운 일이다.

커피 값을 위한 변명

어느 사립대 학생이 친구를 만나러 국립대에 갔다. 둘이서 자판기 커피를 한 잔씩 뽑아 마시는데, 이 학생이 문득 보니 커피 값이 200원이다. '우리 학교 커피 값은 400원인데.' 그래서 이 사립대 학생 탄식하며 말한다. "너거 학교는 등록금도 싸고 커피 값도 싸네."

국립대학의 등록금이 싼 이유는 정부가 등록금을 보조하기 때문이다. 물론 정부는 사립대학도 보조한다. 다만 보조의 규모가 다를 뿐이다. 그렇다면 정부가 국립대학의 자판기 커피 값까지 보조하는 것일까? 물론 아니다. 그런데 왜 국립대의 커피 값이 더 쌀까? 실은 국립이나 사립이냐에 문제가 있는 것이 아니라 학생 수가 문제이다. 대개의 국립대는 제법 규모가 크다. 그 지역에서 가장 큰 대학인 경우가 많다. 소비자가 많으면 공급자도 가격을 인하시킬 여지가 많다. 흔히 하는 말로 박리다매(薄利多賣), 경제학 용어로는 '규모의 경제(economy of scale)'가 작용하는 것이다.

개발독재 시절 한국 정부가 재벌을 지원한 이유를 단순히 정경유착으로만 설명하는 것은 부분적으로는 진실이지만 충분한 설명은 못된다. 공무원들이 뇌물을 받고 어쩌고 하는 정도로 치부해 버리는 것도 전혀 과학적이지 못한 태도이다. 물론 박정희 정권의 공무원들이 뇌물을 즐겨 받은 것은 사실이지만, 한국의 공무원들은 대체로 우수하다는 평가를 받는다. 당시의 인재들이 공무원직에 몰리기도 했고 또 이들 공무원들이 뇌물은 받아도 할 일은 했기 때문이다. 앞에서 잠깐 예로 든 어느 교수님의 말처럼 한국의 재벌들은 아직도 세계적 기업들에 비하면 크다고 할 수 없다. 당연히 한국 기업들이 처음 자동차를 만들고 TV를 만들 때는 더 그러했다. 문제는 자동차산업이라는 것이 한두 대 팔아보자고 시작할 수는 없는 산업이라는 것이다. 이런 산업을 육성하려면 최소한의 규모가 필요하고, 가격이든 기술이든 경쟁력을 가지려면 그 이상의 규모의 경제가 필요하기 마련이다. 한국 정부가 재벌을 지원한 가장 중요한 이유도 여기에 있다고 할 수 있다.

물론 세상일이 그렇게 간단하기야 하겠는가? 엄밀히 말하면 한국 정부가 재벌을 지원했다기보다는 이러한 과정에서 정부의 지원을 얻는 데 성공한 기업들이 재벌로 성장했다고 하는 편이 더 옳을 것이다. 가령 세계은행의 보고서에는 'contest'라는 표현이 등장한다. 한국 정부가 시장에 광범하게 개입한 것은 사실이지만 동시에 한국 정부는 기업들로 하여금 매우 힘든 경쟁의 과정을 거치도록 요구하였다. 물론 이때의 경쟁은 경제학 교과서에서 경쟁이라는 의미로 흔히 나오는 'competition'과는 조금 다른 어감을 가진다. contest의 의미를 이해하려면 미스코리아 선발대회를 생각해보면 될 것이다. 미스코리아 대회에 아무나 나갈 수 있나? 적어도 미용실 원장님의 추천 정도는 있어야 한다. 자유경쟁을 의미하는 competition과는 다르지만, 그 경쟁의 정도는 오히려 더 심할 수도 있는 것이다. 명절날 장난 좋아하는 삼촌이 벌이는 '용돈배 댄스 경연'을 생각해보라. 조카들을 모두 모아놓고 만 원짜리 한 장을 흔들어 보이며 "제일 춤 잘 추는 어린이에게 주겠다"는 삼촌의 의도야 '조카들이 귀여워서'였겠지만, 조카들에게 직접 물어보면 알게 된다. 알량한 만 원 때문에 받는 스트레스가 이만저만이 아니라는 사실을. 심지어 내 조카는 그러더라. "내가 만 원 줄게. 삼촌이 춤출래?"

과거 한국 정부는 산업구조 조정이니 중화학 공업 투자 조정이니 하는 정책들을 통해 각각의 재벌들이 투자할 산업을 지정하였다. 기업들로서는 투자하고 싶은 부문에 마음대로 투자하지 못하니 억울하기도 했을 것이다. 더러는 멀쩡한 기업을 다른 기업에 넘겨야 할 때도 많았다. 삼성이 목숨을 걸고 자동차산업에 진출했다가 '쪽을 판' 이유도 실은 이러한 설움이 있어서이다. 하지만 한국 정부가 한두 개의 재벌에 모든 사업을 밀어준 것은 아니었다. 더러 주기 싫은 계열사를 다른 재벌에 강제로 넘겨야 할 때도 있었지만, 그 대가로 역시 상대 기업 입장에서는 넘기고 싶지 않았을 기업을 **받아오기**도 하였다. 결국 이런 정책들이 시행된 이유는 규모의 경제를 추구하기 위해서였던 것이다.

규모의 경제는 경제학 교과서에 200년 전부터 나오는 이야기다. 하지만 요즘 교과서에서 중시하는 것은 '범위의 경제(economy of scope)'와 '속도의 경제(economy of speed)'이다. 가령 앞에서 이야기한 오너 체제의 강점으로 신속하고 과감한 결정이 가능하다는 것은 바로 속도의 경제와 관련된 문제이다. 속도의 경제란 시장에서 소비자들의 욕구와 필요가 변할 때 기업들이 얼마나 빠르게 적응하느냐 하는 것이다. 특히 가면 갈수록 소비자들의 요구가 빠르게 변하는 현대 사회에서 속도의 경제는 기업의 생존에 매우 중요한 요인이 된다. 다만 한국 재벌들의 경우에는 그 속도에 시장의 요구보다 오너의 요구를 반영할 때가 더 많다는 것이 문제다. 취미가 자동차 수집인데 컬렉션에 자신이 만든 자동차가 없어서 모든 사람의 반대에도 불구하고 자동차산업을 "밀어 붙여!" 하셨던 그 회장님처럼 말이다.

범위의 경제는 왜 재벌들이 자동차나 반도체만 만들지 않고 문어발, 낙지발, 오징어발까지 생산하는가를 설명해준다. 기업들이 다양한 분야에 투자하는 것은 일종의 위험 분산의 원리이다. '계란을 한 바구니에 담지 말라'는 이야기도 있지 않은가. 세계적 대기업들도 반드시

한 분야에만 진출하지는 않는다. 그러나 어느 세계적 대기업이 50개, 60개 분야에 진출하는지는 궁금하다. 아무려나 상관없다. 우리나라 재벌들의 문어발이 비난받는 이유는 발의 개수 때문이 아니라, 위험 분산을 위한 것이어야 할 다각적 투자가 오히려 상호 출자와 상호 지급 보장 등의 방법과 만나서 위험을 증폭시키기 때문이다. 잔뜩 취한 술꾼처럼 제 발에 제가 걸려 넘어지는 것이 우리나라의 재벌들 아니던가. 그럼에도 재벌 계열사들의 상호 출자에 대해 개인뿐 아니라 법인도 주식을 소유할 수 있는 것이라며 옹호하는 경제학자가 있다. 그러나 우리나라의 재벌들이 정부의 지원으로 저만큼 성장했다는 것은 결국 국민들의 부담으로 성장했다는 의미이다. 따라서 재벌문제에서는 주주들은 물론이거니와 모든 국민들이 주인이 된다. 재벌의 계열사들이 주인의 이익을 배신하고 진짜 주인이 아닌 그룹 오너의 이익을 위해 행동하는 것은 당연히 심각한 도덕적 해이인 것이다. 어라, 시작할 때는 재벌을 위한 변명이었는데 어쩌다가……

성장의
진정한 비밀

한국의 고도성장이 정부 덕분인가, 기업 덕분인가? 내가 성장의 진정한 비밀을 알려주마. 노동자들 덕분이다. 노동자들이 일을 많이 해서 우리 경제가 이만큼 성장한 것이다. 예를 들어보자. 철강산업에서 가장 중요한 원료 두 가지는? 하나는 당연히 철광석이고 다른 하나는 그 철광석을 녹여 철강을 만들 석탄, 정확하게는 코크스이다. 그런데 우리나라는 이 두 가지를 모두 외국에서 수입한다. 호주가 대표적인 수출국이다. 그런데 포항제철에서 만드는 철강은 철광석과 석탄을 수입해오는 호주에서 생산한 것보다 싸다. 어떻게 이런 일이 가능할까? 당연히 우리 노동자들이 더 일을 많이 하기 때문이다.

흔히 개발도상국에는 노동력이 풍부하다고들 말한다. 한국의 경제성장을 이야기할 때도 풍부한 노동력 덕분에 어쩌고 하는 말이 거의 빠지지 않는다. 하지만 노동력이 풍부하다는 의미는 무엇일까? 노동자가 많다는 이야기인가? 아니다. 노동력이 풍부하다는 것은 지금 일하는 노동자가 많다는 것이 아니라 지금 놀고 있는 사람들이 많아 기업들이 원하는 만큼의 노동력을 싼 비용으로 고용할 수 있다는 뜻이다. 조금 거식한 표현이지만, 요즘처럼 경기가 불황이라 백수가 넘쳐나는 시절이야말로 기업들의 입장에서는 '춘삼월 호시절'인 셈이다.

그런데 놀고먹는 실업자(경제학에서는 이들을 산업 예비군이라고 부른다.)가 많다고 해서 꼭 노동력이 풍부한 것은 아니다. 노동력이 풍부하다는 것은 말 그대로 기업이 원할 때 쓸 수 있는 노동력이 풍부하다는 의미이다. 따라서 백수들이 일하고자 하는 의지가 있을 때만 노동력은 풍부하다고 말할 수 있다. 가령 1950~60년대 세계은행은 후진국 경제 개발 프로그램을 의욕적으로 추진한 적이 있다. 그런데 몇 년 후에 세계은행의 경제학자들이 대상 국가들을 방문해보니 기계는 녹슬고 공장은 폐허가 되어 있었다. 왜 기계를 돌리지 않느냐고 묻자 공무원들의 대답은 일할 노동자가 없다는 것이었다. 저렇게 노는 사람들이 많은데 어째서 노동자가 없느냐고 되묻자, 공장에서 일하느니 차라리 나무그늘에서 낮잠이나 자겠다는데 어쩌느냐는 대답이 돌아왔다.

우리나라 노동자들이 훌륭한 점은 바로 이것이다. 목숨 걸고 노동하는 것. 참으로 존경스러운 분들이다. 어떤 분들은 우리나라 노동자들의 근면성을 유교문화의 전통에서 설명하기도 한다. 이처럼 열심히 일하는 경우가 유독 우리나라, 일본, 중국(타이완, 홍콩, 싱가폴 노동자들을 포함하여)에서 눈에 뜨이기 때문이다. 부분적으로는 타당한 이야기이다. 그러나 내 생각에는 기후와 환경의 열악함이 더 중요한 요인이 아니었을까 싶다. 나무그늘에 누워 있으면 바나나가 저절로 익어 떨어지는 환경과 허리가 휘도록 땅을 파도 보릿고개를 넘기기 어려운 환경의 차이 말이다.

우리나라의 예는 아니지만 일본의 노동자들이 미국의 노동자들에 비해 얼마나 많이 일하는가를 보여주는 연구가 있다. 가령 삽질을 한다고 할 때 노동시간 내내 삽이 움직이는 것은 아니다. 삽질과 삽질 사이에 삽이 잠시 멈추어 쉬는 시간이 있는데, 이를 부동시간(dead time)이라고 한다. 이 부동시간을 뺀 실질 작업시간을 측정해보았더니 미국 자동차산업의 노동자들은 1분에 43초를 일하는데 일본 자동차산업의 노동자들은 1분에 57초를 일하더라는 것이다. 임금이 같다 치더라도 일본 노동자들이 3분의 1은 더 많이 일하는 것이다. 그렇다면 우리나라 노동자들은 어떨까? 우리나라 노동자들은 삽 두 자루 들고 일한다.

우리나라 노동자들의 노동시간이 OECD 회원국들 중에서 가장 길다는 것은 잘 알려진 사실이다. 그런데 우리나라 노동자들의 실제 노동시간은 공식적인 것보다 훨씬 길다. 통계의 조작을 이야기하는 것이 아니다. 노동의 조작을 이야기하는 것이다. 삽질을 예로 들어보자. 열 명의 노동자가 한 시간에 열 번의 삽질을 하는데, 삽질 한 번마다 땅

한 뼘을 판다고 가정하자. 노동자가 삽질 한 번에 땅 두 뼘을 파면 우리는 그것을 생산성 향상이라고 말한다. 그런데 노동자가 한 시간에 삽질을 스무 번 하게 되면 이것도 생산성 향상일까? 맞을 수도 있고 아닐 수도 있다. 땅 한 뼘씩 스무 번 삽질 하든 땅 두 뼘씩 삽질을 열 번 하든 그 결과는 똑같기 때문에 사람들은 흔히 이 두 가지 경우가 동일한 생산성 향상이라고 생각하기 쉽다. 그러나 한 시간에 열 번 삽질 하던 노동자가 스무 번 삽질하는 것은 생산성 향상이 아니라 노동강도 강화의 결과이기 쉽다. 바꿔 말하면 노동시간의 연장이다. 물론 노동자가 삽질한 물리적 시간은 동일하다. 그러나 노동자가 그 한 시간에 지출한 노동력은 두 시간 만큼이기 때문이다. 아직도 잘 이해되지 않는 분들은 『자본론』 읽어보시라.

그렇다면 구조 조정은 무엇일까? 열 명의 노동자가 하던 삽질을 다섯 명이서 하는 것이다. 결국 한 사람의 노동자가 스무 번 삽질하지 않으면 안 된다. 지금까지 한국 경제가 성장해온 요령도 바로 여기에 있다. 기업들은 그것을 생산성 향상이라고 불렀지만 실은 노동시간의 압축에 따른 노동강도의 강화에 불과했다. 문제는 노동력의 지출이 많을수록 노동자들의 노동능력은 그만큼 빨리 소진된다는 것이다. 폐기 처분되는 건전지처럼 말이다. "백만 스물둘, 백만 스물셋……." 하지만 그때나 지금이나 노동자들에게는 선택의 권리가 없다. 더 빨리 폐기될 것을 거부한다면 바로 내가 구조 조정의 대상이 될 것이기 때문이다.

떡 한 쪽을
나눈 이유

우리나라의 실업자 수가 350만 명을 넘었다고 한다. 물론 정부의 공식 통계는 아니며 구직 단념자, 즉 실망 실업자나 공무원 시험 등을 준비하는 취업 준비생을 모두 포함한 수치라고 한다. 그런데 요즘처럼 정부나 기업이 노동시장의 유연화를 외치는 상황에서는 실업자가 몇 명이냐 하는 통계가 그다지 의미 없다. 통계상으로는 취업자지만 실업자나 다름없는 아르바이트생이나 비정규직 등 고용 불안정의 정도는 훨씬 더 심각하기 때문이다. 차라리 실업자가 몇 명이고 실업률이 몇 퍼센트인가 하는 통계보다 비정규직을 포함한 고용의 불안정도가 몇 퍼센트인가 하는 통계가 경제 현실을 훨씬 더 정확하게 반영할 수 있다.

실업문제가 심각하다는 것은 이명박 정부도 아는 모양이다. 대통령이 잡 셰어링(job sharing)을 하자고 나섰다. 뉴스를 보다 깜짝 놀랐는데, 잡 셰어링이란 지난 외환위기 때부터 강의마다 내가 해왔던 주장이기 때문이다. 그렇다면 이명박 대통령과 나 사이에도 뭔가 끈끈한 공통점이? 설마 그럴 리가 있겠는가? 뒤이어 나오는 뉴스들을 보니 정부가 주장하는 잡 셰어링이란 기업체 신규 취업자들 초임 깎기, 월급 반납하기, 비정규직 연장하기 따위이다. 하나 같이 밥 팔아 똥 사 먹는 정책들이다. 똥인지 된장인지 아직 찍어 먹어보지 않아서 모르겠다고? 먹어보라. 심지어 군의 지휘관들이 계급에 따라 일률적으로 월급을 반납하겠다는 기사까지 나오는 것을 보니 이러다 곧 전방에서 열심히 삽질하고 있는 육군 병장의 월급도 반납하고 신병들의 초임은 깎자는 주장도 나오는 건 아닌가 걱정이다. 복무기간을 단축하여 병정 수를 늘리기라도 할 텐가? 차라리 대통령직을 없애고 그 자리를 아르바이트로 대신하면 어떨까?

정부의 실업대책이 잘못 되었다는 점은 굳이 자세히 이야기할 필요를 못 느낀다. 정규직을 없애서 비정규직을 만들겠다는 생각이 어떻게 밥 팔아 똥 사 먹는 정책이 아닐 수 있는가? 그런데 더 나쁜 일은 그러고서도 정작 실업자는 줄어들지 않는다는 것이다. 신입사원 초임은 깎였지만 기업체의 신규 채용은 늘어나지 않고 있다. 경기에 대한 기대가 불확실하기 때문이다. 가만히 있으면 정부가 알아서 인턴사원 채용하라고 보조금도 주고 세금도 깎아주는데 굳이 정규직 채용을 늘일 이유가 없기도 하다. 내가 이미 말했잖은가, 편의점 알바의 시급을 깎으면 고용이 느는 것이 아니라 알바의 살림살이만 더 고달파질 뿐이라고.

이렇게 민간 부문의 고용이 부진하면 뉴딜 때처럼 정부가 고용을 늘려줘야 하는데 공공기관과 국영기업체들에서는 오히려 있는 사람을 내쫓고 있다. 어느 공공기관은 정규직 많이 잘랐다고 상까지 받았단다. 물론 공기업의 구조 조정도 필요하다. 그러나 맨땅에 삽질이라도 해서 고용을 늘이겠다는 것이 'MB노믹스' 아니었던가? 앞뒤가 안 맞는다. 수업 중에 학생들이 종종 이렇게 묻는다. 이명박 대통령은 케인스주의자입니까, 신자유주의자입니까? 삽질을 좋아하는 것을 보면 케인스주의자 같기도 한데, '비즈니스 후렌들리'를 주장하는 것을 보면 신자유주의자 같기도 해서 도무지 그 정체를 모르겠다는 것이다. 그래서 내가 대답해주었다. 그분은 교회의 장로님이셔서 오른손이 하는 일을 왼손이 모르고 윗입술이 한 말을 아랫입술이 모른다고.

어느 분의 글을 읽으니 지금까지 내가 알고 있던 잡 셰어링이라는 말은 잘못 되었다며, 워크 셰어링(work sharing)이라고 해야 옳다고 한다. 그래서 찾아보았더니 ILO에서는 이렇게 정의해 놓았다. 워크 셰어링은 근로시간 단축을 통하여 일감을 나눔으로써 고용을 유지하거나 창출하는 것을, 잡 셰어링은 하나의 정규직 일자리를 둘 이상의 파트타임 노동자에게 나누는 것을 의미한다고 되어 있다. 말하자면 임금 삭감과 비정규직 양산을 추진하는 이명박 정부의 정책이 잡 셰어링이라면, 내가 지금까지 그렇게 사용해왔던 용어는 워크 셰어링으로 고쳐야 옳은 것이다. 내 일자리(job)를 나누는 것이 아니라 내 일(work)을 나눈다고 이야기하면 될까?

나는 한국 경제의 미래가 바로 워크 셰어링에 달려 있다고 믿는다. 단기적으로는 최근의 경제위기를 극복하기 위한 수단으로서 그렇기도 하지만, 더 먼 미래를 볼 때 워크 셰어링이 반드시 필요하다고 생각한다. 워크 셰어링의 핵심은 기존의 취업 노동자들의 임금 삭감이나 근로조건 악화를 동반하지 않으면서 일자리를 나눈다는 데 있다. 실업 대책의 목적이 실업으로 인한 경제적 곤궁과 그러한 상태가 장기화됨에 따른 가정의 붕괴를 막자는 것인데, 오히려 노동자들의 사회·경제적 처지를 더욱 불안정하게 만드는 짓이 실업대책이 될 수는 없다. 물론 이렇게 반문하는 분들도 있을 것이다. 기존 취업자들의 근로조건을 악화시키지 않고 어떻게 새로운 일자리를 만들 수 있는가? 다시 말해서 근로시간을 줄이는 만큼 임금을 줄이지 않는다면 어느 기업이 더 많은 노동자를 고용할 수 있느냐는 것이다. 참으로 그럴 듯해 보이는 말이다. 1 더하기 1이 2인 것처럼 명백하게 옳은 이야기로 들린다. 그러나 바로 여기에 워크 셰어링의 진정한 문제의식이 있다.

한국 경제가 이만큼 성장할 수 있었던 이유는? 앞서 말한 것처럼 노동자들이 일을 많이 해서이다. 그렇다면 한국 경제가 더 이상 성장하지 못하는 이유는? 역시 노동자들이 일을 너무 많이 해서이다. 과거

박정희 정권 시대에는 우리 경제의 주요 생산품이 단순 노동에 의한 저부가가치 상품들이었다. 이럴 때는 그저 일을 많이 하면 할수록 더 많은 상품을 만들고, 당연히 더 많은 수출을 하고 더 많은 국민소득을 올릴 수 있었다. 그래서 지금까지 우리 노동자들은 졸린 눈을 비비며 밤을 새워 가면서, 오른쪽 왼쪽 번갈아 코피를 흘려 가면서, 때로는 프레스에 손이 잘려 가면서 일했던 것이다.

하지만 그렇게 해서 가능한 국민소득 수준은 이미 한계에 이르렀다. 그래서 한국 경제가 외환위기를 맞았고 최근과 같은 불황을 겪은 것이다. 그런데도 경제가 다시 살아날 가능성은 도무지 보이지 않는다. 고무신을 만들어서 국민소득 천 달러를 달성하는 것은 가능하다. 하지만 고무신으로 국민소득 만 달러에 이르는 것은 불가능하다. 자동차를 만들어서 국민소득 만 달러는 가능하다. 하지만 자동차로 국민소득 10만 달러는 불가능하다. 자동차를 10배 더 만들면 되지 않느냐고 생각하시는 분도 있겠지만, 우선 자동차를 10배 더 만들기 위해서는 10배의 생산 요소가 필요하다. 하지만 어디서 그것들을 가져올까? 더욱이 10배의 자동차를 팔 시장은 어디에 있는가? 고무신을 만들어서 국민소득 10만 달러를 이루려면 고무신을 몇 켤레나 만들어야 할까? 고무신 1켤레의 가격을 1만 원으로 잡으면 대략 5,000억 켤레쯤 된다. 60억 지구촌 사람들이 1년에 100켤레씩 끓여 먹고 삶아 먹으면 혹시 가능할지도 모르겠다.

요컨대 국민소득 10만 달러는 자동차를 10배 더 만들어서 가능한 것이 아니라 자동차보다 10배의 부가가치를 가진 산업을 육성해야 가능해진다. 정보통신, 우주항공, 생명공학, 그리고 지식문화산업 등이 바로 그것이다. 굳이 새로운 산업만이 아니다. 자동차를 만들어도 단순 조립공정만 반복한다면 우리에게 떨어지는 부가가치가 적다. 새로운 개념의 자동차를 설계할 줄 알아야 더 많은 부가가치를 얻을 수 있다. 문제는 이런 산업들이 밤을 새워 한 손으로는 흐르는 코피를 닦으면서 다른 손으로는 기계를 돌리면서 바쁘게 일한다고 가능하지는 않다는 것이다. 지금 한국 경제가 마주친 사느냐 죽느냐 하는 실존적 문제의 핵심은 더 많은 노동에 있는 것이 아니라 더 높은 생산성에 있다. 한 손으로는 코피를 닦으면서 다른 한 손으로는 재봉틀 돌리는 노동은 이제 박정희와 함께 역사 속으로 보내야 한다. 생산성 높은 노동, 부가가치 높은 노동은 근로시간을 단축하고 놀면서 일할 때에만 가능하다는 이야기다.

워크 셰어링은 단순히 요즘 실업자가 많으니 억지로라도 일자리를 만들자는 주장이 아니다. 임금을 깎아 비정규직을 만들자는 것은 더더욱 아니다. 워크 셰어링은 8시간 일하면서 100만큼의 부가가치를 만들던 노동을 4시간 일하면서 200, 300 또는 그 이상의 부가가치를 만들자는 것이다. 더 나아가 워크 셰어링은 우리 사회를 건전하고 건강한 사회로 만들기 위한 방법이다. 우리 가정에서 가족들끼리 대화하지 못하는 이유는 무엇일까? 일을 너무 많이 하기 때문이다. 한국의 직장인들이 먹고 죽자는 식으로 술을 마시는 이유는? 역시 일을 너무 많이 하기 때문이다. 가족과 함께 정을 나누고 낭만을 즐기면서 보낼 시간이 우리나라 노동자에게 언제 있었는가 말이다. 단지 어서 마시고 어서 취해서 알코올에 마비되어 노동의 고통을 잊어야만 내일 또 노동할 수 있을 뿐이다. 이러니 가정이 파탄날 수밖에. 이건 살아도 사는 게 아니다. 죽지 못해 사는 것일 뿐이지.

나랏말씀이
미국과 달라

오바마 미국 대통령이 한국의 교육을 배워야 한다는 요지의 발언을 해서 화제가 되었다. 아마 오바마가 하고 싶었던 이야기는 미국의 학생들이 공부에 더 많은 시간을 할애해야 한다는 것이었겠지만 그렇다고 하필이면 한국의 교육을 본받아야 한다니? 한마디로 "오바 마!"이다. 굳이 그 이유를 설명할 필요는 없을 것이다. 너도 알고 나도 아는데. 오바마도 한국의 고3으로 사나흘만 살아보면 알 것이다. 오바마 부인이 마리 앙뜨와네트 흉내를 내 백악관 뒤뜰에 텃밭을 만든다는 기사를 그 며칠 전에 읽었는데, 부부가 쌍으로 삽질이다. 오늘 아침에는 이 부부가 백악관에서 키울 애완견이 결정되었다는 뉴스가 나온다. 강아지의 품종을 두고 국회의원들의 로비까지 벌어졌다니 가관이다. 지구촌 곳곳에서는 분쟁과 테러가 끊이지 않는데, 도대체 개 한 마리 키우는 것이 어떻게 국가적 사건이 되고 심지어 태평양을 넘어 우리나라 언론의 뉴스거리가 되는가?

오바마를 위해 굳이 변명하자면, 오바마가 한국의 고3에 대해 뭘 알겠는가? 지가 자정까지 야자를 해봤겠나, 새벽 두 시까지 학원 세 군데를 다녀봤겠나? 그저 맹한 보좌관 하나가 써주는 대로 읽었을 뿐이지. 예전에 우리나라 대통령 한 분은 대통령직을 걸고 쌀 수입개방을 막겠다고 연설했다가 나중에 수입개방이 결정되자 누가 그런 연설문을 작성했는지 조사해서 처벌하겠다고 말한 적이 있다. 자기는 자신이 무슨 말을 하는지 몰랐다는 것이다. 한국이든 미국이든 자신이 무슨 말을 하는지 모르고 말하는 분들 많다. 그래서 내가 계속 이야기하지 않는가? 자기가 모르는 일은 이야기하지 말라고.

놀고먹는 노동력이 많고 그들이 일하고자 하는 의지를 가지고 있다는 것만으로도 아직 노동력이 풍부하다고 말하기는 이르다. 내가 사용하기에 충분한 만큼 노동력의 질이 갖춰져야만 노동력이 풍부하다고 말할 수 있다. 1950년대 UN이나 세계은행이 후진국들의 발전 가능성을 평가할 때 한국은 거의 언제나 가장 가능성 없는 국가 집단에 속했다. 그러나 1960년대 이후 외환위기 때까지 30여 년 동안 한국의 평균 성장률은 세계에서 가장 높은 수준이었다. 세계은행이 한국의 발전 가능성을 낮게 평가했던 것은 한국 경제가 좁은 국토에 아무런 자원도 가지고 있지 않았기 때문이다. 물론 이때의 자원이란 바로 물적 자원을 의미한다. 세계은행이 보지 못했던 것은 바로 한국의 인적 자원이다.

1960년에 이미 한국은 후진국들 가운데 가장 낮은 문맹률과 가장 높은 초등학교 진학률을 가지고 있었다. 한국과 비슷한 수준의 초등학교 진학률을 가진 나라는 멕시코 정도였다. 멕시코와 비슷한 수준의 진학률이 뭐 대단하냐고? 그때 한국의 1인당 국민 소득은 멕시코의 10분의 1에 불과했다. 그런데도 한국의 부모들은 보릿고개에 나무껍질을 벗겨 먹으면서 아이들을 학교에 보냈던 것이다. 학교교육뿐 아니다. 한국의 사회교육 수준은 얼마나 높은가 말이다. 1960년대에 한국 국민들이 무슨 평생교육기관에 다녔느냐고? 그 시절에 그런 게 있을 리 있나? 하지만 초등학교도 안 나오신 분들이지만 우리 할아버지들께서는 보통 한국어, 일본어, 중국어 3개 국어 정도는 기본적으로 하시고 요즘 대학생도 못 읽는 『논어』 『맹자』도 예사로 읽으신다. 오죽 공부를 많이 하셨으면 돌아가신 할아버지들 모두 '학생부군(學生府君)' 이겠는가.

우리나라와 동아시아 국가들에서 공통적으로 나타나는 높은 교육열과 역시 그만큼 높은 사회교육 수준은 흔히 유교의 영향 때문이라고 지적된다. 옳은 말씀이다. 그런데 여기서 또 한 가지 주목해야 할 것은 정부의 적절한 교육정책이다. 흔히 노동력의 질이라고 하면 무언가 대단한 기술이나 지식을 의미하는 것으로 이해하기 쉽다. 그러나 반드시 그런 것은 아니다. 예컨대 고무신을 만드는 수준의 발전 단계에서는 고무신을 만드는 데 충분한 정도의 기술과 지식만 있으면 된다. 1960년대 한국의 교육정책에서 가장 눈에 띄는 점은 바로 초등교육에 대한 강조이다. 아직 보릿고개가 남아 있던 시절에 우리나라에는 이미 의무교육제도가 거의 확립되었었다. 경제발전 분야의 많은 학자들이 한국의 교육정책과 자주 비교하는 것이 남아메리카의 콜롬비아나 아프리카의 가나 등이다. 이들 국가는 경제개발을 위해 높은 기술과 지식을 가진 인재들이 필요하다는 당연한 전제에서 출발해 대학 이상의 고급 인력을 집중적으로 지원하는 교육정책을 실시했다. 그러나 대학교육을 받기 위해서는 먼저 중등교육을 받아야 하고, 후진국에서 중등교육을 받았다는 것은 중산층 이상에 속한다는 것을 의미한다. 결국 이들 국가의 교육정책은 부익부 빈익빈의 결과를 낳았을 뿐이다. 게다가 이렇게 배출된 고급 인력들을 흡수할 만한 일자리도 없었다. 빈곤층의 노동자들은 글자도 읽지 못하는 수준에서 벗어나지 못하는 반면 대학을 나온 고급 인력들은 놀고먹는 상황이 벌어진 것이다. 한국에서는 그런 고급 인력들을 어디서 흡수했느냐고? 사법고시와 행정고시가 모두 흡수했지, 뭐.

　　아무튼 한국의 교육정책은 경제발전 분야에서 많이 연구되는 모범 사례로 꼽힌다. 1960년대의 의무교육화의 성공에 이어 1970년대 추진된 실업계 학교의 중점 지원정책도 그렇다. 이 시기는 바로 한국이 중화학 공업화를 추진하던 시기이다. 이제 고무신과 가발을 넘어 자동차와 전자제품을 만들기 시작한 것이다. 그러니 이제는 한글을 읽을 수 있고 더하기와 곱하기를 할 줄 아는 것만으로는 부족하게 되었다. 적어도 기계의 작동 원리를 이해하고 플레밍의 오른손 법칙, 왼손 법칙 쯤은 알아야 하는 것이다. 플레밍의 오른손 법칙이 뭐냐고? 나도 모른다. 아무튼 한국의 중화학 공업화는 바로 그렇게 배출된 실업 인력들의 손에서 성공하였다.

문제는 그 다음이다. 이제 한국 경제는 자동차를 넘어서 정보통신, 우주항공, 생명공학, 지식문화산업 등으로 나아가야 할 때다. 그리고 이에 맞춰 교육정책의 중점도 변화하였다. 한국의 교육 수준 또한 1970년대와 비교할 수 없을 정도로 높아졌다. 이미 대학 신입생 수가 고등학교 졸업생 수보다 더 많은 지경이다. 그러나 교육부가 제대로 이해하지 못하고 있는 것은 단지 대학생의 수를 늘이는 것이 지식 인력의 육성을 의미하는 것은 아니라는 사실이다. 한국 경제의 첨단화, 정보화, 고부가가치화를 이끌어 나갈 지식 인력은 대학생의 수에서 나오는 것이 아니라 그 교육의 내용에서 나온다. 하지만 감방 같은 학교에서 죄수복을 입고 감방 동기들끼리 모여 받는 교육에서 어떻게 창의성이 나올 수 있는가? 까라면 까는 교육을 받은 학생들은 깔 줄 밖에 모른다.

물론 1970년대에도 창의성 교육은 없었다. 하지만 그 시절의 한국 경제는 삽질과 망치질을 필요로 했을 뿐 창의성은 그다지 필요하지 않았다. 그러나 이제는 시대가 변하지 않았는가. 이제는 '돌+아이'를 키우는 창의적인 교육이 필요하다. 그러기 위해서는 무조건 학생들을 학교에 잡아 둘 것이 아니라 교육의 내용과 방법을 좀 생각해보자. 솔직히 우리 청소년들은 너무 많이 공부한다. 애들은 좀 놀게 두자. 그래야 창의성이든 무엇이든 나오지 않겠는가? 일제고사로 학생들을 줄 세우고, 그것을 거부했다고 교사들을 파면시키는 교육정책 아래에서는 삽질밖에 안 나온다. 창의적인 교육이 왜 필요한가를 보여주는 가장 좋은 예는 바로 대통령과 서울시 교육감이라는 양반이다. 대통령부터 교육감까지 창의적 교육이라고는 받아본 적이 없으니, 저 자리에 앉아서도 자기가 경험해본 교육 이상의 것은 생각할 줄 모르지 않는가?

인재(人材)?
인재(人災)?

인재라는 말이 나온 김에 인재에 대한 이야기를 해보자. 물론 저 인재(人災) 말고 그 인재(人材) 이야기다. 요즘 서울대에 입학한 학생들은 학과나 전공에 상관없이 합격 통보를 받은 그 다음날로 모두 신림동으로 간다는 말이 있다. 그 학문에 관심이 있어서가 아니라 무조건 서울대에 입학하고 보자는 생각으로 인기 없는 학과를 선택하고, 입학한 이후에는 전공 공부는 때려치우고 고시공부에 들어간다는 이야기다. 경제가 어려울수록 고시공부하는 학생은 늘어난다. 아직 한국이 (경제적으로) 후진국이던 시대의 많은 인재들이 고시공부에 목을 맨 것도 같은 이유이다.

우리 경제의 규모가 지금보다 훨씬 작았을 때, 많은 인재들이 입신양명의 수단으로 고시를 선택한 것은 민간 부문, 특히 기업에서 그만한 기회가 없었기 때문이다. 그 시절에는 물론 대학생도 지금에 비하면 매우 적었지만 대학을 졸업해봐야 갈 만한 취업 자리는 더 부족했다. 오늘날보다 기업의 규모도 작았을 뿐 아니라 출세와 성공의 기회는 더욱 적었다. 그래서 그 시절의 인재들은 고시에 목을 맸다. 우리나라의 인재들이 정부 부문에 다 모여 있었던 이유도, 박정희 정권의 경제개발이 성공할 수 있었던 요인 가운데 하나도 이것이다. 박정희라는 개인이 탁월해서가 아니라 그런 정책들을 구체적으로 계획하고 실천한 공무원들이 있었기 때문에 경제개발이 가능했다는 말이다. 한때 유행하던 우스갯소리 중에 박대통령이 공무원 가운데 우수한 인재는 경제 부처로 보내고 좀 모자라 보이는 사람들은 통일부나 교육부로 보냈다는 이야기가 있었다. 그래서 우리나라가 통일이 안 되고 교육이 이 모양이라고.

대한민국의 공무원이 유능했다고 말하면 비웃을 분도 계실지 모르겠다. 그러나 사실이다. 아마 대한민국의 공무원이 청렴했다고 말하면 비웃을 분은 더 많을 것이다. 그러나 이것도 사실이다. 외국 학자들의 책에 나오는 이야기다. 물론 외국의 유명한 학자들보다 그 시절을 살아본 보통사람들의 기억이 더 정확할 수 있다. 내가 말하는 것은 상대적으로 그랬다는 것이다. 그 시절 후진국들에서 공무원의 부패는 상상하기 어려울 정도로 광범하고 노골적이었다. 하지만 한국의 공무원은 뇌물을 받아도 뒤로 받는 염치 정도는 있었지 않은가?

그러나 역설적으로 공무원들이 주도한 경제개발의 성과는 민간 부문, 즉 기업들을 성장시켰고, 그 결과 기업들에서 더 많은 기회를 만들었다. 이제 인재들은 정부가 아니라 기업 부문으로 들어가기를 더 원하게 되었다. 이명박 대통령의 경력을 보면 20대 이사, 30대 사장, 40대 회장이라고 나온다. 현대만 그런 것이 아니다. 대우도 그랬고 율산도 그랬다. 20대 이사가 얼마든지 가능했다는 말이다. 그러나 만약 이 대통령이 현대에 입사하는 대신 행정고시를 쳐서 공무원이 되었다고 하자. 40대 회장 대신 40대 장관이 되었을까? 그랬을 가능성도 있지만 아마 장관 앞에서 브리핑이나 하고 있을 가능성이 더 크지 않을까? 차트 만들고 브리핑하는 일쯤은 굳이 행정고시 안 쳐도 가능하다. 사실 군대의 행정병들이 훨씬 더 잘한다. 물론 호황기에도 굳이 행정고시에 목을 걸었던 분들도 있다. 다만 진짜 인재들이 모두 기업으로 가 버리니 행정고시 합격자들의 수준이 예전만 못했을 뿐이다. 그때 행정고시 붙었던 분들이 지금 장관하고 계신다.

우리 사회에 고시 광풍은 늘 있었지만 그 강도는 시대마다 달랐다. 그런데 최근 수년처럼 이 광풍이 거세게 불었던 적은 없다. 단순히 경제가 어려운 탓만이 아니다. 한국 사회가 거꾸로 가고 있다는 증거이다. 솔직히 서울대가 아무나 가는 곳은 아니잖은가? 이런 인재들이 우리 사회의 다양한 분야들에서 활동해야 할 텐데 모두 고시원에 처박혀 있으니 참으로 엄청난 사회적 낭비가 아닐 수 없다. 서울대를 나온

50대 고시 폐인이 대법관에게 원한을 품고 협박했다가 구속되었다는 신문기사도 있었다. 사건의 경위나 주장의 정당성을 떠나 그도 이 사회를 위해 기여할 능력을 충분히 갖춘 사람이었을 텐데 그러지 못했다는 사실이 너무나 안타깝다. 하지만 우리 주변에 이런 사람이 어디 한둘인가? 누가 사법고시에 붙었다 떨어졌다는 사실은 결코 중요한 문제가 아니다. 설령 그들이 모두 사법고시에 합격해 판검사가 되었다 하더라도 문제는 똑같다. 인재의 낭비가 아깝다는 이야기다.

그런 의미에서 로스쿨제도의 도입은 잘한 일이다. 물적 자원을 효율적으로 사용하는 문제 이상으로 인적 자원의 효율적 사용도 중요하다. 물은 아끼자 하고 전기도 아끼자 하면서 왜 인재는 아낄 줄을 모르는가? 이런 상황에서도 가난한 학생들의 기회가 어쩌고 하면서 헛소리를 해대는 이들을 보자면 그저 한심할 따름이다. 고등학교만 나왔지만 고시에 붙어서 입신양명했다는 이야기는 예전에나 가능한 일이었다. 이미 고시공부의 기회비용이 억을 넘는 시대이다. 내가 아는 어느 학생은 강남에 아파트 한 채 얻어 놓고 족집게 과외를 받아 사법고시에 합격했단다. 진정으로 가난한 학생들에게 기회를 주고자 한다면 차라리 당장 사교육을 없애고 공교육을 정상화하라.

한국에 가서
살아남자

세계화 시대라는 것을 느끼게 해주는 것 가운데 하나가 주변에서 외국인들을 매우 흔하게 만날 수 있다는 사실이다. 내가 중·고등학생 이었을 적만 해도 외국인이 한 사람 지나가면 길을 가던 사람들이 모두 돌아보고는 했었다. 이제는 외국인을 보는 것이 전혀 신기한 일이 못 된다. 외국인들의 구성도 다양해졌다. 중고등학생 시절 가장 자주 만난 외국인은 바로 미군들이었다. 내가 다닌 중학교는 미군 부대 뒷문 근처에 있었고, 고등학교는 그 부대의 정문 근처에 있었다. 그러나 요즘 자주 만나게 되는 외국인들은 거의가 제3세계에서 온 노동자들이다.

그런데 경제가 불황이고 고용이 불안하다보니 경기가 좋을 때에 비해 외국인 노동자들을 보는 시선이 곱지 않다. 우리나라 사람에게도 없는 일자리를 외국인 노동자들이 가져간다는 것이다. 그러나 외국인 노동자들이 노동시장에 미치는 영향은 생각만큼 크지 않다. 외국인 노동시장과 내국인 노동시장은 서로 분리되어 있기 때문이다. 노동경제학에서는 이를 '분단 노동시장 가설'이라고 부르는데, 쉽게 말해서 외국인 노동자들이 주로 취업하는 3D업종들은 요즘 같은 불경기에도 국내 노동자들이 취업을 기피하기 때문에 어쩔 수 없이 외국인 노동자들을 고용한다는 이야기다.

불법 취업이나 불법 고용 등 외국인 노동자의 취업을 둘러싸고 노사 양쪽에서 일어날 수 있는 문제들을 방지하기 위해서 정부가 도입한 것이 산업연수생제도이다. 파견국에서는 제대로 훈련된 노동자들을 제대로 선발해서 보내고 우리나라에서는 정부가 그들을 제대로 관리하겠다는 발상이다. 물론 그런 생각은 나쁘지 않다. 다만 외국인 노동자들을 직접 만나보니 파견국 정부가 선발한다고는 하지만 그래도 브로커를 통하거나 뇌물을 주지 않으면 안 되는 경우가 많고, 그 빚을 갚기 위해서는 불법 취업자가 될 수밖에 없다는 이야기를 하기도 한다.

외국인 산업연수생제도가 처음 실시되던 몇 해 전의 일이다. TV에서 인도네시아의 산업연수생 교육기관을 특집으로 다루기에 관심을 가지고 보았다. 노동자들을 교육한다기에 우리나라의 공업계 학교들처럼 선반이니 밀링이니 전기 배선이니 하는 기술들을 실습시키는 곳으로 생각했는데 취재진의 차가 자꾸만 밀림 속으로 들어갔다. 조금 이상하다 생각하는 동안 차는 밀림 한가운데 닦아 놓은 넓은 공터에 다다랐다. 공터 한쪽에는 막사(幕舍)가 있고 그 앞에는 훈시대가 있다. 훈시대 위에 서 있는 사람은 '개구리복'에 검은 선글라스를 쓴 채 짧은 지휘봉을 들고 있고, 그 양쪽으로는 역시 개구리복에 빨간 모자를 쓴 조교들이 열중 쉬어 자세로 서 있다. 이건 학교가 아니라 신병 훈련소 풍경인데? 그랬다. 그곳에서 노동자들이 배우는 것은 기계나 전기가 아니라 구보, 약진, 진흙탕에서 구르기 따위였다. 어이가 없어도 한참 없는데, 구보를 하면서 노동자들이 외치는 구호는 더 기막혔다. '초전박살'도 '멸공통일'도 아니고 "한국에 가서 살아남자"였다. 내가 인도네시아 말을 어떻게 아느냐고? 자막에 그렇게 쓰여 있더라. 한국에 가서 살아남자니, 한국전쟁에 참전하러 가는 병사들이란 말인가? 왜 아니겠는가. 인도네시아 노동자들이 보기에 한국의 산업현장은 전쟁터였던 것이다. 실제로 한국의 산업현장에서는 매년 한국전쟁 때보다 더 많은 노동자들이 죽거나 다친다.

인도네시아 노동자들에게만 그런 것이 아니라, 선진국이고 후진국이고 간에 모든 외국인 노동자들이 보기에 한국의 노동현장은 전쟁터만큼이나 위험한 곳이다. 무엇보다도 노동강도가 전쟁터보다 더 견디기 어렵기 때문이다. 산업 예비군이 풍부하고 그들이 일하고자 하는 의지와 적당한 기술을 가지고 있다는 것만으로는 한국의 노동 현실을 충분히 이해할 수 없다. 도대체 우리나라 노동자들은 특히 개발독재 시절의 그 살벌하고 험악한 노동현장에서 어떻게 살아남았을까? 그들은 그 현장에서 도망치고 싶지 않았을까? 아니면 최소한 그렇게 가혹한 노동조건에 항의해보려고 하지는 않았을까?

산업화를 위해서는 산업에 필요한 기능을 노동자들에게 가르치는 것만으로는 불충분하다. 더 중요한 것은 그들에게 공장의 규율을 가르치는 것이다. 그 규율이란 바로 복종하는 것, 가혹한 노동과 관리자들의 욕설이나 구타, 어떠한 육체적·정신적 고통에도 복종하는 것이다. 그렇다면 한국에서는 누가, 언제, 어디서 이런 교육을 시키는 것일까? 학교, 군대, 감옥에서 가르친다. 내가 중학생일 때는 토요일 수업을 마치면 전교생이 운동장에 모여 단체 기합을 받았다. 특별한 일이 있어서가 아니라 월요일 아침의 전체 조회처럼 정해진 행사였다. 월요일 전체 조회는 교장 선생님이 주관하셨다. 토요일 전체 기합은 누가 주관했을까? 학생회장이었다. 그 친구는 지금 어디서 무얼 할까? 아마 잘살고 있을 것이다. 한국의 학교는 군대보다 나을까? 감옥보다는 나을까? 중·고등학교를 졸업할 때면 졸업생들이 교지(校誌) 같은 곳에 한 마디씩 남기고는 했다. 내 친구 하나는 이런 말을 남겼다. "순자야, 아빠 드디어 출소한다." 이 친구는 또 지금 어디서 무얼 하는지? 잘살고 있으면 좋겠다. 한 가지 미치고 환장하고 폴짝 뛸 일은, 출소해봐야 한국 사회는 어딜 가나 감옥이더라는 것이다.

삽질의
비용

허리케인으로 폐허가 되다시피 한 도시를 보며 자연의 위대함을 다시 생각한다. 경제적으로나 무엇으로나 세계 최강국이라는 미국도 자연의 힘을 이기지는 못하니 말이다. 그런데 중국에서는 양쯔강의 홍수를 막아낸다. 첨단기술로 막아내는 것이 아니다. 인민해방군 병사들이 어깨를 걸머지고 맨몸으로 막아낸다. 자연도 위대하지만 인간도 위대하다는 것을 보여주는 장면이다. 물론 보통사람은 좀 어렵다. 군인이니까 가능하지.

개발도상국에 있어서 군대는 어떤 것일까? 우선 아직 산업화가 덜 진행되어서 고용의 기회가 부족한 사회에서 군대는 어느 정도 산업 예비군을 흡수해주는 역할을 한다. 가령 1950년대 우리나라의 시골 청년들에게는 군대가 그다지 나쁜 것만은 아니었을지도 모르겠다. 보릿고개가 있던 시절이니 혼자서 농사를 책임져야 하는 처지가 아니라면 차라리 집에서는 입 하나 덜 수 있는 기회였을 수도 있다. 적어도 군대는 먹여주고 입혀주고 재워주지 않는가? 물론 1950년대 한국의 군대에서는 흔하게 일어나는 일은 아니었지만 병사들이 굶어 죽는 일도 있었다. 헤드라이튼지 오버나이튼지 하는 분들이 국부로 모시는 그 양반이 대통령이던 시절이다.

또 한 가지 개발도상국에서 군대의 중요한 기여는 기능교육이다. 요즘은 이른바 마이카 시대이다. 마이카 시대란 단지 내 차를 소유한다는 것만을 의미하지는 않는다. 내가 운전하는 시대가 바로 마이카 시대이다. 그러나 과거에는 자기가 운전한다는 것이 매우 특별한 일이었다. 차는 당연히 기사가 운전하는 것이었고 그래서 자가용이란 돈 많은 사장님들이나 타는 것이었다. 자동차 가격이 비싸서라기보다 기사를 고용할 형편이 못 되어서 자가용을 굴릴 수 없는 시절이었다는 말이다. 그때는 왜 직접 운전하지 않았냐고? 운전을 배우고 싶어도 가르쳐주는 곳이 없었기 때문이다. 그렇다면 그 시절 자동차를 몰던 기사 분들은 도대체 어디서 운전을 배웠을까? 그들의 대부분은 바로 운전병 출신이었다. 자동차는커녕 경운기도 본 적 없던 시골 청년들은 군대에서 처음 운전을 배웠다. 운전만이 아니다. 변변한 기술교육 시설도 없고 그런 교육을 받을 만한 경제적 여건도 안 되는 후진국의 노동자 계급 출신 청년들에게 군대는 기계와 기술을 접할 수 있는 거의 유일한 기회였다. 그러고 보면 군대가 경제에 미치는 긍정적인 효과도 그리 작지 않다.

　　그러나 이 이야기들은 모두 우리나라로 치면 자유당 시절이나 기껏 해야 1960년대 초의 이야기일 뿐이다. 앞에서도 이야기한 것처럼 후진국의 농촌에 광범하게 존재하는 잠재 실업자들은 생산에 대한 실질적인 기여가 전혀 없다. 따라서 이들을 군대에 보내 삽질이나마 하게 해도 사회적인 손실은 없는 것이다. 굳이 잠재 실업자가 아니더라도 1인당 국민소득이 50달러에 불과할 때는 군대에 가서 50달러어치만 삽질을 해도 손해는 아니다. 하지만 지금 한국의 농촌에 노는 청년이 있는가? 군대의 기회비용을 계산해보자. 지금 한국의 1인당 국민소득은 2만 달러이다. 그렇다면 우리의 국군 장병 아저씨들이 2만 달러어치씩 삽질하고 있을까? 아니면 도대체 군바리의 생산성은 얼마일까? 60만 장병이 군대에서 삽질하는 동안 우리 경제가 잃어버리는 부가가치는 간단히 계산해봐도 60만 곱하기 2만 달러, 즉 1년에 120억 달러나 된다.

　　그런데 대한민국 군대의, 정확하게 말하자면 징병제의 진정한 기회비용은 연평균 2만 달러의 부가가치를 생산할 수 있는 청년 노동자들이 삽질로 그 능력을 낭비하고 있다는 것만이 아니다. 군대의 기회비용은 그보다 훨씬 더 크다. 인터넷에서 잘 알려진 우스갯소리 하나 해보자. 한 애국자가 죽어서 하늘에 갔다. 그는 우리나라가 강대국이 되지 못한 것이 위대한 과학자가 없기 때문이라고 생각해 하느님께 위대한 과학자 5명만 한국으로 보내 달라고 졸랐다. 끈질긴 그의 부탁에 마침내 소원이 이뤄졌다. 하느님은 퀴리 부인, 뉴턴, 아인슈타인, 에디슨, 갈릴레이를 한국에서 다시 태어나게 됐다. 그러나 이십여 년이 지나자 그들은 모두 백수가 되고 말았다. 에디슨은 발명은 많이 했으나 초등학교밖에 못 나왔다는 이유로 번번이 특허 심사에서 떨어지고 취업 면접에서도 떨어졌다. 아인슈타인은 수학만 잘하고 다른 과목은 모두 못한다고 수능시험에서 번번이 낙방하여 대학 문턱조차 밟지 못했다. 뉴턴은 자기가 낸 논문을 대학 교수들이 이해하지 못했고, 갈릴레이는 우리나라 과학정책의 문제점을 따지다가 쫓겨났다. 퀴리 부인은 얼굴이 못생겼다고 기업체에서 받아주지 않았다. 이것이 한국 사회다. 그런데 이 유머에 빠진 내용이 있다. 20년 후 퀴리 부인을 제외한 네 사람은 모두 어디에 있을까? 군대에서 삽질하고 있다.

가장 젊은 나이에 노벨경제학상을 받은 사람은 루카스이다. 하지만 그때 이미 루카스도 50대 후반의 나이였다. 사회과학 분야에서는 젊은 나이에 독창적인 업적을 내놓는다는 것이 쉽지 않다. 그러나 자연과학은 조금 다르다. 물리학상이나 화학상 분야에서는 20대에 노벨상을 받는 일이 드물지 않다. 물론 자연과학이라고 마냥 쉽다는 뜻은 아니다. 아무튼 미국 과학자들은 20대에 노벨상을 받지만 우리나라 과학자들은 200살이 되어도 못 받는다. 비슷한 재능을 가졌다면 군대에서 보낸 2~3년만큼만 늦어져야 계산이 맞을 것 같은데 현실은 그렇지 않다. 왜? 온갖 번쩍이는 아이디어로 가득 차 있던 창의적 청년들이 군대 한 번 갔다 오면 모두 "까라면 까겠습니다" 정신으로 철저히 무장되어 버리니 무슨 독창적인 업적을 내놓겠는가? 노벨상이야 안 받으면 그만이다. 하지만 까라면 까는 정신으로는 한 손으로 코피를 닦으며 다른 한 손으로 미싱을 돌릴 수는 있어도 지식산업과 첨단산업은 못 만든다. 21세기 한국 사회의 미래는 세 가지의 실현에 있다. 교육을 개혁하는 것, 근로시간을 단축하는 것, 그리고 징병제를 없애는 것이다.

삽질의
도리

경제가 이렇게 위기인데 삽질이라도 안 하는 것보다는 낫지 않느냐고 생각하는 분들이 있다. 삽질에 비용이 들지 않는다면 그렇다. 그래서 전방의 병사들은 어제도 삽질하고 오늘도 삽질하고 내일도 삽질하는 것이다. 그러나 삽질에도 비용은 든다. 그렇다면 당연히 비용과 편익을 계산해보아야 할 것이고, 삽질의 편익이 큰지 그 비용으로 다른 일을 할 것인지를 세세하게 따져보아야 옳은 것이다.

내가 좋아하는 말 가운데 하나는 도적에게도 '성용의지인(聖勇義知仁)'이 있다는 것이다. 한마디로 도둑놈에게도 도리는 있다는 이야기인데, 도둑놈에게도 도리가 있다면 하물며 삽질에는 왜 도리가 없겠는가? 문제는 삽질을 말하는 자는 많아도 삽질의 도리를 아는 자는 없다는 것이다. 가령 삽질을 하기 전에 어느 곳을 어떻게 삽질해야 할 것인지 정도는 척 보고 알아야 한다. 이것이 삽질의 '성(聖)'이다. 실컷 삽질해 놓았더니 "여기가 아니네." 그래서 실컷 모두 메우고 다시 삽질해 놓으니 "아까 거기가 맞네." 이래서는 삽질의 도리라 할 수 없다. 그런데 이런 도리를 모르는 사람들이 많다.

이명박 정부가 들어서면서 처음부터 아주 정력적으로 추진한 것이 영어몰입교육인지 무엇인지 하는 것이다. 그 가운데 하나가 해외 교포 청년들을 영어 교사로 특채해서 시골 학교에 보내는 것이었다. 이른바 '정부 초청 해외 영어 봉사 장학생 프로그램(TaLK)'이라는 것인데 원래 이름은 정부 초청이 아니라 대통령 초청이었다고 한다. 그런데 대통령이 초청했으면 비용도 대통령이 내야 하는 것 아닌가? 아무튼 원어민 교사를 만나기 어려운 학생들에게 더 많은 교육 기회를 주겠다는 취지는 좋다고 치자. 문제는 그 비용과 편익이다. 한국 사람이면 아무나 외국인들에게 한국어를 가르칠 수 있을까? 당연히 아니다. 그렇다면 미국인 또는 미국 교포면 아무나 영어를 가르칠 수 있을까? 당연히 아니다. 그런데 교사 자격증을 가지고도 임용되지 못해 청년 백수로 살고 있는 영어 교사 자격자들 두 명을 임용할 수 있는 비용을 이들에게 지불하면서까지 얻을 수 있는 편익은 도대체 무엇일까? 머릿속에 '아린쥐' 밖에 든 것이 없는 사람들이나 할 수 있는 발상인 것이다.

모든 잘못이 지금 정부에만 있는 것은 아니다. 대한민국 정부가

다 그렇기는 했다. 가령 앞의 정부에서 경쟁적으로 건설했던 것이 지방 공항들을 보자. 그런데 뉴스를 보니 지방 공항마다 수백억에서 수천억까지 적자를 보고 있다고 한다. 심지어 어느 공항에서는 승객을 한 명도 태우지 않은 비행기가 운항하고 있다고 하니 해외토픽 감이 아닌가. 앞의 정부는 잘했고 지금 정부는 못한다고 주장하려는 것이 아니다. 앞의 정부가 그런 잘못을 저질렀으면 그런 점을 제대로 반성하고 평가해서 이제는 제대로 해야 하지 않겠느냐는 말이다.

그러나 지금 정부가 추진하고 있는 한반도 대운하 사업이나 그 아류인 4대강 정비 사업, 지방 자치단체들이 경쟁적으로 나서고 있는 올림픽을 비롯한 각종 국제행사 유치 등은 모두 삽질의 도리를 모르는 데서 나온 발상들이다. 강바닥이라도 뒤집으면 좋지 않으냐고? 올림픽을 유치하면 좋지 않으냐고? 관광객들도 많이 올 것이고 기념품 장사도 할 것이고 ……. 물론이다. 하지만 그 비용은 어디서 나오는가? 경기장은 저절로 세워지고, 도로며 공항이며 항구는 저절로 만들어지는가? 비용은 모두 국민이 지불해야 하지만 그 편익은 건설업자들이 가져간다.

이미 시작한 일이니까 계속하자고? 매몰비용은 빨리 잊는 것이 좋다고 하지 않았나. 잘못된 사업은 하루라도 빨리 멈추는 것이 옳다. 이것이 삽질의 '용(勇)'이다. 잘못된 정책은 잘못되었다고 말하고 책임을 지는 것이 삽질의 '의(義)'이다. 베이징(北京)이 하니까 우리도 올림픽 한다? 똥인지 된장인지 찍어 먹기 전에 아는 것이 삽질의 '지(知)' 이다. 마지막으로 실패한 정책의 비용을 국민들에게 떠넘기지는 않는 것이 삽질의 '인(仁)' 이다. 삽질의 '성용의지인(聖勇義知仁)' 을 모르는 자, 함부로 삽질을 말하지 말라!

밤에 홀로
유리를 닦는 마음

「향수」로 유명한 시인 정지용(1902~1950)의 다른 시 가운데는 이런 구절이 있다. "밤에 홀로 유리를 닦는 것은 외로운 황홀한 심사이어니" 어두운 밤에 아무리 창을 닦아봐야 밖이 보일 리 없다. 그런데도 유리를 닦는 심사는 너무나 보고 싶기 때문이다. 너무나 그대가 보고 싶은데 볼 수 없으니 외롭고, 볼 수 없어도 그대를 이만큼 사랑하기에 황홀한 것이다.(사실 정지용 시인은 연인이 아니라 일찍 세상을 떠난 아들을 그리며 이 시를 썼다고 한다.) 난데없이 웬 시? 그냥 아는 척해봤다. 이왕이면 아무 것도 보이지 않는 밖만 바라보지 말고 마음 안을 보자는 이야기도 할 겸.

수출의 반대는 무엇일까? 학생들에게 물어보니 수입이란다. 틀린 말은 아니다. 초등학교 6학년 때 수입의 반대가 무엇이냐는 시험문제에 수출이라고 답했다가 틀린 적이 있다. 답은 지출이란다. 수입(輸入)이 아니라 수입(收入)이었던 것이다. 그렇다고 내 답이 틀린 것은 아니지 않은가? 내 질문에 답을 찾아보자. 수출의 반대는? 정답은 수입이 아니라 국내 판매이다. 앞에서도 이야기한 유명한 경제학자 새뮤얼슨이 한국을 방문한 적이 있다. 대충 1980년쯤의 일이다. 직접 방문한 것인지 신문사와 인터뷰만 한 것인지는 지금 기억에 없다. 박정희가 죽고 전두환이 광주학살을 저지르던 그 판에 그런 것들을 어떻게 정확하게 기억할 수 있겠는가?

그때 새뮤얼슨 왈, 한국 경제 이제는 수출 주도보다 내수 중심으로 정책 방향을 바꿔야 한다고 했다. 수출 아니면 한국 경제가 죽는 줄 알았던 그 시절에 새뮤얼슨의 이야기는 참신하기도 했지만 잘 이해되지 않았던 것도 사실이다. 하도 유명한 사람이다보니 뭔가 있겠지 했지만, 수출을 안 하다니? 그렇다면 한국 경제는 뭘 먹고사나? 그런데 경제학 공부를 조금 더 하고, 박사학위도 받고, 강의도 하다보니 이제는 알겠다. 새뮤얼슨이 참으로 대단한 경제학자인 것을. 지금 내가 생각하는 것을 이미 10년 하고도 더 전에 새뮤얼슨은 생각하지 않았는가?

한국 경제가 수출 중심에서 내수 중심으로 전략을 바꾸어야 한다는 새뮤얼슨의 지적은 한국 경제가 과거의 성장 중심주의에서 안정 중심주의로 전환해야 한다는 주장과 같은 맥락에서 나온 것이다. 1980년대 초반 우리 사회에서는 앞으로 한국 경제가 어떤 방향으로 나가야 할 것인가에 대해 논란도 많고 걱정도 많았다. 그 가운데 어떤 분들은 지금까지의 성장 중심전략을 안정 중심전략으로 수정해야 한다고 주장했다. 그분들의 주장은 부분적으로 실천되었고 부분적으로는 실천되지 못했다. 부분적으로는 성과가 있었지만 다른 부분에서는 성과를 만들지 못했다. 그분들의 주장이 옳았는지 아니었는지는 모른다. 역사에 이랬더라면, 저랬더라면 하는 가정은 무의미하기 때문이다.

그런데 수출로 먹고 살아온 한국 경제에서 수출의 비중은 얼마나 될까? 90퍼센트? 75퍼센트? 50퍼센트? 설마 50퍼센트는 되겠지 싶지만 한국 경제에서 수출의 비중은 평균적으로 대충 30퍼센트밖에 되지 않는다. 내수의 비중이 70퍼센트라는 이야기다. 그렇다면 지금까지 한국 경제는 어째서 그토록 수출을 강조해왔던 것일까? 개발 시대의 한국 경제에서 해외 시장이 중요했던 이유는 첫째, 달러 때문이었다. 달러가 있어야 기계도 사오고 석유도 사올 텐데 달러가 없으니 차라리 손해를 보고서라도 수출을 해야 당연한 것 아닌가? 그러나 더 중요한 문제는 그것이 아니다. 개발 시대의 한국 경제가 수출을 강조한 것은 수출의 비중이 내수보다 크기 때문이 아니라 내수는 언제든지 있다고 생각했기 때문이다. 내수는 소비, 투자, 정부 지출로 구성된다. 먹고 싶어도 없어서 못 먹는 국민들이 있고, 투자에 미친(jealous to investment) 기업들이 있고, 멀쩡한 도로를 못 파서 안달하는 정부가 있는데 무슨 내수가 걱정인가? 당연히 고민은 해외 시장이었다.

하지만 지난 외환위기 때 한국 경제가 그토록 어려웠던 이유가 수출이 안 되어서일까? 그 당시 우리나라의 국제 수지는 단군 이래 최대의 흑자였다. 그러나 경제는 단군 이래 최대의 위기였다. 왜 그랬을까? 이런저런 요인들이 겹친 덕분에 내수가 '꽝'이었기 때문이다. 다시 한 번 강조하지만 내수는 늘 안정적이라는 가정하에서 수출이 중요한 것이다. 그러나 가끔 내수가 더 불안정할 때, 가령 외환위기 같은 경우, 그리고 요즘 한국 경제 같은 경우, 경제는 수출 때문이 아니라 내수 때문에 절단 난다. 10년 만에 돌아온 최근의 경제위기에도 국제 수지는 연일 사상 최고를 기록하고 있다. 그러나 경제는 이 꼴이다. 수출이 만능이 아니고 국제 수지가 흑자라고 경제가 좋은 것은 아니라는 생생한 증거이다.

그렇다면 국내 수요, 즉 내수는 어디 있는가? 내수는 소비, 투자, 정부 지출로 나뉜다고 했다. 우리나라의 내수에서 가장 문제가 되어온 것은 당연히 소비였다. 투자나 정부 지출은 경제개발을 위해 부득이한 것으로 간주되었지만, 달러 한 푼 없는 나라에서 자가용을 굴리고 양담배를 태우는 일은 대단한 매국행위로 간주되었기 때문이다. 문제는 지금이 1970년대가 아니라 21세기라는데 있다. 양담배 이야기가 아니다.

솔직히 지금의 한국 경제는 1970년대와 비교되지 않을 만큼 커졌다. 그러나 지금도 한국 경제는 1970년대만큼이나 대외적 충격에 허약

하다. 무역은 물론, 자본이나 기술을 해외에 많이 의존할수록 그 경제
는 대외적 충격에 더 취약할 수밖에 없다. 흔히 하는 말로 미국 경제가
기침을 하면 한국 경제는 독감을 앓는 것이다. 그렇다고 미국과의 모
든 경제관계를 끊는 것이 옳을까? FTA문제도 있고 하니 아예 이 기회
에 모든 대외 경제관계를 끊을까? 그래서 우리 모두 쑥 캐러 가서 만날
까? 이런 위험에 대비하자는 것이 바로 내수 중심의 정책이다.

내 마음 속의 그 님은
어디에 있을까

아 다르고 어 다르다. 우리 옛 어른들이 자주 하시던 말씀이다. 물론 그 의미는 다양하게 해석될 수 있다. 그런데 내가 내수 중심의 정책을 운영해야 한다거나, 안정중심의 정책을 운용하자고 말하니 반가워할 분들이 계실 것 같다. 이명박 대통령의 말이 바로 그 말 아니냐면서 말이다. 이건 아 다르고 어 다른 것이 아니라 영어의 오(O) 다르고 우리말의 이응(ㅇ) 다르고 아라비아 숫자의 영(0) 다른 격이다. 그래, 수요가 중요하다. 그렇다면 삽질을 해서라도 수요를 만들면 그만일까? 아니다. 말하지 않았나. 삽질에도 도리가 있다. 똑같은 비용으로 삽질보다 두 배의 성과를 얻을 수 있다면 삽질이 아니라 당연히 다른 방도를 찾아야 할 일이다.

21세기 한국 경제가 요구하는 내수의 도리를 찾아보자. 무엇보다도 중요한 원칙은 내수의 효율성을 추구하자는 것이다. 자원이 남아도니까 흥청망청하자는 이야기가 아니다. 이왕 쓸 수요라면 더 효율적으로 사용해야한다. 쓰는 것만으로 그칠 것이 아니라 다음에 생산할 것도 생각하자는 것이다. 수요는 물론 쓰는 것이다. 하지만 쓰고 나니 그뿐이더라고 하면 언제까지 얼마나 퍼부을 수 있을까? 소비가 생산성의 증대로 이어질 수 있는 그런 수요라야 진정한 수요이고, 굳이 비유하자면 진정한 삽질이다.

이리저리 말 돌리지 말고 화끈하게 속 시원히 이야기해보라고? 그렇다면 예를 들어서 이야기해보자. 한－미FTA를 반대하는 분들의 주장 중에서 가장 중요한 것의 하나는 교육이나 의료는 공공적인 의미가 큰데 어떻게 무조건 시장에 맡기느냐는 것이다. 특히 외국 자본의 침략 앞에? 그렇다면 간단한 일이다. 한반도 대운하를 팔 일이 아니라 동네마다 학교를 더 짓자. 학급당 정원은 지금의 절반으로 하자. 교사들에게는 1인당 10명 내외의 학생들을 지도하게 하자. 그래서 모든 학생들이 필요할 때 교사와 상담하고 개인 지도를 받을 수 있게 하자. 그럴 만한 돈이 없다고? 낙동강에 삽질할 돈이면 대한민국의 학교를 두 배로 짓고 교사를 두 배로 고용할 수 있다. 그럼 한강에 삽질할 돈으로는 무엇을 할까? 먼저 병원을 짓자. 노인의료시설도 짓고 불우 청소년을 위한 의료시설도 짓자. 의사가 부족하다고? 그래서 대한민국 군대가 있는 것이다. 자원입대한 군인들 가운데 일정한 시험을 거쳐 선발된 병사들에게 의학교육을 시키고, 10년쯤 군의관으로 복무하든지 아니면 공공의료기관에서 일하든지 선택하게 하면 된다. 황당하다고? 미국에서 지금 시행하고 있는 제도이다.

당연히 더 많은 수요가 있다. 동네마다 체육공원을 만들자. 다행히 우리동네에도 체육공원이 하나 있는데, 참 좋다. 저녁마다 온 동네 사람들이 나와서 운동하고 가족들끼리 좋은 시간 보내고, 그러니 건강해지고 화목해지고 가끔 만나는 이웃사람들과 친해지고 얼마나 좋은가. 그러니 동네마다 체육공원을 짓자. 동네마다 문화회관도 짓자. 건물만 지을 것이 아니라 오케스트라도 만들자. 동교동 교향악단, 서초동 교향악단, 남부민동 교향악단 만들어서 강마에, 산마에, 들마에 모두 모셔 우리처럼 무식한 중생들도 수준 높은 고전음악 한 번 즐겨보자. 동네마다 사회교육시설을 만들어 할아버지들이 컴퓨터를 배워 굳이 손주들 눈치 안 보고도 스스로 야동 검색하시도록 하고, 사교육비 걱정 없이 누구나 영어공부, 일어공부, 중국어공부, 스페인어공부 하게 하자. 이름 없는 화가를 모시고 미술 이야기도 듣고 가끔은 게으른 경제학자를 불러 별로 도움은 안 될 경제학 이야기도 들어보자. 동네마다 이런 사회교육시설이 생기면 나도 학교 강의 그만두고 가련다. 돈 버는 데 별로 도움은 안 될지언정 나도 아줌마들이랑 재미있게 놀고 싶다.

이런 수요를 복지수요라고 한다. 복지수요와 삽질수요의 공통점은 돈을 쓴다는 것이다. 그렇다면 차이점은? 이렇게 쓴 돈이 어떻게 얼마나 돌아오느냐는 것이다. 쓰기는 했는데 돌아오는 것이 없다면 삽질이다. 그러나 진정한 내수 중심의 수요는 지금 사용한 비용이 경제 전체의 의미에서나 개인적 차원에서나 생산성과 효율성의 증가, 복지의 증대, 그리고 다음 생산에서 더 행복한 노동으로 나타난다. 솔직히 지금 우리 사회에서는 근로시간을 줄여봐야 소주 소비만 는다. 남는 시간을 어떻게 효율적으로 자기 계발과 가족의 행복을 위해 사용할 것인지 배워본 적도 경험해본 적도 없기 때문이다. 하지만 10년 후, 100년 후에도 우리 국민들에게 소주만 먹일 것인가? 반대로 지금은 표 나지 않겠지만 일주일에 24시간만 노동하면서 책도 읽고 그림 구경도 하고 외국어공부도 하고 오페라도 들을 때 그 노동력의 생산성은 훨씬 더 높아질 것이다. 노동자가 무슨 오페라냐고 생각하는 사람들은 영원히 이해하지 못하겠지만 말이다.

서프라이즈 경제학

ⓒ 조준현, 2009

2009년 8월 21일 1쇄 찍음
2009년 8월 31일 1쇄 펴냄

지은이 | 조준현
펴낸이 | 강준우
기획편집 | 정지희, 김수현, 이지선
디자인 | 이은혜, 임현주
마케팅 | 이태준, 최현수
관리 | 김수연

펴낸곳 | 인물과사상사
출판등록 | 제17-204호 1998년 3월 11일

주소 | (121-839) 서울시 마포구 서교동 392-4 삼양E&R빌딩 2층
전화 | 02-325-6364
팩스 | 02-474-1413

www.inmul.co.kr | insa@inmul.co.kr
ISBN 978-89-5906-122-8 03300

값 12,800원